Cronologia Da 70ª Semana De Daniel,

Entre Os Dias Arrebatamento+1 Até Inauguração Do Templo Milenar-1

Hélio de Menezes Silva

Sumário (tabela de conteúdo):
Cronologia Da 70ª Semana De Daniel, Entre Os Dias Arrebatamento+1 Até Inauguração Do Templo Milenar-1 i
Cronologia Da 70ª Semana De Daniel, Entre Os Dias Arrebatamento+1 Até Inauguração Do Templo Milenar-1 1
0. -->> ^{Preliminar 0:} Preterismo: Que é Isto? É Escriturístico? 1
1. -->> ^{Preliminar 1:} A 70ª Semana De Daniel ^(70-SD) Virá! 15
2. -->> ^{Preliminar 2:} Nossa Notação para Intervalos de Tempo 19
3. -->> ^{Preliminar 3:} A Igreja *NÃO* É A Noiva 23
4. -->> ^{Preliminar 4:} "Dia Do SENHOR" E "Dia De O Cristo": Diferenciemos Entre Eles 26
5. -->> ^{antes da 70-SD, no} Iminente Dia do Arrebatamento: Ressurreição ^(2º Grupo do 1º Tipo); 1º Arrebatamento; ^{Início do} Bema, ^{o Tribunal de o Cristo, no 3o. Céu} 31
6. -->> ^{DIAS [Arrebatamento+1 até Aliança-1]:} Perplexidade E Caos; 144.000 Varões Judeus Virgens, São Convertidos ^{e começam a pregar através de todo o mundo} 49
7. -->> DIA [1] da 70-SD: É Firmada Aliança De 7 Anos, De O Anticristo Com Muitos, O Que Permite O Início Da Reconstrução Do Templo, Para Sacrifícios 55
8. -->> DIAS [2 A 249]: 1º Selo, 1º Cavalo; O Anticristo Conquista, Falsa Paz, É Aceito; Os 144.000 Continuam A Pregar 64
9. -->> DIA [250]: Sacrifício E Oblações ^{efetivamente} Voltam ^{a ser oferecidos diariamente pelos judeus, no 3o. Templo} 67
10. -->> DIAS [251 A 1256]: ^(sobre países descendentes do Império Romano:) Grande Prosperidade e Aparente Paz; 1 Só Governo ^(como se fora 1 só país!); 1 Só Religião; 1 Só Exército, 1 Só Lei E 1 Só Polícia; Etc. 70
11. -->> DIAS [1256,5 e 1257]: As 2 Testemunhas Entram em Cena; Diabo Precipitado Sobre A Terra; Anticristo Recebe Poder De Satanás; É Assassinado?! 71
12. -->> DIAS [1257 A 1260]: Perplexidade E Caos Pelo ^(pelo menos aparente) Assassinato Do Anticristo 75

13. -->> DIA [1260]: O Anticristo É (pelo menos aparentemente) Ressuscitado; Quebra A Aliança; O Falso Profeta Faz Construir Imagem De O Anticristo (ainda não no Lugar Santo); Este É Adorado; Sua Marca Sobre As Pessoas; Os 144.000 Começam A Ser Muito Mais Perseguidos.........76
14. -->> Nosso Ponto De Partida Para Análise E Compreensão Da Descrição Do Restante Da 70-SD, Em Apocalipse..79
15. -->> DIAS [1260 A 2369]: Tribulação Qual Nunca Houve.I: 2º Ao 4º *Cavalo*; 2º Ao 5º *Selo*; 1ª À 4ª *Trombeta*; 1ª À 5ª *Taça* 83
16. -->> DIAS [2370 A 2516]: Tribulação Qual Nunca Houve.II: Vizinhos Atacam, Israel Os Vence; Rei Do Sul E Rússia (sua 1ª vez) Atacam, O Anticristo Os Vence; 5 Meses De Tormentos Sem Achar A Morte; 5ª Trombeta; Babilônia Religiosa Destruída 90
17 -->> DIA [2516,5]: Martírio Das 2 Testemunhas E Dos 144.000, Ajuntamento De Exércitos Em Armagedom, Ataque A Jerusalém, ½ Cidade Levada Cativa, Fuga Dos Remanescente Para Bozra/ Petra 97
18 -->> DIAS [2516,5 - 2520]: Mundo Regozija Com Cadáveres Das 2 Testemunhas, Jazendo Em Jerusalém. As 7 Vindouras Condenações Para Sempre 100
19. -->> DIA [2520.I]: Babilônia Política Destruída; Mt 24 = Últimos Dias Da 70-SD. Anticristo No Lugar Santo...104
20 -->> [DIA 2520.II]: Rússia (2ª vez) & Muçulmanos, Os Reis Provenientes- De- Junto- Do Oriente, E O Anticristo Atacam Israel. Deus Os Destrói. 6ª Trombeta E 6ª Taça. Os Anjos De Ap 14..108
21. -->> DIA [2520.III]: 6º Ao 7º Selo, 7ª Trombeta, 7ª Taça 122
22. -->> DIA [2520.IV]: Ressurreição (3º Grupo do 1º Tipo) E (2º) Arrebatamento (2 Testemunhas + 144.000 + salvos do VT e da 70-SD); A 2ª Vinda Do Cristo; Conversão Nacional De Israel 124
23. -->> DIA [2520.V]: As Parábolas De Mt 24, 25 (e seus sinais, já vistos) Referem-se Ao Finalzinho Da 70-SD, não ao Arrebatamento 129
24. DIA [2521]: Quantos, Da População Mundial, Terão Morrido Na Grande Tribulação? E Dos Judeus? Quantos Judeus Entrarão No Milênio? E Gentios? 136
25. -->> DIAS [2521-2550]: O 1º Intervalo Entre A 70-SD E O Milênio: Anticristo e Falso Profeta: Lago de Fogo. Satanás: Abismo. Ovelhas (gentias e israelitas) vivas: Milênio. Ovelhas mortas dos VT e 70-SD: ressurreição. Bodes vivos: inferno. Abominação da Desolação: até dia 2550 141
26. -->> DIAS [2551-2595]: O 2º Intervalo Entre A 70ª Semana De Daniel E O Milênio: Construção do Templo para o Milênio; ceia das aves; queima de armas; descontaminação da Terra 154

(figura de http://www.bookofrevelation.net/ch6_pat_11_4%20horsemen_small.jpg)

Hélio de Menezes Silva, começando em 2011 e concluindo em 22.01.2018
(Membro da IBBF – Soledade, PB)
Sempre estude doutrina em http://solascriptura-tt.org,
leia e adquira a Bíblia de Estudos LTT (Literal e do Texto Tradicional) em
http://BibliaLTT.org,
assine meu boletim solascripturat-subscribe@yahoogrupos.com.br, como leitor.

Dedico este trabalho:
1) Em primeiro e supremo lugar ao meu **SENHOR E DEUS**, por me ter amado desde antes da fundação do mundo, me ter chamado e salvado para sempre, e, Ele, para sempre me preservar salvo, a mim, um miserável pecador que era religioso, mas não salvo (e ainda é o pior *merecedor* do *inferno*);
2) Aos meus pastores **BOB REDDING** (Waterloo, Ont.) e **ANÍZIO GOMES** (Soledade, PB), exemplos de biblicismo, fundamentalismo e corajosa resistência a perseguições.
3) A toda a minha amadíssima FAMÍLIA, que, aqui na terra, em todos os momentos sem falta, é meu grande apoio em tudo e minha maior alegria, dou graças a Deus por cada membro da família que Deus me presenteou:
- **VALDENIRA**, minha muito amada linda esposa e valiosíssima apoiadora, sem ela eu não conseguiria fazer nada;
- Meus filhos **RAQUEL**, **SANDRA** (e Antônio), **MAURO** (*), **SÉRGIO** (e Gilmara), **AIRTON** (*) (* já na glória de Deus);5
- Meus netos **ANDRÉ** e **DANIELLE**; **RAYSSA** (e Rodrigo), **JÉSSICA** (e Felipe), e **MATHEUS**; **LUIZ EDUARDO** e **DÉBORA**;
- Meu primeiro bisneto **JOÃO PEDRO** (de Jéssica e Felipe), nossa nova alegria. Foto ao seu 1º mês:

(copiado de D:\Imagens\Natal2017404956b0-dc09-4eb9-a5d8-85a44009ab66.jpg)

Cronologia Da 70ª Semana De Daniel, Entre Os Dias Arrebatamento+1 Até Inauguração Do Templo Milenar-1

0. →» Preliminar 0: Preterismo: Que é Isto? É Escriturístico?

Irwin Baxter

https://www.endtime.com/blog/preterism-what-is-it-is-it-scriptural/

0.1. Definições E Graus De Preterismo

O "**Preterismo Pleno**" ensina que todas as profecias bíblicas (inclusive da 2ª vinda do Cristo), particularmente todas as profecias de todo o livro de Apocalipse, já foram cumpridas no ano 70 d.C. (no cerco de Jerusalém). O Preterismo nasceu em 1604, filho do jesuíta católico romano Luis de Alcasar, com o objetivo de tentar um desvio de atenção e uma defesa contra os batistas e reformados que bem percebiam, na Bíblia, a associação do catolicismo com o mistério da Babilônia religiosa, a religião mundial, a grande meretriz que começaria dar todo apoio ao homem Anticristo que está por vir, depois seria dominada por ele.

O "**Preterismo Parcial**" ensina que somente as profecias bíblicas do livro de Apocalipse, desde o capítulo 1 até (inclusive) seu capítulo 19, já foram cumpridas no ano 70 d.C. (cerco de Jerusalém), mas não pode fugir de curvar-se ao fato que as profecias do cap. 20 (Satanás aprisionado por 1000 anos, depois solto e vencido para sempre, depois o juízo final), do cap. 21 (os novos céu, terra, Jerusalém) e do cap. 22 (o rio e as palavras finais) ainda estão por se cumprir, literalmente.

0.2. Simples Crer E Literalismo Aniquilam Todo O Preterismo

Para os que creem (literalmente, claro) em cada palavra da Bíblia, creem sem os truques sujos do alegorismo, vários versos de Apocalipse destroem o Preterismo até nada:

1. Apocalipse 9:15-16 profetiza uma guerra que matará um 1/3 da humanidade... Ué, onde é que isso jamais aconteceu? Isso ainda não aconteceu em toda a História, portanto é seguro que isso será perfeitamente (literalmente) cumprido, sim, mas no futuro.

"15E foram soltos os quatro anjos, aqueles tendo sido preparados para uma hora, e um dia, e um mês, e um ano, **a fim de que matem um terço dos homens**. 16E o número dos guerreiros- dA- cavalariA [*era de*] duas miríades de miríades ; e ouvi o número deles. "

2. Apocalipse 11: 1-2 diz que Jerusalém será pisada pelos gentios durante 42 meses antes da Segunda Vinda do Cristo ... Isso não ocorreu em 70 d.C.., pois os romanos simplesmente destruíram Jerusalém, depois foram embora, deixaram a cidade destruída, não a ocuparam, não ficaram pisando sobre ela por 42 meses. Portanto, é seguro que isso será perfeitamente (literalmente) cumprido, sim, mas no futuro.

"1E me foi dado um caniço *(de medir)* semelhante a um bordão; e o Anjo *(o Cristo)* tinha-se postado- de- pé, dizendo: "**Levanta-te, e mede o lugar- santo** *(do Templo no céu)* **de Deus, e o altar** *(de incenso)* **e** *(a área de)* **aqueles** [*homens*] [*que estão*] **adorando nele** *(o lugar-santo)*. 2E, ao átrio que [*está*] **fora do lugar- santo** *(do Templo no céu)* **lança- fora** *(das medições)* **e não o meças; porque ele foi dado às nações; e, à cidade santa, elas** *(as nações)* **pisarão** [*por*] **quarenta e dois meses.**"

3. Apocalipse 11: 3-12 descreve o ministério de 2 testemunhas que profetizarão durante os 1.260 dias da Grande Tribulação, a 2ª metade da Tribulação. No último desses dias, eles serão mortos. 3 1/2 dias depois, eles serão ressuscitados de entre os mortos ... Nada disso aconteceu no ano 70 d.C.. Portanto, é seguro que isso será perfeitamente (literalmente) cumprido, sim, mas no futuro.

Ap 11:3-12 3 E **darei** [*autoridade*] **aos Meus dois testificadores, e eles profetizarão** [*por*] **mil duzentos** [*e*] **sessenta dias**, tendo [*eles*] sido vestidos de pano- de- saco- de- cilício ". 4 Estes *(testificadores)* são as duas oliveiras e [*os*] dois castiçais , [*são*] aqueles- varões *(testificadores)* perante o Deus da terra tendo se postado- de- pé. 5 E, **caso algum homem queira fazer mal a eles** *(aos testificadores),* **fogo sai proveniente- de- dentro- da boca deles e** *(completamente)* **devora os inimigos deles; e, caso algum homem lhes queira fazer mal, desta** [*mesma*] **maneira é necessário ser ele morto. 6 Estes** *(testificadores)* **têm autoridade para fechar o céu a fim de que não chova chuva durante** [*os*] **dias do profetizar deles; e autoridade têm sobre as águas, para convertê-las para sangue; e** *(autoridade têm)* **para ferir a terra com todo** [*tipo de*] **flagelo, tantas vezes quanto** [*eles*] **quiserem. 7 E, quando completarem o testemunho deles,** [*então*] **a** *(primeira)* **Besta- Feroz** (aquela [*que estará*] subindo proveniente- de- dentro- do abismo (- sem- fundo)) **fará guerra contra eles, e os vencerá, e os matará. 8 E os seus cadáveres** [*jazerão*] **sobre a rua larga da grande cidade (a qual é chamada, espiritualmente, de Sodoma e Egito), onde também** [*o*] **nosso Senhor foi crucificado. 9 E (provenientes- de- dentro- dos** [*vários*] **povos, e tribos, e línguas, e nações)** *(muitos)* [*homens*] **contemplarão os cadáveres deles** *(os testificadores)* [*durante*] **três dias e meio, e aos cadáveres deles não permitirão ser postos para dentro de sepulturas.**

10 E aqueles [*que estão*] habitando sobre a terra se regozijarão por causa ~~(da morte)~~ deles ~~(os testificadores)~~, e se alegrarão [*festejando*], e presentes enviarão uns aos outros; porquanto estes, os dois profetas, atormentaram aqueles [*que estão*] habitando sobre a terra. 11 E, depois daqueles três dias e meio, [*O*] espírito de vida, proveniente- de- dentro- de Deus, entrou em eles ~~(os testificadores)~~, e eles se puseram sobre os seus pés, e grande temor caiu sobre aqueles [*que*] os [*estão*] contemplando. 12 E eles ~~(os testificadores)~~ ouviram uma grande voz proveniente- de- dentro- do céu, dizendo-lhes: 'Subi vós para aqui'. E eles, dentro dA nuvem, subiram para dentro do céu; e os contemplaram os seus inimigos. LTT

4. Apocalipse 13 descreve um momento em que cada pessoa na Terra será obrigada a ter um número para comprar ou vender ... Isso nunca aconteceu em toda a história. Portanto, é seguro que isso será perfeitamente (literalmente) cumprido, sim, mas no futuro.

16 E faz, a todos (os pequenos e os grandes, e os ricos e os pobres, e os livres e os escravos), que ela ~~(a primeira Besta- Feroz)~~ lhes dê uma marca- sinal sobre a mão direita deles, ou sobre as suas testas, 17 E a fim de que nenhum homem possa comprar ou vender, exceto aquele tendo a marca- sinal (ou o nome) da *(primeira)* Besta- Feroz, ou o número de o nome delE.

5. Apocalipse 13 profetiza a vinda do Falso Profeta que derramará fogo procedente do céu diante dos olhos dos homens. Por meio desses milagres que tem o poder de fazer, ele [o Falso Profeta] enganará o mundo para que siga o Anticristo ... Ué, onde é que isso jamais aconteceu? Isso ainda não aconteceu em toda a História, portanto é seguro que isso será perfeitamente (literalmente) cumprido, sim, mas no futuro.

Ap 13:13 E ela ~~(a segunda Besta- Feroz)~~ faz grandes sinais, de modo que fogo faça descer proveniente- de- dentro- do céu para dentro da terra, à vista dos homens. 14 E (em- razão- dos sinais que lhe foi permitido fazer debaixo da vista da *(primeira)* Besta- Feroz) engana- faz- extraviar aqueles [*que estão*] habitando sobre a terra, dizendo, àqueles [*que estão*] habitando sobre a terra, para fazer[*em*] uma imagem à *(primeira)* Besta- Feroz que tinha o ferimento da espada e [*que*] viveu. 15 E lhe foi concedido dar fôlego à imagem da *(primeira)* Besta- Feroz (a fim de que também falasse a imagem da *(primeira)* Besta- Feroz) e [*que*] fizesse, a todos- e- quaisquer- homens que não adorassem a imagem da *(primeira)* Besta- Feroz, que fossem mortos. LTT

6. Apocalipse 16:12 afirma que o rio Eufrates secará para abrir caminho para os reis do Oriente invadirem Israel na Batalha de Armagedon ... O rio Eufrates não secou em 70 d.C., os reis do Oriente jamais invadiram Israel, a Batalha de Armagedon jamais ocorreu. Portanto, é seguro que isso será perfeitamente (literalmente) cumprido, sim, mas no futuro.

Ap 16:12 E o sexto anjo derramou a sua taça sobre o grande rio, o Eufrates; e foi secada a sua água, a fim de que fosse preparado o caminho dos reis, aqueles provenientes- de- junto- do [*lado do*] nascer d[*O*] sol.

7. O Preterismo ensina que a inteira primeira ressurreição já ocorreu em 70 d.C., mas

Apocalipse 20:1-6 ensina que
{instantes antes da ressurreição dos que não adoraram a (primeira) Besta- Feroz , nem a sua imagem, e que não receberam a marca- sinal [dela] (a Besta- Feroz) sobre a testa deles, nem sobre a mão (direita) deles}
Satanás será preso e acorrentado por 1.000 anos, no abismo sem fundo. No entanto, o acorrentamento [e inativação] de Satanás durante 1000 anos obviamente ainda não ocorreu, ele está solto e muito atuante em todo planeta terra. Portanto, é seguro que tal profecia será perfeitamente (literalmente) cumprida, sim, mas no futuro.

Ap 20:1-6 1 E vi um anjo descendo proveniente- de- dentro- do céu, tendo a chave do abismo (- sem- fundo), e uma grande corrente sobre a sua mão. 2 E ele prendeu o dragão (O Serpente antigo, O qual é [O] Diabo e Satanás), e o acorrentou [por] mil anos. 3 E o lançou para dentro do abismo (- sem- fundo), e [ali] o encerrou, e pôs selo sobre ele, a fim de que não mais engane- faça- extraviar as nações, até que sejam completados os mil anos. E, depois disto, é necessário ser ele solto [por] um pouco de tempo. 4 E vi tronos, e (os juízes) se assentaram sobre eles, e [poder de] julgamento lhes foi dado. E [vi] as almas daqueles tendo sido decapitados- por- machado por causa do testemunho de Jesus, e por causa de a Palavra de Deus, e (estes são) os que não adoraram a (primeira) Besta- Feroz , nem a sua imagem, e não receberam a marca- sinal [dela] (a Besta- Feroz) sobre a testA deles, nem sobre a mãO (direita) deles. E viveram, e reinaram com [O] Cristo mil anos 5 (Mas os demais dos mortos não reviveram, até que fossem completados os mil anos). Esta [é] a ressurreição, a primeira. 6 Bem-aventurado e santo [é] aquele [que está] tendo parte na ressurreição, a primeira! Sobre estes a segunda morte não tem autoridade, mas eles serão sacerdotes de Deus e de o Cristo, e reinarão com Ele (o Cristo) mil anos. LTT

0.3. Destruindo A Base Central E Máxima Usada Por Todo O Preterismo: Quem É O "Ele" De Dn 9:27?

Dn 9:21-27 21 Estando eu, digo, ainda falando na oração, o homem Gabriel, que eu tinha visto na minha visão ao princípio, veio, voando rapidamente , e tocou-me, à hora do sacrifício do anoitecer. 22 Ele [me] instruiu, e falou comigo, dizendo: "Ó Daniel, agora saí para fazer-te sábio e entendido. 23 No princípio das tuas súplicas, saiu a ordem, e eu vim, para [to] declarar, porque [és] mui amado ; entende, pois, a palavra, e discerne a visão. 24 Setenta semanas [estão] determinadas sobre o teu povo, e sobre a tua santa cidade, para fazer cessar a transgressão, e para dar fim aos pecados, e para expiar a iniquidade, e trazer a justiça eterna, e selar a visão e a profecia , e para ungir o Mais Santo de todos. 25 Sabe e entende: desde a saída da ordem para restaurar, e para edificar a Jerusalém, até ao Messias, o Príncipe, [haverá] sete semanas, e sessenta e duas semanas; as ruas e o muro se reedificarão, mas em tempos angustiosos. 26 E depois das sessenta e duas semanas [será] cortado- fora o Messias, mas não por causa de Ele mesmo; e o povo do príncipe , que há de vir, destruirá a cidade e o santuário, e o seu fim [será] com uma inundação; e, até ao fim da guerra, [estão] determinadas as assolações. 27 E ele firmará aliança com muitos por uma semana; e [na] metade da semana fará cessar o sacrifício e a oblação ; e, por causa do espalhamento das abominações , ele [a] fará assolada, e [isso] até à consumação; e (finalmente) o que [está] determinado [será] derramado sobre o assolador ."

O ensino central do preterismo é que o ato, mencionado em Daniel 9:27, de firmar uma aliança com muitos (27 E ele firmará aliança com muitos por uma semana ...), já foi cumprido pelo ministério de Jesus Cristo e não tem nada a ver com um futuro anticristo.

[N.Tradutor: ué, onde a Bíblia DIZ (ou, com lógica indiscutível, implica fortemente) que Jesus firmou essa aliança de 1 semana (7 anos)???...]

Os preteristas também afirmam que foi Jesus quem interrompeu o sacrifício diário [do 2º Templo] através do sacrifício de Si mesmo no Calvário (e [na] metade da semana fará cessar o sacrifício e a oblação ...).
[N.Tradutor: ué, onde a Bíblia DIZ (ou, com lógica indiscutível, implica fortemente) que Jesus quebrou aliança na metade de semana (7 anos), tempo em que fez cessar sacrifício e oblação no Templo?... Essa cessação só ocorreu em 70 d.C.! Obra de inimigos de Deus.]

Concluem, então, que não há espaço entre a semana 69 da profecia de Daniel e a semana 70. Assim, a 70ª semana já foi cumprida.
[N.Tradutor: ué, onde a Bíblia DIZ (ou, com lógica indiscutível, implica fortemente) que já se cumpriram todas as 70 semanas, e plenamente se cumpriu e estamos gozando o propósito delas (v.24) "para fazer cessar a transgressão, e para dar fim aos pecados, e para expiar a iniquidade, e trazer a justiça eterna, e selar a visão e a profecia, e para ungir o Mais Santo de todos."???...]

Ora, se [provarmos que] Jesus não é [1] Aquele que confirmou a aliança, [2] interrompeu o sacrifício diário e [3] colocou [no Templo] o espalhamento da desolação em Daniel 9:27 [chamado, em Mt 24:15, de "desolação da abominação"], então todo o ensinamento do preterismo será invalidado. Então, a questão central torna-se, quem é o "ele" [de Dn 9:27] que firmará a aliança ?

A) Note que o mesmo "ele" que deve firmar a aliança em Daniel 9:27 [1] também fará cessar [no Templo] o sacrifício diário (e [na] metade da semana fará cessar o sacrifício e a oblação) [2] e colocará [no Lugar Santo do Templo] a Abominação Desoladora [3] (Mt 24:15 Quando, pois, virdes a abominação da desolação (aquela havendo sido falada através de Daniel, o profeta) tendo se postado n[o] lugar-santo (do Templo) (quem [está] lendo, entenda)]. "~~Dn 11: 30Porque virão contra ele navios de Quitim, que lhe causarão tristeza; e~~ ele voltará, e se indignará contra a santa aliança, e agirá, e voltará, e terá entendimento com aqueles [*judeus apóstatas*] que tiverem abandonado a santa aliança. 31E braços se erguerão em seu lugar, os quais profanarão o santuário [*e*] a fortaleza, e tirarão o [*sacrifício*] contínuo, estabelecendo abominação desoladora."

~~Daniel 11:30-31 nos diz em termos inequívocos que é o Anticristo (o rei do Norte) e seus seguidores que tiram o sacrifício diário e colocam a abominação da desolação.~~

[N.Tradutor (Hélio): eu diria que o verso é primeiramente sobre Antíoco Epifânio, mas, como este é um tipo do Anticristo, se aplica também a ele. Ver ~~http://doctorwoodhead.com/antiochus-epiphanies-iv-a-type-of-the-antichrist/~~ . Note que, depois do v. 35, Dn 11 passa a focalizar nos últimos tempos.

Em Dn 11:40 "O rei do Sul" não é Filometor, nem o rei do Norte é Antíoco. Prova: depois que os romanos exigiram que Antíoco desistisse da terra do Egito e de lá saísse, tais dois reis nunca mais guerrearam entre si. No v. 40, o Anticristo é atacado pelo rei do Sul (os islamitas que, originados no Sul, a Arábia, passaram a dominar grande parte da África e da Ásia, inclusive Turquia), e pelo rei do Norte (não a Turquia, mas a Rússia e seus aliados, note as analogias com Gogue e Magogue Ez 38,39).

Ademais, em Dn 11:40 o Anticristo é o "ele" que "entrará em suas terras e as inundará". Ele

derrotará os islamitas e a Rússia, mas esta fugirá com relativamente poucas perdas, pois logo se recomporá e Deus a fará VOLTAR (vir uma segunda vez) para atacar Israel, Ez 38:4.
]

[N.Tradutor: Quanto a [3], se um preterista invocar Dn 11:30-31 para dizer que a colocação da abominação desoladora se passou e não pode ser futura, não perca tempo para explicar que, além de se referir primariamente a Antíoco Epifânio, este é um tipo profético do Anticristo, portanto a profecia ainda aguarda um segundo e mais pleno cumprimento futuro. Não siga este caminho que é correto mas mais longo. Basta pedir que leia Mt 24:15 **"Quando, pois, virdes a abominação da desolação (aquela havendo sido falada através de Daniel, o profeta) tendo se postado n[o] lugar- santo (do Templo) (quem [está] lendo, entenda)"** e fazê-lo reconhecer que estabelece sem sombra de dúvida que ainda resta um cumprimento futuro. Ou basta provar-lhe que **Dn 11:30-31** "30 Porque virão contra ele navios de Quitim, que lhe causarão tristeza; e ele voltará, e se indignará contra a santa aliança, e agirá, e voltará, e terá entendimento com aqueles [(judeus apóstatas)] que tiverem abandonado a santa aliança. 31E braços se erguerão em seu lugar, os quais profanarão o santuário [e] a fortaleza, e tirarão o [sacrifício] contínuo, estabelecendo abominação desoladora" **obviamente NÃO se refere ao Messias:**] Iria jamais o Messias "se indignar contra a santa aliança?" Iria Ele jamais **"profanar o santuário e a fortaleza"**? Obviamente, não! A totalidade de Daniel 11: 21-45 está discutindo as ações do rei do Norte - o Anticristo.

Então, podemos ver claramente que ... ... **não é o Messias que tira o sacrifício diário e coloca a abominação da desolação**.

Lembre-se de que aquele que tira o sacrifício diário também é aquele que tinha firmado a aliança de acordo com Daniel 9:27. Então sabemos com certeza que é o Anticristo, não o Messias, quem confirmará a aliança por sete anos. ...

[A destruição deste] único argumento central dos preteristas destrói totalmente a base da posição deles.

0.4. "Esta Geração Não Passará"?

Em Mateus 24:34, Jesus disse: **"Em verdade vos digo que de modo nenhum passe esta geração até que todas- e- quaisquer destas coisas aconteçam."**.

Os preteristas afirmam que Jesus ensinou em Mateus 24 que a geração à qual Ele estava falando não passaria até que todas as profecias desse capítulo fossem cumpridas. Claro, isso incluiria a profecia da Segunda Vinda do Senhor e o ajuntar dos eleitos dos quatro ventos do céu (versículos Mt 24:30-31). **30 E então aparecerá o sinal de o Filho do homem, no céu; e, então, todas as tribos da terra baterão- nos- peitos- em- pesar e verão o Filho do homem vindo sobre as nuvens do céu, com poder e grande glória. 31E Ele enviará os Seus anjos com grande clamor de uma trombeta; e eles ajuntarão os eleitos dEle, para- fora- dos quatro ventos, desde [umas] extremidades d[os] céus até [outras] extremidades deles**.

No entanto, não é isso que a passagem ensina. Nos versos Mt 24:32-34, Jesus disse:
"32 Proveniente- de- junto- da figueira, porém, aprendei a parábola: quando já os ramos dela se tornarem tenros e ela brote as folhas, vós sabeis que próximo [já está] o verão. 33 Assim, também *vós*, quando virdes todas estas coisas, sabei vós que próximo Ele (Jesus) está, [a saber,] às

portas. 34Em verdade vos digo que de modo nenhum passe esta geração até que todas- e- quaisquer destas coisas aconteçam."

Jesus estava dizendo que, [depois do período do frio e até neve do inverno, quando as folhas caíram e a árvore ficou em dormência, então, ao final do inverno e começo de temperaturas mais amenas] quando vemos a figueira começando a fazer brotar suas novas folhas, então sabemos que o verão está próximo. Da mesma forma, quando forem vistos os sinais dados em Mateus 24, então se sabe que a geração que testemunhar essas coisas (como a abominação da desolação) não passará até que toda a profecia seja cumprida.

O julgamento de Jerusalém em 70 d.C. foi a Segunda Vinda [do Cristo]?
Visando ensinar que todas as profecias de Mateus 24 foram cumpridas em 70 d.C., o preterismo é forçado a dar uma explicação da Segunda Vinda tal como descrita nos versículos Mt 24:30-31: "30E então aparecerá o sinal de o Filho do homem, no céu; e, então, todas as tribos da terra baterão- nos- peitos- em- pesar e verão o Filho do homem vindo sobre as nuvens do céu, com poder e grande glória. 31E Ele enviará os Seus anjos com grande clamor de uma trombeta; e eles ajuntarão os eleitos dEle, para- fora- dos quatro ventos, desde [umas] extremidades d[os] céus até [outras] extremidades deles."

A explicação dada é que o fato de Jesus vir nas nuvens é simbólico de que Jesus quando vier [de forma **invisível !!!**] para exercer julgamento. É alegado que o julgamento de Jerusalém em 70 d.C. foi a Segunda Vinda de Mateus.

No entanto, há uma falha fatal nesse ensino. Apocalipse 1:7 descreve essa vinda sendo dentro das nuvens: "**vede** que Ele (o Cristo) vem com as nuvens," e "**O verá todo olho**, e [O verão] aqueles que O traspassaram;" e "se baterão- nos- peitos- em- pesar, por causa dEle," todas as tribos da terra. Sim. Amém."

Esta passagem afirma que na Segunda Vinda, até dentro das nuvens, todo olho [de ser humano, sobre toda a terra] O **verá**. Todos os olhos o viram em 70 d.C.? Obviamente não.

0.5. Foi Apocalipse Escrito Antes de 70 d.C.???

Preteristas originais (ICARomana, que são alegoristas amilenaristas tentando esconder quanto é óbvio que a Grande Protituta de Ap 17,18 é Roma), e preteristas descendentes (alegoristas amilenaristas com vírus da ICAR e que creem ser parte de outra "Igreja Universal Que Deverá Dominar Sobre Todas Igrejas Locais E Estado") desonestamente, tentando um escape desleal, contradizem tudo e todos, dizem que o livro de Apocalipse foi escrito no ano 68 ou 69, antes da destruição de Jerusalém em 70 d.C. (portanto, dizem que o Anticristo foi Nero, que a Grande Prostituta foi Jerusalém ao invés de ser Roma, e que sua destruição foi a profecia de Apocalipse e já ocorreu em 70-d.C.).

Mas todos sempre soubemos que Apocalipse foi escrito cerca do ano 96:
Evidências Externas de que Ap foi escrito em 96 d.C.:
. *Irineu* [cerca 180 d.C.], aluno de Policarpo (que foi aluno de João) ensinou que Apocalipse foi escrito no ano final do reino de Domiciano (o qual preferia punir os líderes do Cristianismos por banição, enquanto Nero preferia logo tirar-lhes a vida), e tal ano final foi em 96 d.C.;
. *Clemente de Alexandria* [entre 190 e 210 d.C., no livro *Who is the Rich Man that Shall Be Saved?*, pág. 42], ensinou concordemente;
. *Victorinus de Petrovium* [cerca de 250 d.C., no livro *Commentary on Revelation*, 10:11, diz "mas, quando Domiciano foi morto, ele [o Apóstolo João] foi libertado [da ilha de Patmos]",
. *Eusébio* [entre 312 e 324, no livro *Ecclesiastical History III*, pág.23] escreveu "Mas depois que Domiciano reinou quinze anos, e Nerva o sucedeu no governo, o senado romano decretou que as honras de Domiciano fossem revogadas, e que as pessoas que haviam sido

expulsas injustamente, deveriam voltar para suas casas e ter seus bens restaurados. Esta é a declaração dos historiadores daqueles tempos. Foi então também que o apóstolo João voltou de seu banimento em Patmos, e tomou a sua morada em Éfeso, de acordo com uma antiga tradição da igreja."
. *Jerônimo* [entre 392 e 394, no livro *De Viris Illustribus*, A Vida De Homens Ilustres, 9, "Havendo Domiciano erguido uma segunda perseguição, ele [João] foi banido para a Ilha de Patmos e escreveu o Apocalipse"].
Evidências Internas de que Ap foi escrito depois de 70 d.C.:
A igreja de Éfeso foi elogiada por Paulo em 61 d.C. (Ef 1:15) e repreendida em Ap. provavelmente levaria mais de 20 anos para ela piorar tanto.
Laodiceia é muito rica em Ap 3:17, mas tinha sido totalmente destruída por fortíssimo terremoto em 60 d.C., levaria mais de 20 anos para ficar tão rica.

0.6. É A Grande Prostituta De Apocalipse 17 Jerusalém, Não Roma?

Tanto os preteristas plenos quanto os parciais ensinam que Apocalipse 1-19 foi cumprido através da destruição de Jerusalém em 70 d.C.. No entanto, Apocalipse 17-18, ao descrever o julgamento da Grande Prostituta, na realidade descreve grandes detalhes [proféticos] da Igreja Católica Romana [não com Jerusalém, não com sua destruição]. ~~Como a Igreja romana ainda não existia no ano 70 d.C., é óbvio que a doutrina do preterismo está errada.~~

Para explicar esse problema, os proponentes preteristas dizem que a grande prostituta, Mistério da Babilônia, é Jerusalém, e não Roma.
A Igreja Católica Romana "adora" essa doutrina porque a exonera de uma das acusações mais severas da Bíblia. No entanto, dizer que Apocalipse 17 refere-se a Jerusalém ignora as pistas que nos são dadas sobre a identidade da grande prostituta.

Apocalipse 17:9 diz que a mulher é uma cidade que fica em sete montes. "9 E aqui [está] o entendimento que [está] tendo sabedoria: **as sete cabeças** *(da primeira Besta- Feroz)* **sete montes são, onde a mulher assenta sobre eles.**" Roma, não Jerusalém, é conhecida em todo o mundo como a Cidade dos Sete Montes.
Ap 17:4 afirma que a mulher estava vestida de púrpura e escarlate (vermelho). Os dois corpos governantes [cardeais e bispos] da Igreja Católica Romana estão oficialmente vestidos de roxo e vermelho. Os cardeais usam vermelho, enquanto os bispos e os arcebispos usam roxo. Não há uma explicação honesta de como isso se aplica a Jerusalém.

Mistério Babilônia é Roma, e a doutrina do preterismo está provada ser errada.

Futuristas [todos literalistas o são] ensinam que o homem do pecado é o futuro anticristo. Preteristas dizem que se refere ao imperador romano Nero.

O Homem do Pecado, Assentado no Templo?
2Ts 2:3-4 ensina que o homem do pecado, o filho da perdição, se sentará sobre o templo de Deus, afirmando ser Deus.

3Que ninguém vos engane, segundo nenhuma maneira. Porque [*não será assim*] **sem que haja vindo a retirada** *(dos crentes)* **primeiramente, e** *(depois)* **haja sido revelado o homem do pecado, o filho da perdição, 4Aquele** [*que está*] **se opondo e se exaltando sobre tudo** [*que está*] **sendo chamado de Deus, ou** [*sobre tudo*] **recebedor- de- devoção- religiosa; com- o- propósito- de ele, dentro do lugar- santo** *(do Templo)* **de Deus, (como- se- fosse Deus)** *(vir a)* **se assentar, apresentando a si mesmo** [*como*] **que é Deus.**

Quem é esse homem de pecado que se senta no Templo e quando isso aconteceu? Futuristas ensinam que o homem do pecado é O futuro Anticristo. Ninguém saberá antes quem ele será. Só será identificado quando firmar aliança de 7 anos, com muitas nações. Preteristas dizem que se refere ao imperador romano Nero. Falso, pois Nero nunca entrou no Templo (!!!)
Esta profecia de 2Ts, obviamente, ainda não foi cumprida. Esta é outra prova forte de que a doutrina do preterismo ("todas as profecias já foram cumpridas") não é verdadeira.

Os Homens Nunca Mais Aprenderão A Guerra:
Miquéias 4: 3 profetiza sobre a natureza do reinar de mil anos de Cristo: "... E **Ele julgará entre muitos povos, e castigará nações poderosas e longínquas, e estas malharão (no fogo) as suas espadas [transformando-as] em pás, e as suas lanças em foices; uma nação não levantará a espada contra outra nação, nem [as nações] aprenderão mais a guerra** "

Se todas as profecias já fossem passadas, então quanto será que as nações se desfarão de cada uma e todas as suas armas e nunca mais aprenderão a guerra? Isso obviamente não aconteceu ainda.

0.7 Hélio Responde Objeções "Apocalipse Não Faz Nenhuma Menção da Destruição de Jerusalém e Seu Templo (portanto, foi escrito antes de 70 d.C.)"

(As objeções dos preteristas continuam: "a medição do Templo em Ap 21:15-17 prova que ele ainda existia, era o 2° Templo (construído por Herodes); a Grande Babilônia era Jerusalém; todas as profecias já foram cumpridas")

Resposta:
0) Antes de tudo, estude muito bem 0.2, 0.3, 0.5, e 0.6. Depois, estude de novo, com mais esforço e lendo e pensando bem em cada versículo. Se você for sincero e honesto, acho que isto deve lhe ter respondido, ter satisfeito e ter convencido.

a) Ponha-se no lugar da posição futurista e raciocine de verdade: Aceitando que Deus assoprou as palavras e João escreveu Apocalipse em 96 d.C., somente 26 anos depois da destruição do Templo e de Jerusalém pelo general Tito, por que teria Deus que concentrar nesse sofrimento de Jerusalém já conhecido por todos, tão recente, tão vívido na memória de todos, e de lições tão dolorosamente aprendidas por todos? Ademais, a João não foi dada liberdade de colocar nenhum pensamento seu, ele apenas pode escrever a) o que Deus escolheu já lhe ter feito ver, b) as coisas que existiam naquele tempo e Deus escolheu que ele escrevesse, e c) as coisas que viriam a ocorrer no futuro e Deus escolheu que ele escrevesse Ap 1:2,19 2) O qual **testificou da Palavra de Deus**, e **do testemunho de Jesus Cristo**, e **de tudo quanto viu.** 19 Escreve as coisas que (a) VISTE, e AS QUE SÃO (presentemente) e AS QUE ESTÃO PARA ACONTECER DEPOIS DESTAS.

b) No entanto, deve notar-se que alguns estudiosos, talvez nem sempre tão literalistas como gostaríamos (mas isso não deveria irritar imitadores da Roma alegorista/ amilenarista/ preterista/ não é?), veem uma referência velada à **destruição** de Jerusalém (no ano 70 d.C.) em Ap 11:8 "E os seus cadáveres [jazerão] sobre a rua larga **da grande cidade (a qual é chamada, espiritualmente, de Sodoma e Egito), onde também [o] nosso Senhor foi crucificado**", onde "a grande cidade", em que o Salvador foi crucificado (Jerusalém), é chamada de Sodoma - não apenas por causa da sua maldade, mas devido ao fato de que foi uma cidade do mal e que foi destruída (Zahn, Theodor. 1973. *Introduction to the New Testament*. Vol. 3, pág. 306. Minneapolis, MN: Klock and Klock). [Sodoma relacionada com destruição pelo fogo, Egito com destruição por pragas e afogamento nas águas.]

Ademais, alguns outros estudiosos, talvez nem sempre tão literalistas como gostaríamos ^(mas isso não deveria irritar imitadores da Roma alegorista/ amilenarista/ preterista/ não é?), defendem que a afirmação, dos preteristas, de que Jerusalém e o Templo literal ainda estavam em pé, com base em qualquer verso de Ap 11, ignora a expressa natureza simbólica da narrativa. Salmon, George. 1904. *Introduction to the New Testament*. London, England: John Murray pag. 238, diz que "é difícil de entender como alguém poderia ter imaginado que a visão [vista por João em Ap 11] significa que o Templo ainda estava de pé. Pois toda a cena é colocada *no céu*, e o Templo que é medido é o Templo *celestial* (Ap 11:19; 15:5).

Ap 11:19 E **foi aberto o lugar- santo de Deus, NO CÉU**; e **foi vista a arca do seu testamento , no seu lugar- santo**. E houve relâmpagos, e vozes, e trovões, e um terremoto, e grande saraiva. *LTT*

Ap 15:5 E, depois disto, olhei, e **eis que foi aberto o lugar- santo do Tabernáculo do testemunho, NO CÉU**. *LTT*

Só temos que comparar essa visão com a visão paralela de um caniço de medição visto por Ezequiel (capítulo 40), com o qual o profeta é mandado medir - certamente está declarado que a cidade [Jerusalém] já havia sido demolida catorze anos antes, mas foi a cidade do futuro [no Milênio] que foi vista pelo profeta em visão.

c) Usualmente, argumentos de silêncio são os mais fracos, não provam nada, no máximo podem ilustrar e reforçar uma prova que já foi feita usando outra passagem da Bíblia, explícita, clara, indiscutível. Acho que nunca, quando eu ensinava Computação, mencionei que eu tinha um diploma tal em tal local, e eu tinha feito um concurso: todos sabiam disso tudo, por que eu gastaria tempo dizendo o que já sabiam? Argumentos de silêncio, sem prova já feita indiscutivelmente, só começam, passo a passo, a pesar como evidência cumulativa, quando temos muitas ocasiões onde todos esperam que, se uma coisa foi verdadeira, seria muito **a**normal não ser mencionada no contexto do relato. Por exemplo, se em 3 ocasiões diferentes eu dissesse que, décadas atrás, eu tinha visitado uma cidade acompanhado de todos meus filhos, mas nenhuma das vezes mencionasse que minha esposa também foi, então você poderia começar a pensar que talvez ela não tivesse podido ir.

Reverto seu argumento de silêncio, preterista: onde, em Apocalipse, estão as importantíssimas palavras de verdades indiscutíveis: dilúvio mundial, Noé, torre de Babel, Abraão, êxodo, páscoa, dispersão, traição de Judas, batismo, batizar, pentecoste, Trindade, Monte Sinai, etc.? Você vai reclamar desse silêncio? Espero que não. Ao falarmos e escrevermos, nem sempre sentimos a necessidade de mencionar alguns importantes eventos passados (mesmo que recentes) que todos já conhecem.

d) Explique-me, preterista: Por que há, em Apocalipse, uma carta escrita à Igreja em Esmirna, quando não há nenhum registro dela antes dos anos 80? Este meu argumento de silêncio é evidência forte porque há muitos indícios de muitas igrejas antes do ano 70, e há muitos indícios da igreja de Esmirna depois dos anos 80, mas nenhum indício dela nos anos 60.

Por exemplo, Policarpo, da igreja em Esmirna, escreveu, na sua "*The Letter to the Philippians*, 11:3" (Carta aos Filipenses): "Mas eu não percebi nem ouvi qualquer coisa sobre vocês, entre os quais o abençoado Paulo trabalhou, [vocês] que são louvados no início da Epístola dele. Pois, concernente a vocês, ele os louvava às igrejas que só [agora] conhecem o Senhor, pois ainda [nós, em Esmirna] não O conhecíamos". Policarpo está dizendo que Esmirna ainda não conhecia o Senhor quando a carta de Paulo aos Filipenses foi escrita, em torno de 63 d.C.. Se Apocalipse tivesse sido escrito em 68 ou 69 d.C., preterista, esses 5 anos desde 63 até 68 parecem pouco tempo para haver os primeiros convertidos, a igreja ser tão solidamente doutrinada, ser aprovada, ter seus anciãos estabelecidos, ser tão solidamente estabelecida, ter crescido tanto. Não concorda você que 20 anos, ou mais, seriam mais plausíveis para tanto.

e) Se Apocalipse tivesse sido escrito *antes* da destruição de Jerusalém por Roma em 70 d.C., então ele teria sido escrito numa época em que Paulo ainda ministrava pessoalmente às 7 igrejas de Ap 2,3. Por que Paulo nunca censurou nenhuma dessas 7 igrejas pelo pleno desenvolvimento de coisas horríveis das quais Jesus as repreendeu em Apocalipse??? Inconcebível esta discrepância. Por exemplo, se Apocalipse foi escrito nos anos 60, por que Paulo tanto louva a Igreja dos Efésios simultaneamente, ao mesmo tempo que Jesus os está repreendendo?

f)
No mesmo ano (30 d.C.) da morte do nosso Senhor, houve o apedrejamento de Estêvão; no mesmo dia, começou grande e duradoura perseguição de morte contra os crentes em Jerusalém; muitos deles saíram de Jerusalém para fervorosamente evangelizar pela Judeia, Samaria e até os confins do mundo, mas todos os apóstolos permaneceram em Jerusalém At 8:1; 11:19-20.

8:1) Saulo, porém, estava consentindo na morte dele. E **fez-se, naquele dia, uma grande perseguição contra a assembleia** que [estava] em Jerusalém; e todos (exceto os apóstolos) **foram dispersos através de** [todas] **as regiões da Judeia e Samaria**. 19) Portanto, em verdade, aqueles havendo sido dispersos provenientes- de- junto- da perseguição havendo ocorrido por causa de Estêvão **se espalharam até à Fenícia, e** [ao] **Chipre, e** [à] **Antioquia**, a ninguém pregando a Palavra exceto somente aos judeus. 20) Havia, porém, alguns provenientes- de- entre eles, varões cíprios e cirenenses, os quais, havendo entrado para Antioquia, **falavam aos gregos, pregando-as- boas- novas: o Senhor Jesus**."

Até pelo menos o ano 66, Pedro e os demais 11 apóstolos foram apóstolos para os judeus Gl 2:7-8,

7) Mas, ao contrário, havendo eles visto que **me tem sido confiado o evangelho da incircuncisão, assim como a Pedro** [o evangelho] **da circuncisão** ; 8) (Porque Aquele havendo eficazmente - operado em Pedro para [o] apostolado da circuncisão, operou eficazmente também em mim para com os gentios);

portanto basicamente todos os 12 apóstolos permaneceram na Judeia, somente Paulo foi apóstolo para as nações gentias Rm 11:13; 15:16; Ef 3:1; 2Tm 1:11

Rm 11:13 Porque **a vós outros falo, aos gentios: que, enquanto, em verdade, sou *eu* apóstolo d**[os] **gentios**, torno maior o meu encargo- de- servir, LTT

Rm 15:16 Para o ser eu [o] prestador- de- serviço- de- culto de- propriedade- de Jesus Cristo [e] para entre os gentios, realizando- obra- de- santo- servir o evangelho de Deus, a fim de que o ofertar dos gentios seja agradavelmente- aceitável, tendo sido santificado pel[o] Espírito Santo. LTT

Ef 3:1 Por esta causa, [sou] *eu*, **Paulo, o prisioneiro- acorrentado de propriedade de Jesus Cristo por amor a vós outros, os gentios**, LTT

2Tm 1:11 Para o qual **fui *eu* constituído** [como] **um pregador, e um apóstolo, e um professor- mestre d**[os] **gentios**, LTT

João e Pedro sempre trabalharam juntos, portanto João permaneceu na Judeia pelo menos até o ano 67 ou 68, quando Pedro escreveu 2Pe, depois dali saíram os dois para evangelizar na Ásia Menor (podendo Pedro ter visitado a Mesopotâmia), ali Pedro morreu, João continuou na Ásia Menor até ser exilado por Domiciano (que reinou de 81 a 96 d.C.) para a Ilha de Patmos, onde escreveu Apocalipse.

Antigos historiadores dizem que, antes da guerra com Roma que começou em 66 d.C. e levou à destruição de Jerusalém em 70 d.C., todos ou quase todos os cristãos [inclusive os 12 apóstolos – Tiago já morto] em Jerusalém fugiram para Pella (na atual Jordânia) ou para a Ásia Menor

O ministério de João para as igrejas locais na Ásia Menor não começou até depois da destruição de Jerusalém. Sim, porque até então ele era um dos apóstolos que estavam dentro de Jerusalém.

[Na Ásia Menor, residiu em Éfeso (onde Paulo já tinha estabelecido uma igreja) e estabeleceu igrejas em Esmirna, Pérgamo, Sardes, Filadélfia, Laodicéia e Tiatira.]

g) A prisão de João restringindo-o à Ilha de Patmos, e sua subsequente libertação, se encaixam no padrão de dois imperadores romanos no final do século I (Domiciano (que reinou entre 81 e 96 d.C.) e Trajano), não Nero (que reinou de 54 a 68), que simplesmente mandava executar os prisioneiros políticos. [Não sei se é lenda que só apareceu quase 100 anos depois e tem versões com diferentes embelezamentos, mas dizem que Domiciano (que reinou entre 81 e 96 d.C.), ordenou que levassem João a Roma, ali ele foi condenado a ser lançado em um caldeirão de óleo fervente, o foi, milagrosamente saiu ileso, então foi banido para a Ilha de Patmos, para trabalhar nas minas. Só sei que João estava na ilha de Patmos em Ap 1:9, e há fortes indícios de que Domiciano costumeiramente *bania* quem considerava apenas criminoso político-religioso, não matava]

h) A perseguição de Nero aos cristãos estendeu-se apenas aos crentes em Roma e seus arredores. Foi muito breve e foi fruto de uma momentânea expediência política, ao invés de um ódio filosófico ou religioso. Nero não os via como uma ameaça para o Império, como os imperadores [Domiciano e Trajano] bem mais tarde no século 1 passaram a ver. Até então, a maioria das perseguições aos cristãos decorria dos crescentes resistência e ódio dos judeus ao Evangelho.

0.8. Pensamentos Finais

Como você pode ver, há uma grande quantidade de problemas com a doutrina do preterismo. Estou certo de que muitos defensores desta doutrina acreditam sinceramente que ela seja a verdade. No entanto, as contradições bíblicas são flagrantes.

~~Em Daniel 12:9, Deus disse a Daniel que a compreensão das profecias da Bíblia seriam fechadas e seladas [tornadas fechadas], encerradas] até o tempo do fim.~~
9) ~~E Ele disse: "Vai, Daniel, porque~~ estas palavras [*estão*] fechadas e seladas até ao tempo do fim.
~~Por que Deus decretou em 600 a.C. que a compreensão profética seria "fechada" até o "tempo do fim?" A única explicação concebível é que Ele queria colocar a profecia do fim do tempo nas mãos da igreja do final dos tempos, com a finalidade de acender um último avivamento do fim dos tempos. O ensino do preterismo destrói este plano declarado de Deus para os tempos em que vivemos, ao ensinar que as profecias da Bíblia não têm nada a ver conosco hoje. Consequentemente, o preterismo~~

~~é contrário à intenção expressa de Deus para o avivamento do fim do tempo. Portanto, não deve ser acreditado ou ensinado.~~

Preterismo, a crença de que todas as profecias já foram cumpridas, não é bíblico. Infelizmente, a maioria dos cristãos, incluindo a maioria dos ministros, não sabe como refutar suas reivindicações.

Irvin Baxter
Endtime Magazine - Nov / Dec 2003

Extraído, traduzido e adaptado por Hélio MS, nov. 2017, a partir de
https://www.endtime.com/blog/preterism-what-is-it-is-it-scriptural/

0.9. Problemas Com O Preterismo Pleno
Trivializa a Segunda Vinda 1Co 1:8;
8) O Qual também vos confirmará até a[o] fim, [para serdes] irrepreensíveis no dia de o nosso Senhor Jesus Cristo.
(Para o Preterista Pleno, aqui não há nenhuma abençoada promessa)

Arruina a doutrina da ressurreição 1Co 15: 20,22-24;
20) Mas, de fato, [o] Cristo tem sido ressuscitado para- fora- de- entre [os] mortos, [e] as primícias daqueles tendo sido adormecidos foi Ele feito. 22) Porque, assim como em Adão todos morrem, assim também em o Cristo todos serão vivificados. 23) Mas cada um dentro de sua própria ordem: Cristo, (que é) [as] primícias; depois, aqueles [que são] de [o] Cristo, na Sua vinda; 24) Depois, [virá] o fim, quando Ele entregar o reinar a Deus (a saber, a [o] Pai), [e] quando aniquilar todo [o] império, e toda [a] potestade e força.
(Para o Preterista Pleno, aqui não há nenhuma abençoada promessa)

Confunde o Propósito da Segunda Vinda He 9:28;
28) Assim [também] o Cristo, uma- só- vez- por- todas havendo sido oferecido para de muitos [homens] carregar- para- cima [os] pecados [deles], d[a] segunda vez, à parte d[o] pecado [deles], aparecerá àqueles [que] O [estão] aplicadamente- esperando: para salvação.
(Para o Preterista Pleno, aqui não há nenhuma abençoada promessa)

Trivializa o julgamento de Deus sobre o pecado Rm 1:18,32,5,20; 2:5,8-9;
18) Porque é manifesta [a] ira de Deus, proveniente- de- junto- do céu, contra toda [a] impiedade e injustiça d[os] homens, os quais a verdade [estão] impedindo em injustiça. 32) Os quais, o justo- julgamento de Deus havendo [eles] conhecido (que aqueles [que] tais coisas [estão] praticando dignos de morte são), não somente as fazem, mas também juntamente- [com- outros-] pensam- bem daqueles [que] as [estão] fazendo. 5) Por- operação- de Quem nós recebemos [a] graça e [o] apostolado, para dentro d[a] obediência d[a] fé entre todas as nações, para- benefício- de o Seu nome, 20) Porque, desde [a] criação d[o] mundo, as coisas invisíveis dEle são claramente vistas (sendo elas entendidas através das coisas criadas): [a saber,] tanto o Seu eterno poder como [a Sua] qualidade- de- Pessoa- da- Divindade. para ser[em] eles inescusáveis: 5) Segundo, porém, a tua dureza e [o teu] coração impenitente, entesouras para ti mesmo ira n[o] dia d[a] ira e d[a] manifestação do justo julgamento de Deus. 8) Àqueles [homens], porém, que [são] provenientes- de-

dentro- de contenda e [*que*], de fato, [*estão*] descrendo- desobedecendo à verdade mas [*estão*] crendo- obedecendo à iniquidade: indignação e ira;   9) tribulação e angústia sobre toda [*a*] alma d[*o*] homem que [*está*] fazendo [*o*] mal , tanto (primeiramente) d[*o*] judeu, como- também d[*o*] grego;

(Para o Preterista Pleno, não mais há/haverá derramamento da ira de Deus, não há Julgamento do T. Branco, tudo terminou em 70 d.. Ou aqui só há condenação para os judeus ímpios)

Redefine a palavra "Glória" Cl 3: 4;
Quando o Cristo ([*o Qual é*] a nossa vida) for manifesto, então, também *vós*, juntamente- com Ele sereis feitos manifestos, em glória.

(Para o Preterista Pleno, aqui não há nenhuma abençoada promessa)

Destrói a nossa esperança 1Ts 1:10;
E para esperar[*des*] o Seu Filho proveniente- de- dentro- dos céus (a Quem Ele ressuscitou para- fora- de- entre [*os*] mortos), [*a saber*], Jesus, Aquele [*que*] nos [*está*] livrando para- longe- da ira [*que está*] vindo.

(Para o Preterista Pleno, aqui não há nenhuma abençoada promessa)

Ignora as próprias palavras de Jesus, Mt 24:30-31;
30) E então aparecerá o sinal de o Filho do homem, no céu; e, então, todas as tribos da terra baterão- nos- peitos- em- pesar e verão o Filho do homem vindo sobre as nuvens do céu, com poder e grande glória. 31) E Ele enviará os Seus anjos com grande clamor de uma trombeta; e eles ajuntarão os eleitos dEle, para- fora- dos quatro ventos, desde [*umas*] extremidades d[*os*] céus até [*outras*] extremidades deles.

(Veja nosso Cap. 23: talvez 1 ou outro verso de Mt 23,24 até possa ser visto como apontando para uma certa semelhança com a destruição de Jerusalém em 70 d.C., mas isso somente seria um TIPO da destruição plena e literal ao *finalzinho* da 70-SD, este é assunto *primário* de Mt 23,24. Não ignore nenhum verso, nem faça nenhum deles se referir somente a 70 d.C.)

Tem maus efeitos secundários 1Co 11:26; 1Tm 6:14;
(O Preterista Pleno diz "Se Cristo já voltou, por que celebrarmos Sua ceia?")
1Co 11:26 Porque, todas- e- quaisquer- vezes que comais este pão e este cálice bebais, a morte de o Senhor proclamais, até que Ele venha. LTT
1Tm 6:14 Preservar[*es*]- e- obedecer[*es*] a o mandamento sem mácula, irrepreensível, até à aparição de [*o*] nosso Senhor Jesus Cristo, LTT

Não é consistentemente literal 2Pe 3:10,12.
(Ó Preterista Pleno: isto não pode ser literalmente aplicado a 70 d.C. Pode ao dia da destruição do atual universo e criação de novo. Por que você não quer ser literal aqui?)
10) Mas virá o dia de [*o*] Senhor como [*o*] furtador n[*a*] noite; n[*o*] qual os céus com [*grande*] estrondo passarão, e [*os*] elementos, sendo incendiados, serão dissolvidos; e [*a*] terra e as obras que nela [*há*] serão completamente- queimadas.   12) Aguardando- em- expectativa e anelando- e apressando até à vinda do dia de Deus, por causa d[*o*] qual [*os*] céus, estando em fogo, serão dissolvidos; e [*os*] elementos, estando- sendo- incendiados, É derretido- e- aniquilado?

Ver mais em http://www.northforest.org/Eschatology/FullPreterismProblems.html

1. →» Preliminar 1: A 70ª Semana De Daniel (70-SD) Virá!

David Cloud
(http://solascriptura-tt.org/EscatologiaEDispensacoes/70SemanasDeDaniel-DavidCloud.AlissonSantos.htm)

A profecia de Daniel, das "70 Semanas", é uma das profecias mais surpreendentes e importantes na Escritura. Um Livro que prediz o futuro em detalhes com precisão perfeita é, obviamente, um Livro Divino!

Dn 9:24-27 24 Setenta semanas [estão] determinadas sobre o teu povo, e sobre a tua santa cidade, para fazer cessar a transgressão, e para dar fim aos pecados, e para expiar a iniquidade, e trazer a justiça eterna, e selar a visão e a profecia, e para ungir o Mais Santo de todos.
25 Sabe e entende: desde a saída da ordem para restaurar, e para edificar a Jerusalém, até ao Messias, o Príncipe, [haverá] sete semanas, e sessenta e duas semanas; as ruas e o muro se reedificarão, mas em tempos angustiosos.
26 E depois das sessenta e duas semanas [será] cortado-fora o Messias, mas não por causa de Ele mesmo; e o povo do príncipe, que há de vir, destruirá a cidade e o santuário, e o seu fim [será] com uma inundação; e, até ao fim da guerra, [estão] determinadas as assolações.
27 E ele firmará aliança com muitos por uma semana; e [na] metade da semana fará cessar o sacrifício e a oblação; e, por causa do espalhamento das abominações, ele [a] fará assolada, e [isso] até à consumação; e o que [está] determinado [será] derramado sobre o assolador." LTT

Os 70 semanas são semanas [que são sequências] de [7] anos, ou [70 sequências vezes 7 anos em cada sequência =] 490 anos. Isto é evidente pelo cumprimento.

Durante este período de 70 semanas, os juízos de Deus sobre Israel serão completados e [, logo depois,] Cristo voltará para estabelecer o [Seu] reino. O anjo diz a Daniel que a profecia se refere ao seu próprio povo, os judeus, e à cidade santa, que é Jerusalém (Dn 9:24).

As primeiras 69 semanas (483 anos) duraram desde o tempo em que o mandamento foi dado "para restaurar, e para edificar a Jerusalém" (depois do cativeiro babilônico,) até o tempo em que foi "cortado-fora o Messias" [na cruz sobre o monte do Calvário].

Houve dois mandamentos por reis persas relativos à reconstrução de Jerusalém. Primeiro, houve o mandamento no ano 536 aC, pelo imperador Ciro, para que Zorobabel [descendente de Davi] reconstruísse o Templo (Esdras 1: 1-3) [no verso 8, Zorobabel é chamado de "Sesbazar, príncipe de Judá"].
Em segundo lugar, houve o mandamento no ano 444 aC, pelo rei Artaxerxes, para Neemias reconstruir os muros e a cidade (Ne 2:1-8.). Uma vez que Daniel 9:25 fala particularmente

da reconstrução das ruas e do muro da cidade e parede, isso (a ordem de Artaxerxes) é a que começou as 69 semanas.

Existem várias dificuldades em determinar as datas exatas envolvidas. Duas delas são as seguintes: Primeiro, os judeus e babilônios e persas usavam calendários diferentes com diferentes meses. O calendário romano [também chamado de Juliano, pois deve-se a Júlio Cesar], que hoje usamos, é diferente. É por isso que é difícil saber exatamente [e consensualmente] em que exatas datas de nosso calendário Cristo nasceu e morreu. Em segundo lugar, os calendários judaico e persa tinham anos de 360 dias, em vez dos 365 dias do nosso calendário romano. Isto significa que os 483 anos (69x7) de Daniel 9 foram 69x7x360 = 173.880 dias, o que equivale a 476 dos nossos anos.

À partir de alguns cálculos, a ordem de Artaxerxes para Neemias foi estabelecida em 445 a.C. e, por outros cálculos, foi estabelecida em 444 a.C. Sir Isaac Newton estabeleceu essa data em 457 a.C., e esta data [457 a.C.] começou a ser posta na margem da Bíblia King James à partir de 1701.

Sir Robert Anderson, um advogado, investigador da Scotland Yard e um brilhante estudante da Bíblia, concluiu que a ordem foi dada em 14 de Março de 445 a.C. e que Cristo entrou em Jerusalém sobre um jumentinho em 6 de Abril de 32 d.C. Ele documentou essa posição em seu livro *The Coming Prince* ("O Príncipe Que Há De Vir") de 1895. [http://www.espada.eti.br/principe.htm e http://www.entrenacoes.com.br/teologia/download/Sir%20Robert%20Anderson%20-%20O%20PRINCIPE%20QUE%20HA%20DE%20VIR.pdf]

Da nossa perspectiva de 2500 anos depois, é difícil saber as exatas datas da profecia, mas o que importa é que os judeus [pelo menos os mais estudiosos] daqueles dias sabiam como calcular essas datas [exatamente], e eles não tinham desculpa alguma para não saber exatamente quando o Messias, o Príncipe, viria, ou o que aconteceria quando Ele viesse.

Concordamos com a seguinte declaração:

"Se o próprio Gabriel disse que Jesus seria ungido exatamente 483 anos depois, quem sou eu para discutir se o decreto foi publicado em 456, 457 ou 458, só porque eu não tenho as habilidades matemáticas para defini-las exatamente? Eu creio que há evidências suficientes para provar a qualquer um (que queira crer) que essa profecia de [exatos] 490 anos [o autor quer dizer 490-7 = 483 anos] [de 360 dias] [exatamente] cobre o período que vai da ordem de Artaxerxes para restaurar Jerusalém até quando Jesus veio e cumpriu Seu ministério na Terra [quando foi "cortado fora o Messias" deve significar o dia da crucificação] ." ("*The Beginning of the 490 years*", http://dedication.www3.50megs.com/457.html [Cuidado, é um site adventista. Pode estar correto neste assunto, mas pode estar mortalmente errado noutros assuntos]

A profecia de Daniel descreve quatro grandes eventos que ocorreram depois da ordem para reconstrução de Jerusalém.

Primeiro, as ruas e muros foram reconstruídos. Isto foi terminado em 7 semanas ou 49 anos (Dn 9:25). A ordem para reconstrução de Jerusalém foi dada em 444 a.C. Os muros foram terminados no ano seguinte, e o trabalho continuou na reconstrução da cidade por, aparentemente, mais 48 anos. Isso foi concluído em "épocas difíceis", como vemos em Neemias. Os 49 anos viriam a coincidir com a mensagem profética final dada por

Malaquias para finalizar a revelação do Antigo Testamento e começar os "400 anos de silêncio" até a [primeira] vinda de Cristo.

Segundo, 69 semanas depois da ordem, o Messias, [que é] o Príncipe, veio [apresentou-se para ser recebido como Rei] e foi "cortado- fora o Messias, mas não por causa de Ele mesmo," o que significa que Ele morreu na cruz pelos pecados dos homens (Dn.9:25,26). Sua morte foi substitutiva. As 69 semanas (69 "semanas" x 7 anos/ semana" = **483 anos [proféticos**, de 360 dias] pelo calendário [profético] Judaico [de 360 dias], equivalentes a 483 / (365/360) = 476,384 anos pelo calendário Romano [de 365 dias]) acabaram quando Cristo veio como príncipe [e se apresentou para ser reconhecido e recebido como rei, para passar a corporal e visivelmente reinar sobre Israel e todo o mundo]. Isso foi [no domingo] quando Cristo entrou em Jerusalém sobre o jumentinho poucos dias antes da crucificação, e foi aclamado "o Rei [que está] vindo em [o] nome de [o] Senhor" (Zc 9:9; Lc 19:37-38).

Terceiro, a cidade e o 2º Templo foram destruídos (Dn.9:26). Isso ocorreu no ano 70 d.C. pelas mãos do exército Romano sob o comando do general Tito.

Quarto, haverá guerras e desolações até o momento do fim. Esta é uma perfeita descrição dos últimos 2000 anos da história de Israel, e isso também descreve o que vai acontecer com Israel pouco antes da volta de Cristo. Mesmo hoje, embora Israel esteja de volta à sua terra, ela não tem paz, e ela não terá paz alguma até ela se arrepender e receber seu Messias, Jesus.

. A semana (de sete anos [proféticos, de 360 dias]) final da profecia de Daniel ainda está para ser cumprida (Dn.9:27 E ele firmará aliança com muitos por uma semana; e [na] metade da semana fará cessar o sacrifício e a oblação ; e, por causa do espalhamento das abominações, ele [a] fará assolada, e [isso] até à consumação; e o que [esta] determinado [será] derramado sobre o assolador), e este é o período que Jesus descreve em Mateus 24.)

. Entre a 69ª e 70ª semanas {entre Dn.9:26 e Dn.9:27 (acima) (9:26) E depois das sessenta e duas semanas [será] cortado- fora o Messias, mas não por causa de Ele mesmo; e o povo do príncipe, que há de vir, destruirá a cidade e o santuário, e o seu fim [será] com uma inundação; e, até ao fim da guerra, [estão] determinadas as assolações.} está a época da igreja, que é chamada de "mistério" porque ela não foi revelada aos profetas do Velho Testamento

(Ef. 3:3-6 ³ que por revelação Ele me fez conhecer o mistério , como anteriormente vos escrevi abreviadamente, ⁴Pelo qual podeis, lendo-[o], perceber a minha compreensão no mistério de o Cristo, ⁵O qual noutras gerações não foi manifesto aos filhos dos homens, como agora foi revelado aos Seus santos apóstolos e profetas, pelo Espírito, ⁶₆ [A saber:] ser[em] os gentios herdeiros- em- comum (, e um- corpo - em- comum , e juntamente- participantes- em- comum da promessa dEle em o Cristo, através do evangelho,).

. A época da igreja é como um vale que os profetas do Velho Testamento não viram entre os cumes da primeira e segunda vindas de Cristo. Em Romanos 11:25-27, Paulo descreve a dispensação das igrejas como o intervalo de tempo da cegueira de Israel (²⁵Porque não desejo vós desconhecer[des], ó irmãos, este mistério (a fim de que não sejais sábios junto às vossas próprias [presunções]): que [o] endurecimento em parte tem vindo sobre Israel, até a plenitude dos gentios entrar. ²⁶E, assim, todo [o] Israel será salvo, como tem sido escrito: "Proveniente- de- dentro- de Sião virá o Libertador e desviará [as] impiedades para- longe- de Jacó." ²⁷E "esta [é] a aliança proveniente de Mim, para com eles, quando Eu houver plenamente- removido os seus pecados,).

A semana final (sete anos) da profecia de Daniel está dividida em duas partes (Dn 9:27 E ele firmará aliança com muitos por uma semana; e [na] **metade da semana fará cessar o sacrifício e a oblação** ; e, por causa do espalhamento das abominações, ele [a] fará assolada, e [isso] até à consumação; e o que [está] determinado [será] derramado sobre o assolador).

No começo dos sete anos, o Anticristo fará um falso acordo de paz com muitas, muitas nações [muitos supõem que Israel vai firmar este acordo, mas isto não está dito na Bíblia.] Provavelmente, será nessa época que o Templo Judeu será reconstruído em Jerusalém [Nota de Hélio: o Templo somente começará a ter sacrifícios no dia 250 da 70-SD, veja Seção 9.1.].

Na metade dos sete anos o Anticristo vai romper este pacto [fazendo cessar o sacrifício e a oblação, Dn 9:27, acima] e se exaltará sobre tudo que é chamado de Deus, e (ele mesmo ou sua imagem) se porá no lugar santo do Templo, e a si mesmo apresentará [para ser adorado] como se fosse Deus 2Ts 2:3-4 ³ Que ninguém vos engane, segundo nenhuma maneira. Porque [*não será assim*] **sem que haja vindo a retirada primeiramente, e haja sido revelado o homem do pecado, o filho da perdição**, ⁴Aquele [*que está*] se opondo e se exaltando sobre tudo [*que está*] sendo chamado de Deus, ou [*sobre tudo*] recebedor- de- devoção- religiosa; **com- o- propósito- de ele, dentro do lugar- santo de Deus, (como- se- fosse Deus) se assentar, apresentando a si mesmo** [*como*] **que é Deus**.

O Anticristo (ou sua imagem) sobre o trono no lugar santo é chamado por Jesus de "**a abominação da desolação**" (Mt.24:15 **Quando, pois, virdes a abominação da desolação** (aquela havendo sido falada através de Daniel, o profeta) **tendo se postado n**[*o*] **lugar-santo** (quem [*está*] lendo, entenda):) e marca o começo dos [últimos] três anos e meio da semana, que são chamados de A <u>Grande</u> Tribulação [a semana toda é chamada de "A Tribulação", e a segunda metade da semana é chamada de "A <u>Grande</u> Tribulação].

Apocalipse 6-19 descreve o mesmo período (a "semana" final da visão de Daniel) e também o divide em dois períodos de três anos e meio.

Durante a primeira metade da Tribulação, as duas testemunhas de Apocalipse 11 vão pregar por 1260 dias, ou três anos e meio (Ap. 11:3 E darei [*autoridade*] **aos Meus dois testificadores, e eles profetizarão** [*por*] **mil duzentos** [*e*] **sessenta dias**, tendo [*eles*] sido vestidos de pano- de- saco- de- cilício).

Durante a segunda metade, o Anticristo vai governar por 42 meses, ou 3,5 anos (Ap. 13:5), e a Israel convertida fugirá para o deserto por 1260 dias, ou 3,5 anos (Ap. 12:6 E **a mulher fugiu para dentro do deserto**, onde tem um lugar tendo sido preparado proveniente- de- junto- de Deus, **a fim de que ali a alimentem** [*por*] **mil duzentos e sessenta dias**.).

2. →» Preliminar 2: Nossa Notação para Intervalos de Tempo

- Adotaremos a marcação do dia (período de 24 horas de rotação da terra em torno do seu eixo) que Deus usou em Gênesis 1 e os judeus continuaram seguindo: O dia judaico começa, tem sua hora 00 (zero), exatamente no pôr do sol (equivalente às 18:00 h, no tempo romano), e o dia judaico termina, tem sua hora 24, exatamente no pôr de sol 24 horas depois. A primeira metade do dia é o período de escuridão (noite), a segunda metade é o período com a luz do sol.

- Em Gênesis 7:11 e 8:4 temos "cinco meses" (tempo do dilúvio), e em Gênesis 7:24 e 8:3 a sua quantidade em dias é igual a 150 dias, portanto cada mês bíblico tem exatamente 30 dias, e o ano bíblico ou *profético* tem exatamente (12 meses) X (30 dias/mês) = 360 dias.

- ~~Quando dizemos intervalo de tempo (200 a 300], por exemplo, queremos dizer desde o término do dia 200 (excluindo-o) até o término do dia 300 [incluindo-o], portanto um intervalo de 300-200 = 100 dias de duração. Quando dizemos intervalo de tempo [200 a 300], por exemplo, queremos dizer desde o início do dia 200 (incluindo-o) até o término do dia 300 (incluindo-o), portanto um intervalo de 1+(300-200) = 101 dias de duração. Parênteses "(" e ")" excluem o elemento vizinho, colchetes "[" e "]" o incluem.~~
- ~~Quando dizemos dia 200, por exemplo, queremos dizer o período de 24 horas desde o início (o pôr de sol) deste dia até o término dele (o pôr de sol 24 horas depois)~~
- ~~Alguns intervalos de tempo que usaremos se superpõem (overlap) 1 dia com o intervalo vizinho anterior, e/ou com o intervalo vizinho posterior. Por exemplo, os intervalos (100 a 200] e [200 a 300) têm o dia 200 em comum.~~

- As seções deste escrito estão em ordem cronológica, e encaixamos cada evento em uma seção segundo melhor pudemos ver na Bíblia com o mais intenso e extenso estudo de que fomos capazes. Procuraremos indicar quando não temos a mais absoluta *certeza* de em que seção algum evento cai, e somente conseguimos chegar à conclusão que a mais *plausível* seção é aquela, mas admitimos que podemos estar errados, por isso não brigaremos com quem pensa de modo diferente, desde que ele, como também nós, seja o mais literalista e dispensacionalista possível, mesmo nossos maiores esforços dedutivos, em raras vezes, nos levando a conclusões levemente diferentes.

- Infelizmente, não podemos escrever *conjuntos* (que não têm ordem entre seus elementos), portanto não pudemos evitar de fazer uma *lista* dos eventos dentro de cada seção, talvez dando a aparência, que não desejamos dar, de que representam uma rigorosa ordem, onde nem sempre ela existe, nem é possível de determinar. Pedimos ao leitor que considere que sempre queremos expressar ordem entre seções consecutivas, mas nem sempre queremos expressar ordem dentro das listas dentro de cada seção.

2.1. Entendendo Os Parênteses Dentro De Apocalipse

A narrativa do livro de Apocalipse é interrompida em certos intervalos com passagens (ou mesmo inteiros capítulos) que podem ser considerados parênteses dentro da sequência maior. Cada um desses "parênteses" fornece informações adicionais às contidas na cronologia geral, ou fala de coisas que estão ocorrendo em outro cenário ao mesmo tempo. Temos uma semelhança com o processo de produção de um filme: a câmara está filmando uma sequência cronológica abcdefg de uma estória, mas às vezes insere entre os elementos dessa sequência os elementos de outra sequência cronológica 123 de outra estória, e fica assim: ab(12)cdef(3)g. Ou está filmando a estória abcdefg, mas às vezes insere entre os elementos dessa sequência cenas 312 que não estão no passado, ou no futuro, ou em outros locais, sem nenhuma ordem cronológica, resultando em a(31)bc(2)defg.

Citemos C.I. Scofield: "As passagens entre parênteses [no livro de Apocalipse] são:
1. O remanescente judaico e os santos da tribulação (Ap 7:1-17). [Esta passagem está entre o 6º e o 7º selos, mas não necessariamente tem que ocorrer entre eles, nem no local e tempo de um, nem do outro. Fala do ministério do 144.000 Ap 7:1-8 que ministrarão durante toda a 70-SD, e fala de uma multidão inumerável de todas as nações, salva durante toda a 70-SD Ap 7:9-17.]

2. O anjo, o pequeno livro, as duas testemunhas (Ap 11:1-14). [Esta passagem está entre a 6ª e a 7ª trombetas, mas não necessariamente tem que ocorrer entre elas, nem no local e tempo de uma, nem da outra. Fala do ministério das 2 testemunhas Ap 11:1-14, que começa no dia 1260, portanto antes da 6ª trombeta (o anjo do Eufrates, próximo ao final da 70-SD).]

3. O Cordeiro, o Remanescente, e o Evangelho eterno (Ap 14:1-13). [*profetizando o futuro*, Ap 14:1-5 fala de o Cordeiro reinando sobre o Monte Sião (o que somente se cumprirá em Ap 20: 4-6); fala de 3 anjos Ap 14:6-12; e fala dos santos assassinados durante toda a 70-SD Ap 14:13. Portanto, não necessariamente Ap 14:1-13 tem que ocorrer após a 7ª trombeta (transição 70-SD/ Reinar Milenar Ap 11:15) e antes do que a segue, a 1ª taça de Ap 16:2 (chaga má e fétida sobre os homens)]

4. O ajuntamento dos reis em Armagedom (Ap 16:13-16). [Ap 16:12 descreve todo o julgamento da 6ª taça (o anjo que seca o rio Eufrates). Agora, os versos 13-16, ao invés de descrever eventos imediatamente seguintes, são como um zoom em um vídeo, um detalhamento, explicam que o ajuntamento dos reis da terra e de todo o mundo, para Armagedom, foi obra de 3 espíritos imundos comparados a rãs e saídos das bocas do Diabo, do Anticristo e do Falso Profeta.]

5. As quatro aleluias no céu (Ap 19:1-6).-[sem relação temporal com coisas sobre a terra descritas antes, em Ap 18 (destruição da Babilônia comercial), e depois, a partir de Ap 19:11 (Cristo pisa o lagar do vinho do furor e da ira de Deus, e aves são ajuntadas para, depois, se alimentar dos cadáveres dos inimigos do Cristo.)]

Essas passagens não [estão cronologicamente ordenadas, e não] avançam na [cronologia, na linha de tempo da] narrativa profética. [cada uma delas não tem nenhuma relação de ordem com o que está escrito logo antes, nem com o que está escrito logo depois]. Olhando para trás e para frente, resumem os resultados alcançados e falam de resultados ainda por vir como se já tivessem vindo. Em Apocalipse 14:1, por exemplo, o Cordeiro e o Remanescente são vistos profeticamente [como se estivessem] sobre o Monte Sião, embora eles não estejam realmente lá até Ap 20: 4-6." Scofield Reference Bible.

Leia Understanding the Parenthetical periods of the book of Revelation em http://www.netbiblestudy.com/00_cartimages/Revelation-lesson%206.pdf. Segue-se uma parte:
"Para entender o livro do Ap, você deve estar ciente de sete "parênteses" através de todo o livro de Apocalipse.

- O capítulo sete é **o primeiro desses parênteses**, vindo entre o sexto e o sétimo selos, e revela outras coisas que estarão acontecendo durante esse período de tempo. Elas são:
    (1) O ministério dos 144.000 (Ap 7:1-8)
    (2) Uma multidão, salva durante o Período de Tribulação (Ap 7:9-17).

- Olhando para frente, **o segundo parêntese**, vindo entre o sexto e o sétimo julgamento de trombeta, revela o que mais está acontecendo durante o período de tempo destes juízos de trombeta:
(1) O "pequeno pergaminho" (Ap 10:1-11)
(2) As Duas Testemunhas (Ap 11:1-14)

- O **terceiro parêntese**, que vem entre a sétima trombeta e os julgamentos das taças, revela sete personagens:
(1) A mulher vestida de sol (Ap 12:1-2)
(2) O Dragão (Ap 12:3-4)
(3) O Filho- Varão (Ap 12:5-6)
(4) O Arcanjo (Ap 12:7-12)
(5) O Remanescente judaico (Ap 12:13-17)
(6) A Besta saída do Mar (Ap 13:1-10)
(7) A Besta saída da Terra (Ap 13:11-19-18)

- **O quarto parêntese** revela certos eventos, que ocorrem durante esse período de tempo e que não estão incluídos na narração dos "julgamentos das trombetas".
    (1) O Cordeiro sobre o Monte Sião (Ap 14:1-5)
    (2) Os três anjos (Ap 14:6-12)
    (3) Os santos mortos (Ap 14:13)
    (4) A colheita e a vindima (Ap 14:14-20)

- **O quinto parêntese**, entre os sexto e sétimo julgamentos de taças, revela o que mais está acontecendo durante o período de tempo em que esses julgamentos estão sendo derramados. Três espíritos imundos (Ap 16:13-16)

- **O sexto parêntese**, vem entre o 2º "ai" [Ap 11:14] e o 3º "ai."
[O 3º ai corresponde a todo o julgamento associado à 7ª trombeta, o qual começa em Ap 11:14 e é detalhado em todas as 7 taças começando em Ap 16:2. O 3º ai terá passado completamente somente quando a Babilônia tiver caído (e isto é recapitulado em Ap 17-18), a revelação de Deus sobre a Terra tiver acabado Ap 19:1-16, e o Anticristo e seus exércitos tiverem sido destruídos Ap 19:17-20.] [o sexto parêntese engloba: a mulher (Israel) e o dragão Ap 12; a besta que subiu do mar Ap 13:1-10; e a besta que subiu da terra Ap 13:11-18]

- **O sétimo parêntese**, que vem entre a 4ª condenação [para sempre] [dos indivíduos não crentes no Cristo, ao final da 70-SD] [para não entrarem no Milênio] e a 5ª condenação [para sempre] [de Gogue de Magogue, novamente, ao final do Milênio], revela:
    (1) Satanás acorrentado (Ap 20:1-7)
    (2) A Primeira Ressurreição [o 3º grupo do 1º tipo de ressurreição, aquela para a vida para sempre. O grupo dos mortos salvos na 70-SD e no VT] (Ap 20:4-5)
    (3) O Milênio (Ap 20:6)
    (4) Satanás solto Por Um Pouco De Tempo (Ap 20:7)

= Essas passagens entre parênteses, simplesmente, têm conteúdos explicativos sobre coisas, conteúdos que irão transpirar, mas não foram contidas na revelação dos julgamentos dos selos, das trombetas e dos vaso. No entanto, entender o motivo desses parênteses - interrupções é necessário para tornar o leitor atualizado sobre o que mais está ocorrendo durante a revelação desses julgamentos no Apocalipse."

3. →» Preliminar 3: A Igreja NÃO É A Noiva

O único significado da palavra *ekklesia* em grego é o de uma reunião, uma assembleia dos cidadãos de uma cidade (somente seus cidadãos, não visitantes, etc. E somente daquela cidade, chamados para virem para fora de suas casas e se reunirem, fisicamente, num local qualquer convencionado). Por isso e por outras razões bíblicas, temos que concluir pela total impossibilidade de uma "igreja universal e invisível, difusa, espalhada sobre toda a terra e céu"! Só há igrejas *locais* e visíveis http://solascriptura-tt.org/EclesiologiaEBatistas/IgUniv-TeoriaMito-Montgomery.html . Mas, mesmo se, ao conjunto de todos os verdadeiros crentes da dispensação das igrejas locais (reunidos no céu depois da transmutação dos vivos e ressurreição dos mortos, e do Arrebatamento), Deus, na Sua Palavra, tivesse dado o nome de "igreja *local* totalizada futura", ou somente de "igreja" (mas nunca o fez, de nenhum modo), mesmo assim NÃO seremos nós que seremos a Noiva, não seremos nós que celebraremos o casamento com o Cristo, não será como a Noiva que participaremos da festa-banquete logo após tais bodas!

Das 115 ocorrências de ekklesia no NT, só 2 delas (2Co 11:2; Ef 5:22-33) também têm algum tipo de conceito de noiva-esposa. Mas uma análise mais detida e cuidadosa de cada uma das 2 passagens logo mostra que ambas **NÃO** dizem que a igreja "*É*" a noiva-esposa do Senhor Jesus Cristo, mas, sim, apenas fazem uma ANALOGIA-COMPARAÇÃO, argumentando que cada igreja local é "*TAL COMO SE FOSSE*" uma noiva-esposa dEle, e isto, no contexto, significa que deve haver uma analogia entre amor-dedicação-pureza-submissão de cada igreja em relação ao Cristo, e amor-dedicação-pureza-submissão que cada noiva-esposa deve ter para com seu noivo-esposo.

2Co 11:2 Porque eu zelo-com-ciúme a respeito de vós, com ⁰ciúme ① de-natureza-de ① Deus: porque **vos preparei** ② **para vos apresentar a o Cristo** (*semelhantemente a uma* ③ **virgem pura** ⁰ *ser* a *exatamente* **um marido**), ① "de natureza de": Meyer. ② "preparei": Almeida 1681, 1819, ARC, ACF, Smith, Thayer %1. ③ "semelhantemente a": o v. é uma METÁFORA, uma *comparação* pois Paulo escreve a *uma só* assembleia *local* e, se a interpretação fosse "na vossa natureza de virgem pura a ser *realmente* a apresentada a um só marido, que é o Cristo", isto transformaria Cristo num polígamo, casando-se com (e sendo marido de) milhões de assembleias locais. LTT-2017

Ef 5:22-33 ... 23 ... *Ele mesmo*, é [*o*] Salvador do **corpo**. 24 Mas, **assim como** a assembleia submete a si mesma a o Cristo, assim também [*as*] esposas, aos seus próprios maridos, em tudo [*submetam a si mesmas*]. 25 [*Vós*], os maridos: amai as vossas próprias esposas, **assim-como** também o Cristo amou a assembleia, ... 28 **Do mesmo modo**, devem os maridos amar as suas próprias esposas como a[*os*] seus próprios corpos ... 30 Porque membros somos do **corpo** dEle, provenientes-de-dentro-da Sua carne e dos Seus ossos. ..... LTT

Mas não há, em toda a Bíblia, nenhum verso que explícita, direta, clara e inquestionavelmente afirme que a Igreja *É* (verbo ser) a Noiva.

Por outro lado (preste bem atenção!),
- No VT há dezenas de versos declarando que a nação de Israel *É* (verbo ser) a esposa-noiva de Deus: Is 50:1; 54:5,6-8; 62:4-5; Jr 2:2,32; 3:6-10,12-14,20; 31:31-33; Ez 16:8-14,32-34,43,59-60,62; Os 1:2; 2:14,15,16; 2:2,7; 3:1-3; 9:1; Jl 1:8 (na minha opinião, os principais deles, explícita, direta, clara e inquestionavelmente fazendo a afirmativa, são Is 54:4-8; 62:1-5; Jr 3:14; 31:31-33; Os 2:14-20).

Is 54:4-8 ,,,. 5 Porque o **teu Criador** [*é*] o **teu marido**; ... 6 Porque o **SENHOR te chamou como a esposa** desamparada e triste de espírito; como a **esposa da mocidade**, que fora desprezada, diz o teu Deus. 7 Por um breve momento te deixei, mas com grandes misericórdias te recolherei; 8 Com um pouco de ira escondi a Minha face de ti por um momento; mas com benignidade eterna Me compadecerei de ti, diz o SENHOR, o teu Redentor. LTT

Is 62:1-5 1 "Por amor a Sião não me calarei, e por amor a Jerusalém não me aquietarei, até que saia a sua justiça como um resplendor, e a sua salvação como uma tocha acesa. 2 E os gentios verão a tua justiça, e todos os reis a tua glória; e chamar-te-ão por um nome novo, que a boca do SENHOR designará. 3 E [*serás*] uma coroa de glória na mão do SENHOR, e [*um*] diadema real na mão do teu Deus. 4 Nunca mais te chamarão: Desamparada, nem a tua terra se denominará jamais: Assolada; mas chamar-te-ão Hefzibá [*«Meu Prazer Está Nela»*], e à tua terra Beulá [*«A Casada»*]; porque o SENHOR se agrada de ti, e a tua terra se casará. ... LTT

Jr 3:14 Voltai atrás, ó filhos retrocedentes, diz o SENHOR; pois Eu vos desposei; e vos tomarei, a um de uma cidade, e a dois de uma família; e vos levarei a Sião. LTT

Jr 31:31-33 31 Eis que dias vêm, diz o SENHOR, em que farei uma aliança nova com a casa de Israel e com a casa de Judá. 32 Não conforme a aliança que fiz com seus pais, no dia [*em que*] os tomei pela mão, para os tirar da terra do Egito; porque eles invalidaram a Minha aliança apesar de Eu os haver desposado, diz o SENHOR. 33 Mas esta [*é*] a aliança que farei com a casa de Israel depois daqueles dias, diz o SENHOR: Porei a Minha lei no interior deles, e a escreverei no seu coração; e Eu [*serei*] o seu Deus e eles [*serão*] o Meu povo. LTT

Os 2:14-20 14 Portanto, eis que Eu a atrairei, e a levarei para o deserto, e lhe falarei ao coração. .... 16 E naquele dia, diz o SENHOR, tu [*Me*] chamarás: "Meu marido" [*«Ishi»*]; [*e*] não mais Me chamarás: "Meu senhor" [*«Baali»*]. .... 19 E desposar-te-ei coMigo para sempre; desposar-te-ei coMigo em justiça, e em juízo, e em misericórdia, e em misericórdias. 20 E desposar-te-ei coMigo em fidelidade, e conhecerás ao SENHOR. LTT

- No NT, Ap 21:9-10 (descrevendo o estado que durará para sempre depois do Julgamento do Grande Trono Branco e da criação do Novo Céu e da Nova Terra, quando a bendita cidade está descendo do céu para aterrissar e ficar para sempre sobre a terra) declara explicitamente que a Noiva *É* (verbo ser) a santa cidade da Nova Jerusalém.

Ap 21:9-10 9 E veio até mim um [*só*] dos sete anjos (os quais [*estão*] tendo as sete taças estando cheias dos últimos sete flagelos), e falou comigo, dizendo: "Vem, eu te mostrarei a noiva, a esposa do Cordeiro." 10 E levou-me em espírito a um grande e alto monte, e mostrou-me a grande cidade, a santa Jerusalém, descendo proveniente- de- dentro- do céu, proveniente- de- junto- de Deus; LTT

Resumindo: esposa e noiva são títulos que Deus, na Sua Palavra, usando o verbo "ser" (é, será, sendo, etc.) sempre dá à nação de Israel e nunca a nenhuma igreja local. Desafio qualquer um a encontrar sequer 1/4 de verso que explícita, direta, clara e inquestionavelmente declare que alguma igreja local, ou a mitológica igreja universal *É* [verbo ser] a noiva- esposa de o Cristo. Nunca encontrará, porque não existe.

O que a Bíblia diz, explicitamente e muitas vezes, é que nosso título, dado por Deus, é "o CORPO de o Cristo" Rm 12:4-5; 1Co 10:16-17; 12:12; 12:13; 12:25-26; 12:27; 12:12-31; Ef 1:22; 4:4; 4:11-13; 4:15-16; 4:25; 5:23; 5:29-30; Cl 1:18; 1:24; 2:19; 3:15.

Cl 1:18 E *Ele* é a cabeça do CORPO, da ASSEMBLEIA; o Qual é [*o*] princípio [*e o*]

primeiro- nascido para- fora- de- entre os mortos, a fim de que esteja *Ele*, em todas as coisas, tendo o primeiro lugar.

Cl 1:24 Que agora regozijo n[*OS*] meus sofrimentos em vosso benefício e preencho, na minha carne, as coisas- que- faltam das aflições de o Cristo em benefício de **o Seu CORPO , que é a ASSEMBLEIA** ;

Uma vez que somos o corpo do Noivo, somos [parte] do Noivo, sendo impossível sermos a noiva ou mesmo um pedacinho dela. Como poderia o Noivo casar com aquilo que já é o Seu próprio corpo??? Como??? Se Noiva e Corpo de Cristo se referem a uma só coisa, então isso seria um casamento muito, muito confuso, não é? Mas Deus não é o autor da confusão 1Co 14:33. Ele anela que nós, os crentes, compreendamos quem somos, onde nos encaixamos em Seu plano, quais as promessas que nos pertencem e as que pertencem à nação de Israel. Quando fazemos isso, e somente então, podemos nos regozijar com a graça que Deus nos deu, e efetivamente servi-Lo, honrá-Lo e glorificá-Lo.

Maiores detalhes no livro "*Quem É A Esposa Ou Noiva Do Cristo*", do Dr. Robert Elam, que, antes de 2019, queremos colocar como http://solascriptura-tt.org/EclesiologiaEBatistas/EsposaOuNoivaDoCristo-QuemEhA-RElam

.

4. → Preliminar 4: "Dia Do SENHOR" E "Dia De O Cristo": Diferenciemos Entre Eles

É de grande importância, no estudo da profecia bíblica, que sempre, sem exceção, a cada ocorrência das expressões "o Dia de o SENHOR" e "o Dia de o Cristo", muito decididamente diferenciemos entre elas. Se sempre não fizermos isso, iremos cair em dificuldades, contradições, erros, e mesmo graves erros, como tantas vezes tenho visto. Como sempre, para evitar tais erros, basta sermos totalmente sinceros, honestos, abertos e submissos a Deus, sermos literalistas (não aceitarmos alegorias soltas, embora, claro, aceitemos linguagem figurada e que sempre é explicada pela própria Bíblia), e praticarmos Is 28:10 + 1Ts 4:11 + Jo 7:17 + 1Co 2:13. Não há caminho sadio fora desse literalismo.

Is 28:10 Porque [é] preceito sobre preceito, preceito sobre preceito, regra sobre regra, regra sobre regra, um pouco aqui, um pouco ali. *LTT*

1Ts 4:11 E estudar- aspirar- empenhar- [*vos*] para viver- em- quietude, e para tratar dos vossos próprios negócios, e para trabalhar com as vossas próprias mãos, como vos ordenamos ; *LTT*

Jo 7:17 Caso algum homem deseje FAZER a vontade dEle, conhecerá a respeito da [*Minha*] doutrina: se ela é proveniente- de- dentro- de Deus, ou [*se*] *Eu* falo proveniente- de- junto- de Mim mesmo. *LTT*

1Co 2:13 As quais também estamos falando, não em palavras ensinadas de sabedoria humana, mas n[*aquelas*] ensinadas pel[*o*] Espírito Santo, comparando- e- julgando as coisas espirituais com [*as*] espirituais. *LTT*

Diferenciemos "O DIA DE O CRISTO" de "o dia de o Senhor":

4.1. O "Dia De O Cristo" = O "Dia De O Senhor Jesus"

As expressões "o dia de o Cristo" 1Co 1:8; Fp 1:6,10; 2:16; 2Ts 2:2, ou "o dia de o Senhor Jesus" 1Co 5:5; 2Co 1:14, referem-se somente e totalmente às recompensas (no julgamento para galardoamento dos crentes) e bênçãos associadas e seguindo-se imediatamente ao Arrebatamento (pretribulacional e que incluirá somente [e todos] os verdadeiros crentes, vivos e mortos, desta atual dispensação das igrejas locais [mesmo se não estiverem em posição de ideal seguimento ao Salvador deles]),

1Co 1:8 O Qual também vos confirmará até a[*o*] fim, [*para serdes*] irrepreensíveis no DIA DE O NOSSO SENHOR JESUS CRISTO. *LTT*

Fp 1:6 Tendo [*eu*] confiado nisto mesmo: que, Aquele havendo começado em vós [*a*] boa obra, [*a*] estará- efetivando- para- perfeição até [*O*] DIA DE JESUS CRISTO ; *LTT*

Fp 1:10 Para[*- o- propósito- de*] examinar- e- aprovar[*des*] vós aquelas coisas sendo mais excelentes, a fim de que sejais sinceros- puros e sem escândalo algum, n[*O*] DIA DE [*O*] CRISTO. *LTT*

Fp 2:16 [*A*] Palavra de [*a*] Vida firmemente- agarrando- e- levando- à- [*minha*]- frente, para [*a*] minha base- de- regozijar-me n[*O*] DIA DE [*O*] CRISTO: que não para dentro do vazio eu corri, nem para dentro do vazio trabalhei. *LTT*

2Ts 2:2 Para não ser[*des*] vós facilmente [*e*] cedo abalados- e- movidos para- longe- do [*vosso*] entendimento, nem clamar[*des*]- de- medo (quer por causa de espírito, quer por causa de palavra, quer por causa de epístola como se [*provinda*] de nós), como se [*já anteriormente*] tem

chegado O DIA DE O CRISTO. LTT
1Co 5:5 Abandonar[*mos*] o tal a Satanás, para dentro da destruição da carne, **para- o- resultado- de o espírito vir a ser preservado dentro d**O DIA DE O SENHOR JESUS. LTT
2Co 1:14 Como também [*já*] nos reconhecestes em parte, que a vossa base- de- regozijar somos nós, como, também *VÓS*, [*sereis*] a nossa [*base- de- regozijar*] nO DIA DE O SENHOR JESUS. LTT

e diz respeito ao começo da presença do crente, completo, <u>no seu corpo já glorificado</u>, para sempre junto a o Cristo [antes, o crente que já havia morrido estava conscientemente gozando da presença de o Cristo, no Paraíso (talvez (talvez) tendo um corpo intermediário (que não entendo bem) como alguns vêm sugerido em Lc 16: 24; 2Co 5:4), mas estava sem seu corpo glorificado.]
Lc 16:24 E ele, havendo clamado alto, disse: '**Ó pai Abraão, tem tu misericórdia de mim, e envia Lázaro** a fim de que temporariamente- mergulhe a ponta do seu <u>**dedo**</u> na água e refresque [*a*] minha <u>**língua**</u>, porque estou atormentado nesta chama.' LTT
2Co 5:4 Porque, em verdade, nós, aqueles estando n[*este*] tabernáculo, estamos gemendo, sendo angustiados; **não porque queremos ser despidos, mas ser <u>sobrevestidos</u>**, a fim de que seja completamente- tragada a mortalidade por a Vida. LTT

<u>RESUMINDO</u>: Sempre que a expressão "o dia de o Cristo" é usada, refere-se à feliz expectativa dos verdadeiros crentes desta atual dispensação, de passarem a ter corpos glorificados, serem arrebatados para cima para não entrarem para sob o derramamento da ira de Deus sobre os ímpios, serem transladados, serem julgados quanto a receberem recompensas, e (em seus corpos que nunca mais poderão pecar nem decair), para sempre gozarem da presença de o Cristo.

4.2. O "Dia De O SENHOR <u>[Jeová]</u>" Ou O "Dia De O Senhor [Kurios]"

A expressão "o dia de o SENHOR [Jeová]" ou "o dia de o Senhor [Kurios]" ocorre 22 vezes na Bíblia: Is 2:12; **13:6,9**; Ez 13:5; 30:3; **Jl** 1:15; **2:1,11,31**; 3:14; **Am 5:18** (2 x),20; Ob 1:15; Sf 1:7,14 (2 x); Zc 14:1; Ml 4:5; At 2:20; 1Ts 5:2; 2Pd 3:10.
Is 2:12 Porque **o dia do <u>SENHOR</u> dos Exércitos [*será*] contra todo o soberbo e altivo**, e contra todo o *homem* que se exalta, para que [*este*] seja abatido; LTT
Is 13:6 Uivai [*em lamentação*], pois **o dia do <u>SENHOR</u> [*está*] perto**; vem do Todo-Poderoso como assolação. LTT
Is 13:9 Eis que **vem o dia do <u>SENHOR</u>, horrendo, com furor e ira ardente**, para pôr a terra em assolação, e dela destruir os pecadores. LTT
Ez 13:5 Não subistes às brechas, nem murastes com muro ao redor da casa de Israel, para estardes firmes na peleja no dia do SENHOR. LTT
Ez 30:3 Porque [*está*] perto o dia, sim, [*está*] perto o dia do SENHOR; dia nublado; [*será*] o tempo dos gentios. LTT
Jl 1:15 Ai do dia! Porque o dia do SENHOR [*está*] perto, e virá como uma assolação do Todo-Poderoso. LTT
Jl 2:1 "Tocai a trombeta em Sião, e bradai no Meu santo monte; tremam todos os habitantes da terra, porque o dia do SENHOR vem, já [*está*] perto; LTT
Jl 2:11 E o SENHOR emitirá a Sua voz diante do Seu exército; porque muitíssimo grande [*é*] o Seu arraial; porque poderoso [*é*], executando a Sua palavra; porque **o dia do <u>SENHOR</u> [*é*] grande e mui terrível, e quem poderá suportar isto?** LTT
Jl 2:31 O sol será voiteado para- dentro- de trevas, e a lua para- dentro- de sangue, antes que venha **o grande e terrível dia do <u>SENHOR</u>**. LTT
Jl 3:14 Multidões, multidões no vale da decisão ; porque o dia do SENHOR [*está*] perto, no vale da decisão. LTT
Am 5:18 Ai daqueles que desejam o dia do SENHOR! Para que quereis vós isto? **O dia do <u>SENHOR</u> [*será*] de trevas e não de luz.** LTT

Ob 1:15 Porque o dia do SENHOR [está] perto, sobre todos os gentios; como tu fizeste, assim se fará contigo; a tua recompensa virá de volta sobre a tua própria cabeça. *LTT*

Sf 1:7 Cala-te diante do Senhor DEUS, porque o dia do SENHOR [está] perto; porque o SENHOR preparou o sacrifício, [e fez santificados] os Seus convidados . *LTT*

Sf 1:14 O grande dia do SENHOR [está] perto, sim, [está] perto, e se apressa muito a voz do dia do SENHOR; amargamente clamará ali o [homem] poderoso. *LTT*

Zc 14:1 "Eis que vem o dia do SENHOR, em que teus despojos serão repartidos no meio de ti. *LTT*

Ml 4:5 Eis que Eu vos enviarei o profeta Elias, antes que venha o grande e terrível dia do SENHOR; *LTT*

1Ts 5:2 Porque vós mesmos perfeitamente tendes sabido que **o dia de [o] Senhor, tal como um furtador n[a] noite, de- semelhante- modo vem.** *LTT*

2Pe 3:10 Mas virá o dia de [o] Senhor como [o] furtador n[a] noite; n[o] qual os céus com [grande] estrondo passarão, e [os] elementos, sendo incendiados, serão dissolvidos; e [a] terra e as obras que nela [há] serão completamente- queimadas. *LTT*

A expressão "o dia do Senhor [Adonai] DEUS [Jeová]" ocorre 1 vez Jr 46:10;

Jr 46:10 10 Porque este dia [é] **o dia do Senhor DEUS dos Exércitos, dia de vingança** para Ele se vingar dos Seus adversários; e **a espada devorará, e fartar-se-á, e embriagar-se-á com o sangue** deles; porque o Senhor DEUS dos Exércitos tem [um] sacrifício na terra do Norte, junto ao rio Eufrates.

"**Aquele dia**" ou "**o dia**" ou "**o grande dia**" ocorrem mais de 70 vezes no VT. Vou dar somente um exemplo, procure as outras passagens

Sf 1:14-18 14 O **grande dia do SENHOR** [está] perto, sim, [está] perto, e se apressa muito a voz do dia do SENHOR; **amargamente clamará ali o [homem] poderoso.** 15 **Aquele dia** [será] um **dia de indignação, dia de tribulação e de angústia, dia de devastação e de desolação, dia de trevas e de escuridão, dia de nuvens e de densa escuridão, 16Dia de trombeta e de alarido de alarme** contra as cidades fortificadas e contra as altas [torres- nas-] esquinas . 17E **angustiarei os homens, que andarão como cegos,** porque pecaram contra o SENHOR; e o seu sangue será derramado como pó, e a sua carne como esterco. 18Nem a sua prata nem o seu ouro os poderá livrar **no dia da ira do SENHOR,** mas toda esta terra [será] consumida pelo fogo do zelo dEle, porque certamente **Ele fará de todos os habitantes da terra uma destruição total e apressada.**

Portanto, quão grande importância Deus deu ao assunto "o dia do SENHOR"!
Leia todas essas mais de 95 passagens (ou, pelo menos, Sf 1:14-18, acima) e notará que este "dia" é um período que:

a) é relativamente *longo* (não apenas uns poucos dias),

b) é de *crescente derramamento de julgamento, condenação, castigo e ira* acumulada da Trindade (sobre Israel e todas as nações dos gentios);

c) *começa (7 anos) antes da Segunda Vinda (corporal) do Cristo para pisar sobre a terra,* pois tal (instante de) vinda terá que ser precedida por terríveis sinais e ocorrerá 2520 dias depois da Aliança do Anticristo, portanto, se o "Dia do SENHOR" fosse somente o instante da 2ª Vinda, tal dia não seria como está profetizado: de surpresa, não precedida por sinal algum, tal como um ladrão vem à noite 1Ts 5:2-4 (comp. Mt 24:43; 2Pe 3:10; Ap 3:3; Ap 16:15; Lc 12:39; Lc 21:35); e o único modo de "o dia de o SENHOR" vir assim é **começando imediatamente depois do Arrebatamento! E durar 7 anos.**

1Ts 5:2-4 2 Porque vós mesmos perfeitamente tendes sabido que **o dia de [o] Senhor, tal como um furtador n[a] noite, de- semelhante- modo vem.** 3 Porque, **ao- tempo- quando digam: "[Há] paz e segurança", então destruição repentina virá sobre eles (tal- como [as]** dores de parto naquela [*mulher*] tendo [*filho no seu*] ventre), e que de modo nenhum escapem- para- fora;.*Vós*, porém, ó irmãos, não estais em treva, a fim de que aquele dia, tal- como um) furtador, vos surpreenda; LTT

Mt 24:43 Isto, porém, sabei vós: que, **se tinha sabido o senhor- da- casa a que vigília [*da noite*] o furtador vem, vigiou e não deixou a sua casa ser escavada- através[- *das- paredes*].** LTT

2Pe 3:10 Mas **virá o dia de [*O*] Senhor como [*o*] furtador n[*a*] noite;** n[*o*] qual **os céus com [*grande*] estrondo passarão, e [*os*] elementos, sendo incendiados, serão dissolvidos; e [*a*] terra e as obras que nela [*há*] serão completamente- queimadas.** LTT

Ap 3:3 Lembra-te, pois, de como tens recebido e *como* ouviste, e firmemente- monta- guarda, e arrepende-te. Se, pois, não vigiares, **virei Eu sobre ti como um furtador, e que de modo nenhum saibas tu a que hora virei sobre ti.** LTT

Ap 16:15 ("**Eis que venho como furtador. Bem-aventurado [*é*] aquele [*que está*] vigiando (a saber, guardando as suas vestes**) para que não ande nu, e [*seus irmãos*] vejam a vergonha (deles).") LTT

Lc 12:39 Isto, porém, entendais vós: que, **se o senhor- da- casa tivera sabido a que hora o furtador vem, [*então*] vigiou, e não tolerou a sua casa ser escavada- através[- *das- paredes*].** LTT

Lc 21:35 Porque **como um laço virá ele sobre todos aqueles habitando sobre a face de toda a terra.** LTT

Importante: não pense que somente o finalzinho ou a 2ª metade (a GRANDE Tribulação) da 70-SD é má, pois a 1ª metade, mesmo que tenha aparente paz e prosperidade, desde seu 1º dia já é dominada pelo Diabo enganando a todos os homens e conduzindo-o ao erro, ao Anticristo, e ao ódio contra o verdadeiro Deus e Israel 2Ts 2:7-12. Portanto, **todos os 7 anos (2520 dias) da 70-SD (a Tribulação) têm natureza maligna e constituem-se em condenação por Deus**;

2Ts 2:7-12 7 Porque o mistério do desprezo- às- leis já efetivamente- opera: somente [*há*] Aquele que [*o está*] detendo agora, até que, para- fora- d[*o*] meio, seja Ele tirado. 8E, então, **será revelado aquele desprezador- da- lei (a quem o Senhor "consumirá" "pelo assopro da Sua boca", e anulará pelo esplendor da Sua vinda), 9A vinda de quem é segundo [*a*] energizada- operação- de Satanás, em todo [*o*] poder e sinais e prodígios de mentira, 10E em todo [*o*] engano da injustiça naqueles [*que estão*] se fazendo perecer (em- pagamento porque não receberam o amor da verdade a fim de ser[*em*] eles salvos). 11E, por causa disso, lhes enviará Deus [*a*] energizada- operação- d[*o*] enganar, para crer[*em*] eles para dentro da mentira, 12A fim de que sejam condenados todos aqueles não havendo crido para dentro da verdade, mas havendo tomado- prazer n[*a*] injustiça.**

d) inclui a GRANDE Tribulação (a 2ª metade da 70-SD) Zc 14:1-4;

Zc 14:1-4 1 "Eis que **vem o dia do SENHOR, em que teus despojos serão repartidos no meio de ti. 2Porque Eu ajuntarei todas as nações para a peleja contra Jerusalém; e a cidade será tomada, e as casas serão saqueadas, e as mulheres forçadas; e metade da cidade sairá para o exílio- em- cativeiro, mas o restante do povo não será extirpado da cidade. 3E o SENHOR sairá, e pelejará contra estas nações, como pelejou, sim, no dia da batalha. 4E naquele dia [*estarão*] os Seus pés sobre o monte das Oliveiras, que [*está*] defronte de Jerusalém, ao oriente; e o monte das Oliveiras tem sido fendido pelo meio, para o oriente e para o ocidente, e haverá um vale muito grande; e metade do monte será apartado para o Norte, e a [*outra*] metade** dele para o Sul.

e) e inclui o Milênio 2Pe 3:10, e os últimos e definitivos julgamentos condenatórios, ao seu final.

2Pe 3:10 10 Mas virá o dia de [o] Senhor como [o] furtador n[a] noite; n[o] qual os céus com [grande] estrondo passarão, e [os] elementos, sendo incendiados, serão dissolvidos; e [a] terra e as obras que nela [há] serão completamente-queimadas. (isto se refere ao final do Milênio: os preparativos para a criação da nova terra e do novo céu será a redução dos atuais a zero matéria, zero átomos.)

RESUMINDO: o "dia de o SENHOR" é o período de tempo da crescente manifestação da condenação e acumulada ira da Trindade, primariamente sobre Israel e secundariamente sobre todos os gentios descrentes (que se reuniram em Armagedom para serem mortos em Bozra/ Petra), **começando logo após o Arrebatamento, estendendo-se por toda a 70ª Semana de Daniel, sendo mais intensa e grave ao se aproximar seu clímax ao dia 2520**, e com terríveis consequências sendo visíveis **nos 75 dias de intervalo desde então até o pleno início do Reinar Milenar de o Cristo, estendendo-se também por todo Milênio, somente terminando nos julgamentos finais de Gogue (que é de Magogue), de Satanás, dos anjos caídos, e de todos os não crentes de todas as dispensações** (o Grande Trono Branco), após isso vindo a criação do novo céu e da nova terra (benditos: ambos sem possibilidade de pecado) e vindo o estado final, e para sempre, de todas as coisas.

5. →» antes da 70-SD, no **Iminente Dia do Arrebatamento: Ressurreição** (2º Grupo do 1º Tipo); **1º Arrebatamento;** Início do **Bema**, o Tribunal de o Cristo, no 3o. Céu

5.0. Iminência Do Arrebatamento (Sumário)

Por **"Iminente Arrebatamento"** queremos implicar que ele está prestes a ocorrer a *qualquer* instante (agorinha mesmo! Ou daqui a muitos minutos, dias, anos, ou mesmo milênios), sem precisar de absolutamente nenhum sinal de aviso preliminar adicional além do único sinal estabelecido como necessário (a apostasia da fé) (1Tm 4:1-2; 2Tm 4:1-4; 3:1-5, 13), mas que já foi cumprido desde os séculos I e II (e que, "de lambuja", nos últimos 200 anos, está novamente cumprido e sendo cumprido de novo, plenamente, muitas vezes mais que o necessário (em gênero, número e grau)).

"1 ¶ Mas o Espírito expressamente diz que **nos últimos tempos apostatarão alguns da fé, dando ouvidos a espíritos enganadores, e a doutrinas de demônios; 2 Pela hipocrisia de homens que falam mentiras, tendo cauterizada a sua própria consciência**;" (1Tm 4:1-2)

"1 ¶ Conjuro-te, pois, diante de Deus, e do Senhor Jesus Cristo, que há de julgar os vivos e os mortos, na sua vinda e no seu reino, 2 Que pregues a palavra, instes a tempo e fora de tempo, redarguas, repreendas, exortes, com toda a longanimidade e doutrina. 3 Porque **virá tempo em que não suportarão a sã doutrina**; mas, tendo comichão nos ouvidos, amontoarão para si doutores conforme as suas próprias concupiscências; 4 E **desviarão os ouvidos da verdade, voltando às fábulas**." (2Tm 4:1-4)

"1 ¶ Sabe, porém, isto: que **nos últimos dias sobrevirão tempos trabalhosos. 2 Porque haverá homens amantes de si mesmos, avarentos, presunçosos, soberbos, blasfemos, desobedientes a pais e mães, ingratos, profanos, 3 Sem afeto natural, irreconciliáveis, caluniadores, incontinentes, cruéis, sem amor para com os bons, 4 Traidores, obstinados, orgulhosos, mais amigos dos deleites do que amigos de Deus, 5 Tendo aparência de piedade, mas negando a eficácia dela. Destes afasta-te**." (2Tm 3:1-5)

"Mas **os homens maus e enganadores irão de mal para pior, enganando e sendo enganados**." (2Tm 3:13)

<<Muitos sinais foram dados à nação de Israel, os quais precederiam a segunda vinda [do nosso Senhor, que eles inicialmente pensarão ser a primeira], a fim de que a nação vivesse em expectativa quando o tempo de Sua volta se aproximasse. Apesar de Israel não saber o dia nem a hora em que o Senhor voltaria, pelo cumprimento desses sinais reconheceria [a estação de tempo em] que a redenção [de Israel convertido] estaria se aproximando. **Tais sinais nunca foram**

dados para a igreja [os estar esperando e procurando]. [O crente] tem a ordem de viver [diariamente] à luz da vinda iminente do Senhor para transladá-lo à Sua presença (Jo 14:2,3; At 1:11; 1Co 15:51,52; Fp 3:20; Cl 3:4; 1Ts 1:10; 1Tm 6:14; Tg 5:8; 1Pe 3:3,4). Passagens como 1Ts 5:6, Tito 2:13 e Ap 3:3 alertam o crente a aguardar *o próprio Senhor*, não [a] aguardar sinais que antecederiam Seu retorno. É verdade que os acontecimentos da septuagésima semana lançarão [vagos, parciais e nublados ecos, sombras e] prenúncios antes do Arrebatamento, mas a atenção do crente deve ser sempre dirigida para *Cristo*, nunca para esses presságios.

Essa doutrina de iminência, ou "da volta a qualquer momento", não é uma doutrina nova surgida com Darby, como muitas vezes se afirma, embora ele a tenha esclarecido, sistematizado e popularizado [http://solascriptura-tt.org/EscatologiaEDispensacoes/MuitosPretribulacionistasAntesDarby.AteMesmoEm373dC-Helio.htm]. **A crença na iminência marcou o pré-milenarismo dos primeiros pais da igreja bem como dos escritores do Novo Testamento**. Em relação a isso, Thiessen escreve:

... eles sustentavam não apenas a visão pré-milenarista da vinda de Cristo, mas também consideraram a vinda iminente. O Senhor os tinha ensinado a aguardar Seu retorno a qualquer momento e, portanto, eles viviam na esperança de que Ele viria durante os seus dias. Não apenas isso, mas também ensinavam Seu retorno pessoal como [podendo] ser imediatamente. Apenas os [heréticos] "Pais" em Alexandria se opunham a essa verdade; mas esses "Pais" também rejeitaram outras doutrinas fundamentais. Podemos dizer, então, que a igreja primitiva [exceto os heréticos "Pais" de Alexandria] vivia em expectativa constante do Senhor e, consequentemente, não estava interessada na possibilidade de um período de tribulação no futuro. (*Will The Church Pass Through The Tribulation?*, p. 15.)

Embora a escatologia da igreja primitiva não seja clara em todos os seus aspectos, pois não era [o maior] objeto de sério exame, é clara a evidência de que eles acreditavam no retorno iminente de Cristo. A mesma iminência é vista nos escritos dos reformadores [Lutero, Calvino, Knox, Latimer, ...], embora tivessem opiniões diferentes sobre as questões escatológicas. ...
... ...

A doutrina da iminência impede a participação da igreja em qualquer parte da septuagésima semana. [Senão,] a multidão de sinais dados a Israel para movê-lo à expectativa também seriam [sinais] para a igreja, e a igreja não poderia estar esperando Cristo até que esses sinais fossem cumpridos. **O fato é que nenhum sinal é dado para a igreja [estar esperando e procurando]; em vez disso, ela tem a ordem de aguardar ao <u>Cristo</u>, o que impossibilita a participação dela na septuagésima semana**.
>> (*Manual de Escatologia*, J. Dwight Pentecost, XIII.II.I, editora Vida. Recomendo muito este livro)

Note que os sinais de Mt capítulos 24,25 são para a 2ª vinda do Cristo até a terra, para julgar Israel e os gentios, e para reinar sobre todo o mundo. *NÃO* são sinais para o Arrebatamento dos salvos dentre as igrejas locais. Portanto, não devemos estar *temerosos* à espera para *ver* os *sinais* de aviso para, *só depois*, nos prepararmos, mas, sim, devemos estar, a cada dia e durante todo o dia, *anelantes* de antecipação para *ouvir* o *som* da trombeta de Deus, que será *imediatamente* acompanhado do nosso Arrebatamento!...

Não queremos nos alongar. Provas bíblicas de que o Arrebatamento dos crentes desta dispensação das igrejas é *PRÉ*-tribulacional são expostas, por exemplo, em:
http://solascriptura-tt.org/EscatologiaEDispensacoes/Bem-AventuradaEsperancaDaIgreja-FFergunson.htm
http://solascriptura-tt.org/EscatologiaEDispensacoes/QuandoFoiArrebatamentoPreTribulacaoEnsinadoPrimeiraVez-DCloud.htm

http://solascriptura-tt.org/EscatologiaEDispensacoes/ArrebatamentoPreTribulacional-DCloud.htm
http://solascriptura-tt.org/EscatologiaEDispensacoes/DistincaoEntreArrebatamentoESegundaVinda-DHunt.htm
http://solascriptura-tt.org/EscatologiaEDispensacoes/MuitosPretribulacionistasAntesDarby.AteMesmoEm373dC-Helio.htm
http://solascriptura-tt.org/EscatologiaEDispensacoes/EscatologiaComVersos-CursoHelio.htm (item 2.4)

Uma diferença entre Arrebatamento e 2ª Volta (ou Revelação) ao Mundo: 1Ts 4:16-17 e 1Co 15:50-53 (ver pouco mais adiante) ensinam que, para nos Arrebatar, o nosso Salvador e Senhor vem somente até as *nuvens*, os *ares*, *não* tocando a terra (diferentemente da Sua Segunda Vinda, que será até tocar o solo do Monte das Oliveiras).

Outra diferença entre Arrebatamento e 2ª Volta: embora não esteja explicitado, a lógica, sobre 1Ts 4:16-17 e 1Co 15:50-53 (ver pouco mais adiante), parece indicar que, no Arrebatamento, *somente as pessoas que já creram e foram salvas ouvirão* a trombeta. E *verão* o Senhor.

5.1. O 2º Grupo Do 1º Tipo De Ressurreição: O Nosso Grupo, Dos Crentes Da Dispensação Das Igrejas Locais

Esta é a primeira ressurreição, ou seja, **é o primeiro TIPO de ressurreição** (aquela para a vida), **e é o segundo GRUPO de ressuscitados com corpo glorificado** (o primeiro grupo foi constituído apenas de o Cristo, as primícias), sendo formado **só dos que** (real, biblicamente) **creram** (no Cristo real, da Bíblia) **(portanto (realmente) foram salvos para sempre)**, **dentro da dispensação das igrejas locais** Jo 11:25-26; 1Ts 4:16-17; 1Co 15:50-53; 1Jo 3:2

"25 Disse-lhe Jesus: Eu sou a ressurreição e a vida; quem crê em mim, ainda que esteja morto, viverá; 26 E todo aquele que vive, e crê em mim, nunca morrerá. Crês tu isto?" (Jo 11:25-26)

"16 Porque o mesmo Senhor descerá do céu com alarido, e com voz de arcanjo, e com a trombeta de Deus; e os que morreram EM Cristo ressuscitarão primeiro. 17 Depois nós, os que ficarmos vivos, seremos arrebatados juntamente com eles nas nuvens, a encontrar o Senhor nos ares, e assim estaremos sempre com o Senhor." (1Ts 4:16-17)

"50 E agora digo isto, irmãos: que a carne e o sangue não podem herdar o reino de Deus, nem a corrupção herdar a incorrupção. 51 ¶ Eis aqui vos digo um mistério: Na verdade, nem todos dormiremos, mas todos seremos transformados; 52 Num momento, num abrir e fechar de olhos, ante a última trombeta; porque a trombeta soará, e os mortos ressuscitarão incorruptíveis, e nós seremos transformados. 53 Porque convém que isto que é corruptível se revista da incorruptibilidade, e que isto que é mortal se revista da imortalidade." (1Co 15:50-53)

"Amados, agora somos filhos de Deus, e ainda não é manifestado o que havemos de ser. Mas sabemos que, quando ele se manifestar, seremos semelhantes a ele; porque assim como é o veremos." (1Jo 3:2)

(Note: O 1º grupo do 1º tipo de ressurreição foi constituído apenas pelo Senhor Jesus, que é o primeiro fruto deste 1º tipo de ressurreição, é as suas primícias, é o primeiro a ter recebido corpo glorificado 1Co 15:20,23)

"20 ¶ Mas de fato Cristo ressuscitou dentre os mortos, e foi feito as primícias dos que dormem. ... 23 Mas cada um por sua ordem: Cristo as primícias, depois os que são de Cristo, na sua vinda. Depois virá o fim, quando tiver entregado o reino a Deus, ao Pai, e quando houver aniquilado todo o império, e toda a potestade e força." (1Co 15:20,23 ACF)

Natureza do Corpo Ressurreto:

1. O corpo ressurreto **está relacionado ao corpo mortal**, assim como a planta de trigo é com o grão (enorme diferença, mas há pequeno vínculo: é herança), na medida em que o corpo mortal é a semente para o corpo da ressurreição 1Co 15:36-38 36) Ó insensato! O que *tu* semeias não é vivificado, se [primeiramente] não morrer. 37) E, o que semeias, não o corpo (aquele indo surgir) semeias tu, mas grão desnudo de (se [porventura] isto acertar o alvo) trigo ou de algum dos outros [grãos]. 38) Deus, porém, lhe dá corpo segundo [Ele] quis, e a cada [uma] das sementes o corpo próprio dela.

2. Os corpos ressurretos **diferirão um do outro** 1Co 15:39-41 39) Nem toda [a] carne [é] a mesma carne. Mas um, em verdade, [e o tipo de] carne de homens, e outra [é a] carne de animais, e outra [a] de peixes, e outra [a] de aves. 40) E [há] corpos celestes e corpos terrestres. Mas diferente, em verdade, [é] a glória dos [corpos] celestes, e diferente [é] a dos [corpos] terrestres; 41) Uma [é] [a] glória d[o] sol, e outra [a] glória d[a] lua, e outra [a] glória d[as] estrelas. Porque [uma] estrela de [outra] estrela difere em glória.

3. O corpo ressurreto é **incorruptível**, não envelhece, não decai, não apodrece, não morre 1Co 15:42. 42) Assim também [é] a ressurreição d[os] mortos. [O corpo] é semeado em corrupção, é ressuscitado em INCORRUPTIBILIDADE.

4. É criado em **glória** 1Co 15:43 43) É semeado em ignomínia, é ressuscitado em glória. É semeado em fraqueza, é ressuscitado em poder.

5. Recebe **poder** 1Co 15:43 (acima). Por identificação com o corpo glorificado de o Cristo, estaremos *acima dos anjos mais poderosos* e *jamais estaremos sujeitos a nenhuma enfermidade e fadiga e dor* e fraqueza e falta He 2:7-9 7) Tu O fizeste menor, por algum pouco, do que [os] anjos; com glória e com honra O coroaste, e O constituíste sobre as obras das Tuas mãos; 8) Todas as coisas sujeitaste debaixo dos pés dEle." Porque, no sujeitar-Lhe todas as coisas, Ele nada deixou [que seja] não sujeitado a Ele. Todavia, agora, ainda não vemos todas as coisas tendo sido sujeitadas a *Ele*. 9) Aquele, porém, ([por] um certo pouco) menor do que [os] anjos tendo sido feito... vemos Jesus, em razão do sofrimento d[a sua] morte, com glória e com honra havendo sido coroado. De modo que Ele, pel[a] graça de Deus, para- benefício- e- em- lugar- de todos [os homens], provasse [a] morte.

6. É um corpo **espiritual** 1Co 15:44-46 44) É semeado corpo natural, é ressuscitado corpo espiritual. Há corpo natural, há também corpo espiritual. 45) Assim também tem sido escrito: foi feito o primeiro homem, Adão, 'uma alma [que está] vivendo;' o último Adão

'[foi feito] um espírito [que está] vivificando'. 46) Mas não [veio] primeiro o [corpo] espiritual, senão o natural; depois [veio] o [corpo] espiritual.

7. É um corpo **celestial** 1Co 15:47-49 O primeiro homem, proveniente- de- dentro- da terra, [é] de- natureza- de- pó- de- terra; **o segundo Homem, o Senhor,** [é] **proveniente- de- dentro- do céu.** 48) Tal como [é] aquele [homem] de- natureza- de- pó- de- terra, assim também [são] aqueles [homens] de- natureza- de- pó- de- terra. E, **tal como** [é] **aquele** [Homem] **de- natureza- celestial, assim também** [são] **aqueles** [homens] **de- naturezas- celestiais.** 49) E, assim como trouxemos a apresentação- físico- corporal daquele [homem] de- natureza- de- pó- de- terra, assim traremos também a apresentação- físico- corporal daquele [Homem] de- natureza- celestial.

8. É **controlado pelo espírito** e *não limitado ou atrapalhado pela alma e pela carne mortal e suas necessidades e limitações (respirar, comer, dormir, descansar e exercitar-se). Sua vida está no espírito e não no sangue* 1Co 15:50 E isto digo, ó irmãos: que **carne e sangue** [o participar no] **reinar de Deus não podem herdar, nem a corrupção** [à] **incorruptibilidade herda**, contraste com Lv 17:11 (... a vida da carne [está] no sangue ...).

9. Será **semelhante ao de Jesus** 1Jo 3:2 Ó amados, agora filhos de Deus somos, e ainda não foi feito manifesto o que seremos. Mas temos sabido que, **quando Ele for feito manifesto,** [então] **semelhantes a Ele seremos**; porque O veremos assim- como Ele é.

5.2. O 1º Arrebatamento: *Indivíduos* Salvos, Da Dispensação DaS IgrejaS

Este é o primeiro arrebatamento [= súbita e rapidamente "arrancar" para os ares, receber nas nuvens, e transladar para céu]): **o arrebatamento dos que** (realmente) **foram salvos durante a dispensação das igrejas locais** 1Ts 4:16-17 (ou 4:13-18, continuando até 5:11); 1Co 15:50-53 (ou 44-54); talvez "sobe aqui", em Ap 4:1, seja uma tipologia do Arrebatamento. Observe que, de Ap 4:1 em diante, não há mais referência a igrejas locais na terra ...

"16 Porque **o mesmo Senhor descerá do céu com alarido, e com voz de arcanjo, e com a trombeta de Deus; e os que morreram em Cristo ressuscitarão primeiro.** 17 **Depois nós, os que ficarmos vivos, seremos arrebatados juntamente com eles nas nuvens, a encontrar o Senhor nos ares, e assim estaremos sempre com o Senhor."** (1Ts 4:16-17 ACF)

- Note que, em grego, o verbo "arrebatar" de 1Ts 4:17 é o mesmo de At 8:39 Quando, porém, vieram- para- cima, para- fora- da água, [o] **Espírito de** [o] **Senhor** (Jesus) **arrebatou- para- longe** a Filipe, e não mais o viu o eunuco; porque (o eunuco) continuava o seu caminho, jubilando.

- <<Considere quatro lições importantes desta passagem:
    1. O Arrebatamento é um evento no qual os mortos em Cristo serão ressuscitados (1Ts 4:14-16) e os santos vivos do Novo Testamento serão transmutados [mudados] e glorificados (1Tm 4:17).
    2. Os [crentes] que [no instante do Arrebatamento] já terão morrido "dentro de o Cristo" estão atualmente juntamente com Ele no [terceiro] céu (1Ts 4:14). Portanto, os que já

morreram dentro de o Cristo não "estão dormindo [inconscientes] na sepultura", como alguns falsos mestres afirmam.

3. O arrebatamento é esperança e conforto do crente (1Ts 4:13,18). O arrebatamento é a [única] coisa que estamos anelantemente- esperando. Não estamos anelantemente- esperando e olhando [nos esforçando para ver] o Anticristo e a Grande Tribulação. Se o arrebatamento não fosse ocorrer até chegar ao fim da Grande Tribulação, então não produziria nenhuma esperança e conforto para o crente [de hoje].

4. O Arrebatamento ocorrerá antes do Dia da Ira do Senhor (1Ts 5:1-10).>> David Cloud, *The Future According to the Bible*, p.76.

- <<Observe a mudança nos pronomes em 1 Tessalonicenses 5. No verso 3, o pronome "eles" é usado, porque o Dia de O Senhor virá sobre o mundo não salvo. Mas nos versículos 4-5, o pronome "vós" é usado, referindo-se aos crentes. Aquele dia não nos danificará como um ladrão.

O [nosso] arrebatamento [até as nuvens] ocorrerá [de surpresa e rapidamente] como [vem] um furtador na noite (1Ts 5:2), mas não é assim que o retorno do Senhor em glória ocorrerá. O [retorno até tocar o solo para reinar] virá [precedido e junto] com sinais inequívocos nos céus e será visto por todos (Mt 24:27-31).

O arrebatamento pertence [aos indivíduos verdadeiramente salvos de entre] as igrejas, enquanto a 2ª Vinda de o Cristo diz respeito a Israel e ao mundo.

O crente deve estar vigiando [anelando e] esperando pelo retorno do Senhor (1Ts 5:6). Nós não sabemos quando isso acontecerá. É iminente [!].

Os crentes não estão destinados a passar através do tempo da ira de Deus (1Ts 5: 9). Compare 1Ts 1:10, que diz que o Senhor livrou os crentes do Novo Testamento da ira que está por vir. Os santos de entre as igrejas têm sido sujeitos à ira de *homens e demônios* ao longo da dispensação, mas nós não estamos destinados a passar através da ira de *Deus* que será derramada sobre este mundo perverso.>>

David Cloud, *The Future According to the Bible*, p.77.

1Co 15:
"50 E agora digo iso, irmãos: que a carne e o sangue não podem herdar o reino de Deus, nem a corrupção herdar a incorrupção. 51 ¶ Eis aqui vos digo um mistério: Na verdade, **nem todos dormiremos, mas todos seremos transformados**; 52 Num momento, num abrir e fechar de olhos, ante a última trombeta; porque a trombeta soará, e **os mortos ressuscitarão incorruptíveis, e nós seremos transformados**. 53 Porque **convém que isto que é corruptível se revista da incorruptibilidade, e que isto que é mortal se revista da imortalidade.**" (1Co 15:50-53 ACF)

- << Novamente, considere quatro lições importantes desta passagem:

1. O Arrebatamento é um mistério que não foi revelado nas profecias do Velho Testamento. Os profetas do Antigo Testamento ensinaram sobre a ressurreição corporal, mas eles não profetizaram que alguns seriam glorificados sem morrer. Eles profetizaram sobre a ressurreição de judeus no final da Tribulação (Dn 12:1-2), mas eles não viram o Arrebatamento dos crentes do Novo Testamento antes da Tribulação.

2. Os mortos em Cristo serão ressuscitados para incorrupção e os crentes que viverem naquele momento serão mudados de mortais para imortais. "Incorruptível" significa que o corpo da ressurreição será incapaz de sofrer coisas como dor e doença. "Imortal" significa incapaz de morrer.

3. O arrebatamento dos crentes da dispensação das igrejas é uma fonte de grande encorajamento e motivação para o piedoso serviço cristão. "(1Co 15:58) Portanto, ó meus irmãos amados, firmes sede, inabaláveis, abundando na obra de o Senhor (Jesus) sempre, tendo [VÓS] sabido que o vosso fatigante- laborar não é vão dentro de [O] Senhor (Jesus)" (1Cor 15:58). O Arrebatamento é uma doutrina muito importante. Ela ajuda a motivar o povo do Senhor a permanecer acordado espiritualmente, e isso ajuda a motivar as igrejas a permanecerem ocupadas no trabalho de pregar o evangelho às almas perdidas antes que seja tarde demais.

4. O que é "a última trompa"? As trompas que soarão no arrebatamento dos santos da dispensação das igrejas não são as mesmas trombetas que tocarão em Apocalipse como julgamentos sobre este mundo, ou as trombetas que soam em referência a Israel. A igreja não faz parte desses outros programas. A "trompa" dela é diferente. A última trompa será soada quando a igreja finalmente será congregada conjuntamente com o Senhor>>

David Cloud, *The Future According to the Bible*, p.78-79.

"Depois destas coisas, olhei, e eis que estava uma porta aberta no céu; e a primeira voz que, como de trombeta, ouvira falar comigo, disse: SOBE AQUI, e mostrar-te-ei as coisas que depois destas devem acontecer." (Ap 4:1 ACF)

O nosso Salvador e Senhor vem somente até as nuvens, os ares, não tocando a terra. Uma fração de segundo antes do Arrebatamento, aqueles que foram salvos ao crer enquanto viviam dentro desta dispensação, e que já morreram, serão ressuscitados com corpos glorificados (ver, acima, 1Co 15:50-53 e 1Jo 3:2). Imediatamente depois, no exato instante do Arrebatamento, aqueles que foram salvos ao crer e que estiverem vivos também terão seus corpos transformados em corpos glorificados e, ambos os grupos, serão arrebatados todos juntos e sem distinções, formando um só corpo.

5.3. O Tribunal (BEMA) De O Cristo, Para Julgamento De Cada Crente Individualmente, Quanto Seu Galardoamento.

(complemente com https://bible.org/article/doctrine-rewards-judgment-seat-bema-christ)

- **O fato do julgamento** quanto premiação: Rm 14:10 (ou 10-12); 2Co 5:10 (ou 9-10);
  "Mas tu, por que julgas teu irmão? Ou tu, também, por que desprezas teu irmão? Pois **todos havemos de comparecer ante o tribunal de Cristo**." (Romanos 14:10 ACF)
  "Porque **a todos nós é necessário ser[mos] manifestos diante da cadeira- de- juiz de O Cristo**, a fim de que receba cada um as coisas [feitas] por- ação- do [seu próprio] corpo, segundo o que ele fez, quer bem, ou mal." (2Co 5:10 LTT)

- **O propósito do julgamento** quanto premiação

NÃO é verificar se o julgado é ou não um crente (pois, se ele verdadeiramente creu, foi então salvo para sempre, mesmo sendo falho, e é preservado por Deus, não pela sua perseverança). A salvação recebida quando creu o livrou perfeita e definitivamente de todo o julgamento (Jo 5:24; Jo 10:28-29; 1Jo 4:17). A questão da salvação não está sendo considerada.

Jo 10:28-31 "E [a] vida eterna Eu lhes dou; e que, para o sempre, de modo nenhum pereçam, e ninguém as arrebatará para- fora- da Minha mão. ²⁹O Meu Pai, que [as] tem dado a Mim, maior do que todos é, e ninguém pode arrebatá-[las] para- fora- da mão do Meu Pai. LTT

Jo 5:24 Em verdade, em verdade vos digo que quem [está] dando- ouvidos à Minha palavra, e [está] crendo para dentro dAquele havendo-Me enviado, tem [a] vida eterna, e para dentro de condenação não vem, mas tem passado proveniente- de- dentro- da morte para dentro da vida. LTT

1Jo 4:17 Nisto tem sido completado o amor [que está] em nós : a fim de que ousadia tenhamos no Dia do Julgamento; porque, mesmo como *Ele*, é, assim- também nós somos neste mundo. LTT

<<1Co 3 é uma das passagens mais claras do Novo Testamento sobre o tema da segurança que dura para sempre. Se o crente carnal que perde tudo [ao ser julgado] diante do Tribunal de Cristo "será salvo" [v. 15], como pode ser possível que qualquer [já crente] perca sua salvação?
Ao mesmo tempo, devemos alertar que muitos que consideram a si mesmos como [se já fossem] crentes, na verdade não são crentes de verdade. Jesus descreveu aqueles que são apaixonados pelo nome dEle e que fazem muitas coisas em Seu nome, mas não O conhecem pessoalmente (Mt 7:22-23). Paulo exortou os membros da igreja em Corinto para examinarem a si próprios, se eles [realmente] estavam dentro da fé (2Co 13:5).>>
David Cloud, ibid., p. 94.

- **O propósito do julgamento** é trazer glória à Deus e Sua justiça, através dEle fazer uma pública revelação (mesmo do que estava oculto) de como cada crente INDIVIDUAL usou sua vida para o Senhor, e de sua verdadeira motivação de coração. Recompensas/ prêmios/ galardões serão recebidos ou perdidos por cada crente INDIVIDUAL, dependendo disso 2Co 5:10 (acima). Não haverá real repreenda ou punição, em nenhum tipo, grau ou duração. Ver "a base do julgamento" e "os resultados do julgamento", abaixo.

- **O tempo do julgamento** quanto premiação: imediatamente depois do Arrebatamento, pois
(1) recompensas são associadas à nossa ressurreição Lc 14:14 "... [isto] te será recompensado na ressurreição dos justos," e ressurreição é associada a (e é parte integral de) o nosso Arrebatamento 1Ts 4:13-17 " ¹⁶Porque Ele mesmo, o Senhor, em [um] brado de comando, n[a] voz do arcanjo e n[o som da] trompa de Deus, descerá proveniente- de- junto- do céu. E os mortos dentro de [o] Cristo ressuscitarão primeiramente; ¹⁷Depois *nós*, aqueles [que estaremos] vivendo, aqueles [que estaremos] restando, simultânea- [e-] juntamente- com eles seremos arrebatados- para- cima, dentro d[as] nuvens, para o encontro de o Senhor, para dentro d[o] ar. E, assim, sempre com [o] Senhor estaremos."
(2) Em 2Co 4:5; 2Tm 4:8 e Ap 22:12, recompensas são associadas com "aquele dia", o qual é o dia em que o Cristo voltará.

- **O lugar do julgamento** quanto *premiação*:

~~chamado de:~~
~~."Mansões na casa do Meu Pai" Jo 14:2-3~~ **Na casa do Meu Pai muitas mansões há.** ~~Se não [fosse assim], Eu vos contei [isto].~~ **Estou indo preparar [o] lugar para vós outros.** ~~E, quando Eu for e vos preparar [o vosso] lugar,~~ **Outra vez venho e vos levarei e receberei para Mim mesmo, a fim de que, onde estou *Eu*, também vós estejais [ali].**
~~."Lugares celestiais" Ef 1:3~~ ~~Bendito [seja] o Deus e Pai de o nosso Senhor Jesus Cristo, Aquele (Deus)~~ **nos havendo abençoado em toda e cada bênção espiritual nos [lugares] celestiais em [o] Cristo.**

Que quer dizer "para dentro d[o] ar", de 1Ts 4:17? "... **seremos arrebatados para cima, dentro d[as] nuvens, para o encontro de o Senhor, para dentro d[o] ar. ...**"
Ficaremos para sempre entre as nuvens? Ou dentro do ar ficaremos por apenas 7 anos? As nuvens serão apenas o ponto de encontro onde Cristo nos receberá?
Ora, 2Co 5:1 ensina que nossos corpos físicos glorificados estarão noS céuS. Portanto, o atual v. 1Ts 4:17 não pode significar que a hoste de cristãos, arrebatada até os ares, ali ficará localizada permanentemente (ou, pelo menos, durante todos os 7 anos da 70ª Semana de Daniel) (todos visíveis desde a terra). Quando o Senhor descer do 3º céu [a morada de Deus, só entram lá quem Ele determinar], através do 2º céu [dos astros], vindo somente até as nuvens do 1º céu [a atmosfera], para arrebatar para cima os crentes, ao encontro dEle, o lugar da reunião será no ar (do 1º céu). O verso não detalha nada a respeito da óbvia remoção para o 3º céu que logo se seguirá ao encontro, porque o propósito da passagem é somente o de esclarecer as dúvidas dos tessalonicenses em relação ao nosso Arrebatamento e, 7 anos depois, à Revelação do Salvador ao mundo. Depois de os esclarecer, o Espírito Santo simplesmente prossegue [dizendo] "**E, assim** ~~(todos juntos),~~ **sempre juntamente com o Senhor (Jesus) estaremos.**" Como é óbvio que, levando-nos consigo, o Cristo voltará ao lugar de onde veio, é óbvio que o julgamento para *premiação* será no 3º céu.

(Resumo sobre nossas futuras localizações:
- Nosso *encontro* com o Senhor Jesus, depois do Arrebatamento, será dentro das nuvens do ar;
- Nosso *julgamento para premiação* será no (3º) céu;
- Ao final dos 7 anos da 70-SD, O seguiremos na Sua volta à terra;
- Durante o Milênio, juntamente com Ele teremos nosso domicílio na Nova Jerusalém em órbita geoestacionária nos céus (os israelitas salvos na 70-SD terão seu domicílio na Jerusalém Terrestre), mas diuturnamente estaremos juntamente com Ele servindo-O no Seu reinar corporal e visível sobre toda a terra;
- Depois da destruição de todo o universo, do julgamento (dos perdidos) no Grande Trono Branco e criação de Novo Céu e Nova Terra, para sempre com Ele moraremos na Nova Jerusalém, sobre a Nova Terra.
)

- **O juiz do julgamento** quanto premiação: Será o Cristo.
 2Co 5.10 "Porque **a todos nós é necessário ser[mos] manifestos diante da cadeira-de-juiz de o Cristo, a fim de que receba cada um as coisas [feitas] por ação do [seu próprio] corpo, segundo o que ele fez, quer bem, ou mal.**"
 Jo 5.22 "Porque o Pai a nenhum homem julga, mas **todo [o] julgamento tem dado a o Filho.**"

- **A Imparcialidade no Tribunal de Cristo** 1Pe 1:17; Cl 3: 23-25; Mt 19:30
1Pe 1:17 E, se [por] Pai invocais Aquele (Deus) **que, sem acepção de pessoas, está julgando**

segundo à obra de cada um, em temor o tempo da vossa peregrinação passai [*aqui*], *LTT*
Cl 3:23-25 23 E todas- e- quaisquer- coisas que façais, provenientes- de- dentro- de [*todo o*] coração laborai *(nisto)*, como que *(fazendo)* a o Senhor *(Jesus)*, e não a[*os*] homens, 24 Tendo vós sabido que, proveniente- de- junto- de [*o*] Senhor *(Jesus)*, recebereis o galardão da herança, porque servis a [*o*] Senhor Cristo. 25 Mas aquele [*que está*] fazendo mal receberá- de volta [*pe*l]o mal que fez; **pois** *(em Deus)* **não há acepção de pessoas.** *LTT*
Mt 19:30 Muitos, porém, [*que são*] primeiros, serão derradeiros; e [*os que são*] derradeiros [*serão*] primeiros. *LTT*

- **Quem serão os julgados** quanto *premiação*: somente os crentes da dispensação das igrejas locais (todos os que verdadeiramente creram, não importa o status em que estejam no instante do Arrebatamento, pois o preservador da salvação é Deus) 1Co 3:11-15.

Em 2Co 5:1-19 (o capítulo que fala do Bema) os pronomes pessoais na 1ª pessoa singular (1 "eu") e, principalmente, na 2ª pessoa plural (21 "nós", 3 "nosso(s)", 6 "nos",) ocorrem com tão grande frequência que isso não pode ser desprezado, temos que reconhecer que o Bema é somente para os crentes, os já salvos de uma vez para sempre, (portanto para decidir premiação versus não premiação, não para decidir salvação versus condenação) pois apenas dos crentes poderemos dizer:

2Co 5:1-19 ....um edifício proveniente- de- dentro- de Deus **temos, uma casa não feita por mãos, eternal, nos céus.**
·[*o*] Cristo morreu em- lugar- dos nossos pecados, segundo as Escrituras
·Porque, em verdade, nós, aqueles estando n[*este*] tabernáculo, estamos gemendo, sendo angustiados; não porque queremos ser despidos, mas ser sobrevestidos, a fim de que **seja completamente- tragada a mortalidade por a Vida.**
·Ora, Aquele **havendo-nos preparado para isto mesmo [*é*] Deus, Aquele também havendo-nos dado o penhor de o [*Seu*] Espírito.**
...[*enquanto*] **estando- em- lar dentro do corpo, [*ainda*] estamos- fora- de- lar, longe de o Senhor**
·(Porque **mediante [*a*] fé estamos andando**, não mediante aparência- externa),

Examinemos 1Ts 4:16 "Porque **Ele mesmo, o Senhor, em [*um*] brado de comando, n[*a*] voz do arcanjo e n[*o som da*] trompa de Deus, descerá proveniente- de- junto- do céu. E os mortos DENTRO DE [*o*] CRISTO ressuscitarão primeiramente;**" Esta expressão "**em Cristo**" ou "**dento de º Cristo**", não se aplica a todos os homens, nem mesmo a todos os salvos, mas somente aos que, nesta atual dispensação das igrejas locais, já com idade e mente suficientes para entenderem e crerem (ou para recusarem crer), ouviram o verdadeiro evangelho, verdadeira e biblicamente se arrependeram de seus pecados, verdadeira e biblicamente creram no verdadeiro Cristo da Bíblia, e verdadeira e biblicamente O receberam como único e suficiente Senhor- e- Salvador- e- Deus Eterno. A Bíblia nunca aplicou o equivalente a "**dentro de o Senhor/ Messias**" a salvos tais como Adão, Abraão, etc. (veremos, adiante, que estes somente bem depois do nosso Arrebatamento serão ressuscitados e receberão seus corpos glorificados; farão parte da grande família dos salvos de Deus, mas não farão parte do subconjunto dos salvos que formam "**o corpo de o Cristo**"). Os crentes das demais dispensações serão premiados em outros julgamentos.
Sim, a expressão "**em º Cristo**" ou "**dentro de º Cristo**" é muito especial e forte, e, quando aplicada a uma pessoa, significa algo muito específico "colocado e estando DENTRO DE o Cristo, por ter entendido o Seu pleno evangelho conforme o NT, crido nEle

sabendo Seu nome e promessas, e recebido Seu nome como único e suficiente Salvador, Senhor- Dono- Controlador, e Deus".

Em toda a Bíblia KJB e também na ACF, pesquisei e nunca encontrei as expressão completas "dead in Christ [or dead in the Lord]" e "morrer* em Cristo" ou "morrer* no Senhor" ou "morrer* no Messias que está por vir" (qualquer forma do verbo "morrer") ser aplicada a nenhum salvo (Adão, Abel, Enoque, Abraão, Moisés, Elias, Davi, João o batista, etc.) exceto aos crentes da atual dispensação da igrejas locais. Encontrei-as apenas em 3 locais, e os contextos de todos eles deixam bem claro que as expressões se restringem a nós, os crentes da dispensação das igrejas.

1Co 15:22 Porque, assim **como em Adão todos morrem, assim também em o Cristo todos serão vivificados.** LTT. O contexto de todo capítulo 15 é somente o de crentes de entre as igrejas locais;

1Co 15:31 Eu morro a cada dia! (Sim, [*solenemente*] protesto- [*isto*]- em- nome- do ato- de- gloriar-me acerca de vós , que tenho **em Cristo Jesus, o nosso Senhor.**) LTT

1Ts 4:16 Porque Ele mesmo, o Senhor, em [*um*] brado de comando, n[*a*] voz do arcanjo e n[*o som da*] trompa de Deus, descerá proveniente- de- junto- do céu. E **os mortos dentro de [o] Cristo ressuscitarão primeiramente;** LTT

Depois, procurei apenas as expressões "in Christ" e "em Cristo" e, dos muitos versos as contendo, selecionei aquelas que as aplicavam a pessoas, e os contextos de todos deixam bem claro que as expressões se restringem a nós, os crentes da dispensação das igrejas.

Rm 8:1 Agora, pois, nenhuma condenação [*há*] para **aqueles dentro de Cristo Jesus**, os quais [*estão*] andando não em obediência à carne, mas em obediência a [*o*] Espírito. LTT

Rm 12:5 Assim- também nós, os muitos, um [*só*] corpo somos **em [o] Cristo**, mas, individualmente, cada um em- relação- a os outros [*somos*] membros. LTT

Rm 16:7 Saudai a Andrônico e a Júnias, [*que são*] meus parentes e [*foram*] meus companheiros na prisão, os quais, em os apóstolos, são [*estimados por*] notáveis, [*e*] que também desde- antes de mim têm estado **em [o] Cristo.** LTT

1Co 3:1 E *eu*, ó irmãos, não pude falar a vós outros como a espirituais, mas como a carnais, [a saber,] como a bebês **em [o] Cristo.** LTT

1Co 15:18 E também fizeram-se perecer aqueles havendo sido adormecidos [já estando] **dentro de [o] Cristo.** LTT

2Co 5:17 Assim que, se algum homem [está] **dentro de [o] Cristo**, uma nova- e- diferente criatura [*é*] [*ele*]: as [*coisas*] velhas [*já*] passaram, eis que têm sido feitas novas todas as coisas. LTT

2Co 12:2 Tenho conhecido um homem **em [o] Cristo**, antes de catorze anos atrás (se n[*o*] corpo, não tenho podido dizer, ou, se fora do corpo, não tenho podido dizer: Deus [*o*] tem sabido), havendo este tal [*varão*] sido arrebatado- para- cima, até a[*o*] terceiro céu. LTT

Gl 1:22 E estava sendo desconhecido, pelo rosto, das assembleias da Judeia, as quais [*estão*] **em [o] Cristo;** LTT

Ef 1:1 Paulo, um apóstolo de Jesus Cristo por- operação d[*a*] vontade de Deus, aos santos, aqueles estando em Éfeso e [sendo] fiéis **em Cristo Jesus:** LTT

Ef 3:6 6 [*A saber:*] ser[*em*] os gentios herdeiros- em- comum (, e um- corpo - em- comum , e juntamente- participantes- em- comum da promessa dEle **em o Cristo**, através do evangelho, LTT

Fp 1:1 Paulo e Timóteo, escravos de Jesus Cristo, a todos os santos **em Cristo Jesus**, aqueles estando em Filipos, juntamente- com [*os*] pastores- superintendentes e [*os*] serviçais : LTT

Fp 4:21 Saudai cada santo **em Cristo Jesus.** Saúdam- vos os irmãos [*que estão*] juntamente- comigo. LTT

Cl 1:2 Aos santos e fiéis irmãos **em o Cristo** em Colossos: Graça a vós outros, e paz, provenientes- de- junto- de Deus ([*o*] nosso Pai) e [*de o*] Senhor Jesus Cristo. LTT

1Ts 2:14 Porque *vós*, ó irmãos, vos tornastes seguidores das assembleias de Deus, aquelas na Judeia estando **em Cristo Jesus**; porquanto as mesmas coisas padecestes, também *vós*, sob [*os*] vossos próprios concidadãos, como, também *eles*, sob os judeus, LTT

1Ts 4:16 Porque Ele mesmo, o Senhor, em [*um*] brado de comando, n[*a*] voz do arcanjo e n[*o som da*] trompa de Deus, descerá proveniente- de- junto- do céu. E os mortos **dentro de [o] Cristo** ressuscitarão primeiramente; LTT

1Pe 5:14 Saudai-vos cada um a os outros, em ósculo de amor- caridade . Paz [seja] com todos vós, os **em Cristo Jesus**! Amém. LTT

- **A base do julgamento** quanto premiação: não exatamente o fruto produzido por cada crente individual (isto é, não o número/ tamanho/ valor das obras feitas depois da salvação) mas, a pureza, o propósito e motivação do seu coração em suas obras para Deus 1Co 4:5, e o caráter interno e real do crente em suas obras 1Co 3:13-15, e dessas obras Ap 22:12.

"Portanto, nada julgueis antes de tempo, até que o Senhor venha, o qual também trará à luz as coisas ocultas das trevas, e manifestará os desígnios dos corações; e então cada um receberá de Deus o louvor." (1Co 4:5 ACF)

"¹³ De cada um a obra manifesta se tornará; porque o dia [a] declarará, porque dentro de fogo está- sendo revelada; e de cada homem a [sua] obra, de que tipo ela é, o fogo [a] testará. ¹⁴ Se de algum varão a obra (a qual ele sobre-edificou) permanece, galardão esse receberá. ¹⁵ Se de algum homem a obra será completamente- queimada, ele sofrerá perda; *ele mesmo*, porém, será salvo (todavia, de modo como que através d[o] fogo). (1Co 3:13-15 LTT)

E eis que Eu venho subitamente, e o Meu galardão [está] comigo, para recompensar a cada um segundo a sua obra será. (Ap 22:12 LTT)

Sendo mais específicos, os frutos incluem:
- a mordomia e fidelidade no uso dos talentos Mt 20:1-16 (mesmo salário para os contratados tarde); 25:14-30 (mau servo escondeu o 1 talento); 1Co 4:2; e dos bens que Deus nos emprestou Mt 6:20; 2Co 9:6; 8:12; Gl 6:7;
- o zelo em ganhar almas Dn 12:3; 1Ts 2:19-20;
- o amor manifesto, principalmente aos irmãos Mt 10:40,42; Gl 6:10;
- a perseverança nas perseguições Mt 5:11-12; 2Tm 2:12; Tg 1:12.

- **O Fogo no Tribunal de Cristo** (1Co 3:13):
<<.. O fogo é a onisciência de Jesus. João descreveu os olhos de Jesus "como *se fossem* chama de fogo "(Ap 1:14). Jesus vê e sabe tudo, até mesmo os segredos de cada coração humano. Não só Ele sabe o que fazemos, Ele sabe porque o fazemos. Ele sabe porque frequentamos a igreja, porque queremos cantar especiais, porque gostamos de citar versos de memória publicamente, porque damos [das nossas finanças], porque participamos no evangelismo organizado.

.. O fogo é também a Palavra de Deus, a Sagrada Escritura. Jesus disse que seremos julgados pela Sua Palavra. "... a Palavra que Eu preguei, essa o julgará no último dia." (Jo 12:48).

.. A Escritura é comparada ao fogo. "[Porventura] a Minha palavra não [é] como o fogo, diz o SENHOR, e como um martelo [que] esmiúça a pedra? "(Jr 23:29).

.. A Escritura contém a mente de Cristo. "Pois "Quem conheceu [a] mente de [o] Senhor", o qual instruirá a ele? *Nós*, porém, [a] mente de [o] Cristo temos. "(1Co 2:16).

.. A Escritura está completa e contém tudo que o crente necessita. "¹⁶ Toda- e- cada Escritura [é] dada- por- assopro- de- Deus e proveitosa para doutrinação, para reprovação, para correção, para [paternal]- instrução- até- por- castigos (aquela (paternal- instrução- até- por- castigos) [que é] em justiça), 17 A fim de que perfeito seja o homem de Deus, para toda [a] boa obra (já) tendo [ele] sido perfeitamente equipado. "(2Tm 3:16-17).

Uma vez que temos a revelação da vontade de Deus na Bíblia, não precisamos esperar até a eternidade para conhecer a vontade de Deus ou para conhecer os pensamentos dEle em nossa direção. Portanto, é imperativo que estudemos a Bíblia com diligência (2Tm 2:15), e repousemos fielmente sob o som de sua pregação, e a obedeçamos implicitamente. Ela será uma luz para nossos pés (Sl 119:105). Será a vida e a poderosa espada do Espírito que corta profundamente a alma e os espírito para revelar o que lá há (He 4:12). Através da Bíblia, podemos, nesta vida presente, encontrar a boa e perfeita vontade de Deus e, portanto, podemos estar preparados para comparecer diante de Cristo para dar conta do nosso serviço (Rm 12: 1-2). Com o salmista precisamos orar: "23 Sonda-me, ó Deus, e conhece o meu coração; prova-me, e conhece os meus pensamentos. 24 E vê se [há] em mim [algum] caminho mau, e guia-me pelo caminho eterno." (Sl 139:23-24). Através da Palavra de Deus, podemos ver nossos pecados nesta presente vida e confessá-los e corrigi-los, para que não tenhamos que enfrentá-los no tribunal de Cristo "31 Porque, se a nós mesmos escrutinávamos- julgávamos, não éramos julgados (por o Senhor Jesus). 32[Em] sendo julgados, porém, pel[o] Senhor (Jesus), somos [paternalmente]- instruídos- até- por- castigos, a fim de não, juntamente- com o mundo, sermos condenados." (1Co 11:31-32). "Caso confessemos os nossos pecados, fiel Ele (Deus) é, e justo, de modo a nos perdoar os pecados e nos purificar para- longe- de toda injustiça." (1Jo 1:9).>> David Cloud, ibid, p. 96-98.

- **Os resultados do julgamento** quanto premiação (1Co 3:11-15):
"11 ¶ Porque ninguém pode pôr outro fundamento além do que já está posto, o qual é Jesus Cristo. 12 E, se alguém sobre este fundamento formar um edifício de ouro, prata, pedras preciosas, madeira, feno, palha, 13 A obra de cada um se manifestará; na verdade o dia a declarará, porque pelo fogo será descoberta; e o fogo provará qual seja a obra de cada um. 14 Se a obra que alguém edificou nessa parte permanecer, esse receberá galardão. 15 Se a obra de alguém se queimar, sofrerá detrimento; mas o tal será salvo, todavia como pelo fogo." (1Co 3:11-15 ACF)

A) Se o edifício (propósito e motivação do coração) for de ouro, prata, pedras preciosas ^(todas estas coisas são purificadas e reluzem quando provadas pelo fogo):, receberemos:

A1) Recompensas por Deus:

. _galardões eternos_ 1Co 3:12.a,14 (acima);

. coroas de _louro_ [isto é, de vencedores]:

. coroa do _gozo_ 1Ts 2:19 para o ganhador de almas;
"Porque, qual é a nossa esperança, ou gozo, ou coroa de glória? Porventura não o sois vós também diante de nosso Senhor Jesus Cristo em sua vinda?" (1Ts 2:19 ACF)

. coroa da _justiça_ 2Tm 4:8 para quem organiza sua vida no amor e esperança da 2ª vinda do Cristo;
"Desde agora, a coroa da justiça me está guardada, a qual o Senhor, justo juiz, me dará naquele dia; e não somente a mim, mas também a todos os que amarem a sua vinda." (2 Timóteo 4:8 ACF)

. coroa da *vida* Tg 1:12; Ap 2:10 para o crente pronto a morrer pelo Cristo;

"Bem-aventurado o homem que suporta a tentação; porque, quando for provado, receberá a coroa da vida, a qual o Senhor tem prometido aos que o amam." (Tiago 1:12 ACF)

"Nada temas das coisas que hás de padecer. Eis que o diabo lançará alguns de vós na prisão, para que sejais tentados; e tereis uma tribulação de dez dias. Sê fiel até à morte, e dar-te-ei a coroa da vida." (Ap 2:10 ACF)

. coroa da *glória* 1Pe 5:1-4 para o crente fiel como pastor do rebanho;

"1 ¶ Aos presbíteros, que estão entre vós, admoesto eu, que sou também presbítero com eles, e testemunha das aflições de Cristo, e participante da glória que se há de revelar: 2 Apascentai o rebanho de Deus, que está entre vós, tendo cuidado dele, não por força, mas voluntariamente; nem por torpe ganância, mas de ânimo pronto; 3 Nem como tendo domínio sobre a herança de Deus, mas servindo de exemplo ao rebanho. 4 E, quando aparecer o Sumo Pastor, alcançareis a incorruptível coroa da glória." (1Pe 5:1-4 ACF)

. compartilhar do *trono do Cristo* 2Tm 2:11-12; Ap 3:21.

"11 Palavra fiel é esta: que, se morrermos com ele, também com ele viveremos; 12 Se sofrermos, também com ele reinaremos; se o negarmos, também ele nos negará;" (2 Timóteo 2:11-12 ACF)

"Ao que vencer lhe concederei que se assente comigo no meu trono; assim como eu venci, e me assentei com meu Pai no seu trono." (Ap 3:21 ACF)

A2) *louvor por Deus* Mt 25:21,23;

"E o seu senhor lhe disse: Bem está, servo bom e fiel. Sobre o pouco foste fiel, sobre muito te colocarei; entra no gozo do teu senhor." (Mt 25:21 ACF)

A3) *atribuição de responsabilidades individuais para quando chegar o Milênio* Lc 19:16-19.

"16 E veio o primeiro, dizendo: Senhor, a tua mina rendeu dez minas. 17 E ele lhe disse: Bem está, servo bom, porque no mínimo foste fiel, sobre dez cidades terás autoridade. 18 E veio o segundo, dizendo: Senhor, a tua mina rendeu cinco minas. 19 E a este disse também: Sê tu também sobre cinco cidades." (Lc 19:16-19 ACF)

B) Se o edifício for de madeira, feno, palha (coisas que viram cinzas quando tocadas pelo fogo): o crente sofrerá vergonha, detrimento, mas será salvo, embora como quem escapa de um incêndio 1Co 3:12.b,15 (algo acima)

- No tribunal de Cristo: pode haver vergonha, perdas de ganhar, e perda de recompensas e coroas já ganhas, mas não haverá punição, castigo ou perda de salvação:

1) **vergonha** 1Jo 2:28 "E agora, ó filhinhos, permanecei nEle *(o Cristo)*, a fim de que, quando Ele for manifesto, tenhamos confiança e não sejamos envergonhados para- longe- dEle, na Sua vinda;"

2) **"perda" de recompensas e coroas já ganhas** 2Jo 1:8 "Olhai por vós mesmos, a fim de que nós *(ambos)* não percamos aquilo pelo que *(já no passado)* nós laboramos, mas [o] inteiro galardão recebamos.",

3) **não perda de salvação** 1Co 3:15 Se de algum homem a obra será completamente- queimada, ele sofrerá perda; *ele mesmo*, porém, será salvo (todavia, de modo como que através d[o] fogo)."
(salvação é um *presente* , é *gratuito* e *não merecido*. Não é merecidos salário, recompensa, prêmio, suborno).

Nenhum crente será condenado ao inferno nem mesmo pelo maior e último dos seus pecados Jo 3:18,36,
(3:18) Aquele [*que está*] crendo para dentro dEle *(o Filho)* não é condenado; aquele, porém, [*que*] não [*está*] crendo [*para dentro dEle*] *(o Filho)* já tem sido condenado, porquanto não tem crido para dentro de o nome de o unigênito Filho de Deus. (3:36) Aquele [*que está*] crendo para dentro de o Filho tem a vida eterna; mas aquele [*que*] não [*está*] crendo- submetendo-se a o Filho não verá [*a*] vida, mas a ira de Deus permanece sobre ele."
porque a ira de Deus por causa de seu pecado foi, uma vez por sempre, derramada sobre Cristo.

- Grande demonstração e reconhecimento da graça de Deus, com grande exultação e louvor:
1) pela *maravilhosa graça de Deus* Jd 1:24; Sl 103:8-14; Rm 5:20;
Jd 1:24 Ora, Aquele *(o Cristo)* sendo poderoso para vos guardar- de- tropeçar e [*vos*] apresentar perante a Sua glória sem manchas, em exultação. *LTT*
Sl 102:8-14 8 Misericordioso e gracioso [*é*] o SENHOR; lento para [*Se*] irar e grande em misericórdia. 9Não reprovará perpetuamente, nem para sempre reterá a [*Sua ira*]. 10Não nos tratou segundo os nossos pecados, nem nos recompensou segundo as nossas iniquidades. 11Pois assim como o céu [*está*] elevado acima da terra, [*assim*] [*é*] grande a Sua misericórdia para com os que O temem. 12Assim como [*está*] longe o oriente do ocidente, [*assim*] Ele afasta de nós as nossas transgressões. 13Assim como um pai se compadece de [*seus*] filhos, [*assim*] o SENHOR Se compadece daqueles que O temem. 14Pois Ele conhece a nossa estrutura; lembra-Se de que [*somos*] pó. *LTT*
Rm 5:20 A Lei, porém, sobreveio a fim de que avulte a ofensa. Onde, porém, abundou o pecado, [*aí*] superabundou a graça. *LTT*

2) pela *grande efetividade do disciplinar por Deus* He 12:5-10; Jo 15:1-2;
Hb 12:5-10 5 E já tendes- completamente- sido- feitos- esquecer da exortação, a qual convosco, como com filhos, de- forma- completa- argumenta: "Ó filho Meu, não desprezes tu [*a paternal*]- instrução- até- por- castigos de [*o*] Senhor, e não sejas tu afrouxado- quanto- força, [*quando*] por Ele sendo repreendido. 6 Porque a quem [*o*] Senhor ama, [*Ele paternalmente*]- instrui- até- por- castigos, e *(paternalmente)* açoita a todo filho a quem Ele recebe." 7 Se [*paternal*]- instrução- até- por- castigos pacientemente- suportais, *(percebes que)* como a filhos vos está tratando Deus; porque quem é [*o*] filho a quem não [*paternalmente*]- instrua- até- por- castigos [*o seu*] pai? 8 Se, porém, estais sem [*paternal*]- instrução- até- por- castigos, da qual têm sido feitos participantes todos *(os filhos)* então bastardos sois, e não filhos *(legítimos)*. 9 Além do que, em verdade, tínhamos os pais da nossa carne como instrutores- corretores, e nós [*os*] reverenciávamos; não, muito mais, submeteremos nós mesmos a o Pai dos espíritos, então viveremos? 10 Porque, em verdade, aqueles *(os pais da nossa carne)* por uns poucos dias [*e*] segundo aquilo bem lhes parecendo, [*nos paternalmente*]- instruíam- até- por- castigos; Este *(o Deus)*, porém, em direção àquilo [*bem*] nos aproveitando, *(nos paternalmente- instrui- até- por- castigos)* para [*nós*] participar[*mos*] da Sua própria santidade. *LTT*

Jo 15:1-2 1 *EU* SOU a Videira Verdadeira, e o Meu Pai é o lavrador. 2 Todo [o] ramo, em Mim, que não [está] produzindo fruto, Ele (o Meu Pai) o tira; e todo aquele (ramo, em Mim) que [está] produzindo fruto, Ele o purifica- por- poda- do- mal, a fim de que mais fruto produza. LTT

3) pela *grande vitória da fé* 1Jo 5:4
1Jo 5:4 Porque todo aquele (já) tendo sido nascido proveniente- de- dentro- de Deus vence o mundo. E esta é a vitória, aquela havendo vencido o mundo: a nossa fé. LTT

- **O Julgamento do Juízo de Cristo é motivação para:**
1) olharmos para além desta vida até mirarmos na eternidade Mt 6:33 Buscai, porém, primeiramente, o reinar de Deus, e a retidão dEle (Deus), e (então) estas coisas todas vos serão acrescentadas.

2) andarmos no Espírito, dia a dia.

3) mantermo-nos ocupados e fieis no serviço de Cristo 1Co 3:5-10 5 Quem, pois, é Paulo, e quem [é] Apolo, senão serviçais através dos quais crestes, e [isto] conforme o que, a cada um (varão) o Senhor (Jesus) concedeu? 6 *Eu*, (apenas) plantei; Apolo, (apenas) regou; mas Deus dava o crescimento. 7 Por isso, nem aquele [que está] plantando é alguma coisa, nem aquele [que está] regando (o é), mas (o é) Aquele [que está] dando [o] crescimento, Deus. 8Ora, o [que está] plantando e o [que está] regando um [só] são (em propósito), mas cada um ao seu próprio galardão receberá, segundo o seu próprio fatigante- laborar. 9 Porque de Deus somos parceiros- de- trabalho, de Deus (somos) [o] campo cultivado, de Deus [o] edifício vós sois. 10 Segundo a graça de Deus, aquela havendo sido dada a mim, como um sábio arquiteto [ao] fundamento tenho eu posto, mas outro [varão] (, agora,) sobre-edifica sobre [ele]. Mas cada um atentamente- olhe- e- cuide como ele sobre-edifica;
1Co 4:2 Ora, além disso, é requerido nos escravos- despenseiros- distribuidores que fiel cada um [deles] seja achado;

4) honrarmos a igreja [só se encontra no NT igreja *local*] do Senhor 1Co 3:16-17 16 Não tendes vós sabido que o lugar- santo (do Templo) de Deus sois vós, e [que] o Espírito de Deus habita em vós? 17 Se algum homem ao lugar- santo (do Templo) de Deus contamina , Deus *o* destruirá ; porque o lugar- santo (do Templo) de Deus é santo, o qual [lugar- santo] (do Templo) sois *vós*.

A igreja é:
- o quartel general das missões mundiais At 13:1-4 1Ora, havia em Antioquia (na assembleia estando [lá]) certos profetas e professores- mestres: ambos Barnabé e Simeão (aquele sendo chamado de Níger), e Lúcio (o Cireneu), e Manaém ([o] irmão de leite de Herodes (Antipas), o tetrarca), e Saulo. 2E, [enquanto] prestando- serviço- de- culto deles (da assembleia) a o Senhor, e [nisso] jejuando, [lhes] disse o Espírito, o Santo: "Separai-Me, em verdade, tanto a Barnabé como a Saulo, para a obra para a qual os tenho chamado." 3Então, havendo eles (da assembleia) jejuado e havendo orado, e havendo posto as mãos sobre eles (Barnabé e Saulo) [os] despediram. 4Portanto, em verdade, estes (Barnabé e Saulo) havendo sido enviados sob o Espírito (o Santo) desceram à Seleucia; e, dali, zarparam- velejaram para dentro de Chipre.

- a instituição de treinamento e discipulado do Senhor;

- o corpo do Senhor 1Co 12:27 *Vós*, porém, (coletivamente) sois [o] corpo de [o] Cristo, e, em particular- individualmente, [sois] membros provenientes- de- dentro- d[isso] (o corpo de o Cristo).

- a casa de Deus e a coluna e a fundação da verdade 1Tm 3:15 Caso, porém, eu tarde, (então) que tu tenhas sabido como te ① é necessário em uma casa- família de Deus proceder, a qual (casa- família) é uma assembleia de o Deus o Qual está vivendo, o Qual (Deus) é a coluna- sustentadora e solo- sustentador da verdade. ① KJB.

- Contribuir (mesmo por omissão) para tornar a igreja enfraquecida, dividida ou impura é um grande pecado 1Co 3:17 (acima).

5) mantermos os olhos no Senhor e não nos homens 1Co 3:21-23 21Portanto, ninguém se vanglorie n[os] homens; porque todas as coisas são vossas: 22Quer Paulo, ou Apolo, ou Cefas, ou [o] mundo, ou [a] vida, ou [a] morte, ou [as] coisas tendo- estado- presentes, ou [as] coisas estando vindo; tudo, vosso é; 23E *vós*, de [o] Cristo; e [o] Cristo, de Deus.

5.4. [Mera possibilidade:] Que Estaremos Fazendo No Céu, Já Com Corpos Glorificados?
(depois do Arrebatamento, do Bema, e antes de voltarmos 7 anos depois, juntamente com o Rei)

Deus não quis nos dar detalhes, e 1Co 2:9 ("As coisas que o olho não viu, e o ouvido não ouviu, e para dentro d[o] coração d[o] homem não subiram, [são] as que preparou Deus para aqueles [que] O [estão] amando.") pode implicar que o que estaremos fazendo no céu será infinitamente melhor do que podemos imaginar.
Mas algumas possibilidades são:
- poderemos estar prestando muito louvores e adoração ao redor do trono de Deus Ap 3,4;
- oferecendo muitos salmos, hinos e cânticos espirituais Ap 5:9; 14:3; 15:3;
- uma vez que todos já somos sacerdotes de Deus Hb 13:15, 1Pd 2:5, poderemos estar intercedendo por salvações na terra (durante a 70ª Semana de Daniel e no Milênio) e por proteção ou conforto aos perseguidos (na 70ª Semana de Daniel);
- Ap 22:3 diz "os escravos dEle prestarão culto a Ele", deveremos estar para sempre ocupados neste incessante e inefável gozo de cultuar (louvar e servir) a Deus;
- poderemos também estar aprendendo de Deus;
- antes do Milênio e na eternidade, poderemos estar sendo treinados para o nossos trabalhos e funções então;
etc., etc., etc. Detalhes em
https://br.groups.yahoo.com/neo/groups/solascripturatt/conversations/messages/11550 ou
http://solascriptura-tt.org/EclesiologiaEBatistas/Que_EstaremosFazendo_No_Ceu_Durante_70a_Semana_Daniel-Helio.htm

5.5. [Mera possibilidade:] Quanto Da População Mundial Será Arrebatada?

Deus não quis nos dar detalhes, o que se segue é somente uma possibilidade.

A população do mundo, em 2011, é de cerca de 7 bilhões de pessoas.
Obviamente, a salvação bíblica só pode ser encontrada dentro dos cerca de 2300 milhões (33% da humanidade) que formam o que o mundo chama, frouxamente, de Cristandade (batistas (inicial minúscula, um adjetivo referente à doutrina, independente de nome de nomes de suas igrejas locais), Protestantes (os Reformados e os Anglicanos- Episcopais), Pentecostais, Neo- Pentecostais, Adventistas do 7º Dia, Católicos Romanos, Católicos Greco- Orientais, Mórmons, Testemunhas de Jeová, etc.).
Falando mais especificamente, a Bíblia estreita a salvação para um subconjunto dentro dos que ferrenhamente defendem (e consistentemente praticam) os princípios dos "5 Somentes" (

- **Somente** as **ESCRITURAS**!
- Salvação **somente** pela **GRAÇA!**
- Graça através **somente** da **FÉ** bíblica, não por obras!
- Fé **somente** no **CRISTO** da Bíblia como o Deus Altíssimo, único Salvador e Senhor.
- E toda a **glória somente a**o Triúno **DEUS** da Bíblia!).

Portanto, a salvação bíblica só pode ser encontrada em um subconjunto dentro dos 500 milhões (7,1% da humanidade) que se consideram batistas, ou Reformados- Protestantes, ou Pentecostais- Neo-Pentecostais (os batistas são cerca de 100 milhões, os Reformados- Protestantes cerca de 200 milhões, e os Pentecostais- Neo-Pentecostais cerca de 200 milhões).

Somente para efeitos de cálculo da ordem de grandeza, adiantaremos nossa estimativa pessoal, que é subjetiva, não pode ser provada pela Bíblia, reconhecemos que pode estar muito errada e que pode ser contestada à vontade: **Assumiremos que**, das frações não infiltradas ou menos infiltradas pelas menores heresias e apostasias entre as igrejas batistas e reformadas (crentes batistas e reformados que olham para a eternidade pela lente da certeza de que em um certo dia, já na idade da razão, nasceram de novo, pela fé, de modo que a salvação deles está garantida e preservada por Deus, sem eles precisarem ficar com medo e lutando para perseverar) e entre as igrejas pentecostais ainda com alguma sombra do evangelho pela graça e não pelas obras arminianas (idem), **cerca de 70 milhões de pessoas (1% da população mundial)** realmente creem biblicamente no Jesus realmente da Bíblia e, portanto, são realmente salvas, por isso **serão arrebatadas**.

Você pode achar que o número dos arrebatados é 10 vezes maior (700 milhões) ou que é 10 vezes menor que isso (7 milhões), e eu não vou brigar pela minha estimativa, ao final poderei descobrir que você se aproximou mais do número correto do que eu.

6. →› DIAS [Arrebatamento+1 até Aliança-1]:
Perplexidade E Caos; 144.000 Varões Judeus Virgens, São Convertidos e começam a pregar através de todo o mundo

Este é um intervalo de tempo de transição que haverá entre o Arrebatamento e o (real) início da 70-SD (início que ocorrerá no dia da aliança do Anticristo).

(Que há este período de transição (entre o Arrebatamento e o início da 70-SD) não é 100% certo, não está explicitado na Bíblia, mas é muito provável, pois é difícil imaginarmos que, 1 segundo depois do Arrebatamento, o Anticristo já terá sido manifestado e tomado o poder, e assine a aliança! E sempre houve pequena transição entre uma dispensação e seu juízo. Por exemplo:
- Entre Adão pecar e ser julgado, houve um certo tempo (segundos? minutos? horas?) em que ele, angustiado, reconheceu a medonhês de seu ato, viu que estava nu, sentiu vergonha - remorso - dor - arrependimento, tentou cobrir-se com roupas que fez de folhas da figueira, tentou se esconder de Deus, tentou tirar a culpa de cima de si e jogar sobre outra pessoa ou mesmo sobre Deus. Este tempo não mais era da Dispensação da Inocência, mas ainda não era o tempo do julgamento por Deus do fracasso do homem, menos ainda já era o tempo da Dispensação da Consciência.
- Também entre a Dispensação da Consciência e a do Governo Humano houve uma transição de 370 dias em que Noé esteve na arca, durante o dilúvio mundial.
- Reflita sobre outros tempos de transição (transição correspondente ao julgamento do fracasso do homem) entre cada par de dispensações consecutivas, e reflita também sobre intervalo de tempo entre o fim de uma dispensação e o início do julgamento.

Reflita bem: Que perplexidade, terror, revolta, tremenda confusão, **caos sem precedentes** (em intensidade e em amplitude) sobre toda a terra, depois e em consequência do Arrebatamento!!!
)

6.1. Eventos Entre O Arrebatamento E A Aliança De 7 Anos Com Muitas Nações
a) Muitos (falsos cristos) VIRÃO NO NOME DO CRISTO Mt 24:5
   "Porque muitos virão em meu nome, dizendo: Eu sou o Cristo; e enganarão a muitos." (Mt 24:5 ACF)

b) **TODOS** os não arrebatados, mas que antes haviam ouvido e **entendido algo do** *verdadeiro* evangelho do *verdadeiro* Cristo da Bíblia (sem realmente crerem nem receberem o que entenderam, sem real e biblicamente crerem e receberem o Cristo da

Bíblia, antes rejeitando-O ou postergando-O [dizendo "sim, mas num outro dia"] ou apenas fingindo crer), **fatal e definitivamente crerão em O Anticristo e o receberão como se fosse o verdadeiro Cristo!** 2Ts 2:9-12. Não haverá como os tais escaparem, não terão escapatória depois do Arrebatamento. Para todo o sempre, eles não terão nenhuma possibilidade de entender, se arrepender e crer no Verdadeiro!

"9 A esse cuja vinda é segundo a eficácia de Satanás, com todo o poder, e sinais e prodígios de mentira, 10 E com todo o engano da injustiça para os que perecem, porque não receberam o amor da verdade para se salvarem. 11 E por isso DEUS LHES ENVIARÁ A OPERAÇÃO DO ERRO, PARA QUE CREIAM A MENTIRA; 12 Para que sejam julgados todos os que não creram a verdade, antes tiveram prazer na iniquidade." (2Ts 2:9-12 ACF)

Sobre o parágrafo acima, deixem-nos repetir, para esclarecimento de uma dúvida que muitos têm ao nos ouvir:
Não estamos dizendo que absolutamente ninguém poderá ser salvo na 70-SD (além dos 144.000). Somente dissemos que quem, nesta atual dispensação, a das igrejas locais, ouviu (de um amigo crente evangelizando pessoalmente, ou de um pregador ao ar livre ou numa igreja) o evangelho *bíblico*, e o *entendeu* claramente, mas, por carnalidade e amor a alguma pessoa ou coisa ou pecado, de caso pensado cuspiu no chamado de Deus e de caso pensado o *rejeitou* ou de caso pensado disse "noutra ocasião, talvez", este, depois do Arrebatamento dos salvos, será inevitável e definitivamente fascinado pelo anticristo e jamais terá nenhuma chance de ser salvo. Isto fica claro em 2Ts 2:9-12, leiamos e dobremo-nos a esta Escritura **"DEUS LHES ENVIARÁ A OPERAÇÃO DO ERRO, PARA QUE CREIAM A MENTIRA"**.

Mas, com júbilo de gratidão, reconhecemos que incontáveis milhões de pessoas que, antes do Arrebatamento, nunca foram instruídos e instados sobre o Cristo *verdadeiro* (o da Bíblia) e do evangelho realmente *bíblico*, de uma tal maneira que compreendessem, esses poderão ser salvos, se realmente creram de todo coração e alma e espírito e entendimento, e fazemos a observação de que, na 70-SD, terão que evidenciar que creram verdadeiramente no Cristo verdadeiro da Bíblia verdadeira, e terão que evidenciar isso por perseverarem até o fim, preferindo sofrer indizíveis torturas e serem mortos e verem todos seus filhos sofrerem o mesmo, a aceitarem pôr a marca ou número ou nome de O Anticristo *sobre* a pele de suas testa ou mão direita. É assim que serão salvos muitos milhares de índios e esquimós e aborígenes hoje não alcançados, muitos milhões de muçulmanos e hindus hoje não alcançados, muitos milhões de comunistas sem evangelho, e até mesmo alguns brasileiros (ricos ou pobres) pelas mais desprezadas favelas e longínquos sertões e inacessíveis mansões, etc. Brasileiros que nunca ouviram o *verdadeiro* Evangelho do *verdadeiro* Cristo lhes ser pregado de modo que pudessem entender.

c) 144.000 judeus virgens e irrepreensíveis são convertidos por Deus, e (mesmo que só mencionados bem depois em Ap 7; e mesmo ainda não selados, o que só ocorrerá entre os dias [1260 e 2369], ver prova no nosso capítulo 15) **começam a pregar o Evangelho do Reinar através de todo o mundo.** Ap 7:4-8; 14:1-5.

"4 E ouvi o número dos assinalados, e eram cento e quarenta e quatro mil assinalados, de todas as tribos dos <u>filhos de ISRAEL</u>. ...." (Ap 7:1,4-8 ACF)

"1 E olhei, e eis que estava o Cordeiro sobre o monte Sião, e com ele cento e quarenta e quatro mil, que em suas testas tinham escrito o nome de seu Pai. ...4 Estes são os que NÃO ESTÃO CONTAMINADOS COM MULHERES; porque são VIRGENS. Estes são os que seguem o Cordeiro para onde quer que vá ... 5 E na sua boca não se achou engano; porque são irrepreensíveis diante do trono de Deus." (Ap 14:1-5 ACF)

Praticamente todos os livros e artigos sobre Escatologia que li em minha vida colocam a salvação e começo do corajosíssimo e poderosíssimo ministério dos 144.000 já dentro da

70-SD. Muitos pensam que as 2 testemunhas operam do dia 1 ao 1260 (depois mostraremos que estão errados: operam do dia 1260 ao 2520, porque Cristo volta à terra logo depois deles serem mortos e ressuscitados) e pensam que os 144.000 foram salvos por intermédio da pregação das 2 testemunhas (mas não há prova nenhuma disso) e operam a partir do dia 1260 até ao 2520, o argumento sendo que tais 144.000 aparecem entre as aberturas do 6º e o 7º selo, mas tal argumento não tem peso, pois esquece que todo capítulo de Ap 7 é um dos 7 **parênteses** do livro, os quais são independentes da ordem sequencial vizinha e ninguém sabe determinar o exato tempo de nenhum desses parênteses. Reveja Cap. 2.1.

Até rigorosa prova em contrário, eu me inclino à posição de que tais 144.000 judeus virgens têm que ter sido convertidos **antes** do dia 1 da 70-SD (o dia da assinatura da aliança), senão aceitariam O Anticristo, como todos os demais israelitas (Jo 5:43 + Ap 13:1-4 + 2Ts 2:9-11).

Jo 5:43 Eu vim em nome de meu Pai, e não me aceitais; se outro vier em seu próprio nome, a esse aceitareis. ACF2007

Ap 13:1-4 ...3 E vi uma das suas cabeças como ferida de morte, e a sua chaga mortal foi curada; e toda a terra se maravilhou após a besta. 4 E adoraram o dragão que deu à besta o seu poder; e adoraram a besta, dizendo: Quem [é] semelhante à besta? Quem poderá batalhar contra ela? ACF2007

2Ts 2:9-11 9 A [esse] cuja vinda é segundo a eficácia de Satanás, com todo o poder, e sinais e prodígios de mentira, 10 E com todo o engano da injustiça para os que perecem, porque não receberam o amor da verdade para se salvarem. 11 E por isso Deus lhes enviará a operação do erro, para que creiam a mentira; ACF2007

6.2. Fatos Sobre Os 144.000
- Nenhuma mentira ou falsidade será encontrada em suas bocas Ap 14:5;
- São chamados de "escravos", de "Seus escravos, os profetas", e de "varões- escravos de Deus" Ap 6:11;7:3;10:7;19:2;
- Somente depois deles serem selados sobre suas as testas é que os quatro anjos serão autorizados a ferir a terra Ap 7:3;
- Serão apresentados a Deus como as primícias da Grande Tribulação Ap 14:4 (pergunto: "primícias" apenas significa que outros serão salvos? ou que outros serão salvos e também selados, depois deles?)
- Serão virgens Ap 14:4;
- Estarão seguindo Jesus aonde quer que Ele vá Ap 14:1,4 (pergunto: seguindo durante todo o Milênio? Durante toda a eternidade?);
- Serão contados, ao contrário da multidão incontável (que terá sido salva através da pregação deles e das 2 Testemunhas), multidão incontável salva durante a 70-SD e que dela conseguirá sair ainda viva Ap 7:5-8,9,14;
- Terão um cântico (de louvor ao Cordeiro) exclusivo deles e que ninguém mais conseguirá aprender Ap 14:1,3;
- Durante toda a 70-SD + Milênio + eternidade serão vistos os nomes do Pai e do Filho escritos sobre suas testas Ap 14:1; 22:3,4 (pergunto: por toda eternidade, nós, os outros salvos, também teremos o nome do Filho escrito sobre nossas testas?);
- Os 144.000 serão judeus literais, descendentes biológicos de Abraão.

6.3. Por Que A Tribo De Dã Não Foi Escolhida Para Os 144.000?
Ap 7:5-8
5) Da tribo de Judá, havia doze mil selados; ... 6) ... **da tribo de MANASSÉS, doze mil selados**; ... 8) ... ; **da tribo**

de JOSÉ, doze mil selados; ...
V.4 diz que os 144.000 são de todas as tribos dos filhos de Israel. Depois, uma lista atribui 12.000 a cada uma das 12 tribos de Israel (inclusive Levi e Manassés ⁽ᶠⁱˡʰᵒ ᵈᵉ ᴶᵒˢᵉ́⁾), exceto Dã, e, atenção, exclui o nome de Efraim ⁽ᵒ ²º ᵈᵒˢ ² ᶠⁱˡʰᵒˢ ᵈᵉ ᴶᵒˢᵉ́, ᵐᵃˢ ᑫᵘᵉ ʳᵉᶜᵉᵇᵉᵘ ᵖʳⁱᵐᵃᶻⁱᵃ ⁿᵃ ᵖʳᵒᶠᵉᶜⁱᵃ ᵈᵒ ᵃᵛᵒ̂ ᴵˢʳᵃᵉˡ⁾ para, em seu lugar, surpreendentemente incluir o nome de seu pai José, que não era contado como tribo nem tinha território com esse nome, uma vez que seus 2 filhos tinham virado tribos e recebido territórios com seus nomes.
Como precedente da exclusão da tribo de Dã da lista ⁽ᵃ ʰᵒⁿʳᵃ ᵈᵉ ᵖʳᵉᵍᵃʳ ᵒ ᴱᵛᵃⁿᵍᵉˡʰᵒ ᶜᵒᵐ ᵗᵒᵈᵒ ᵖᵒᵈᵉʳ ᵉ ᶜᵒʳᵃᵍᵉᵐ, ᵃᵗᵉ́ ᵒ ᵐᵃʳᵗⁱ́ʳⁱᵒ⁾ de Ap 7:5-8, ela também foi deixada fora das genealogias de 1Crônicas capítulos 1-9 ! É possível que ambas exclusões decorreram do fato que ela sempre se excedeu cada vez mais na mais grosseira idolatria, decaindo ao ponto de tomar ídolos pela espada, para os adorar Jz 18:14-31 ! Dela foi a 1ª, a mais grosseira, a mais contaminante, a mais duradora idolatria organizada, que continuou "até o dia do cativeiro da terra" Jz 18:30 sob os Assírios, em 722 a.C., quase 500 anos depois de Jz 18. A tradição diz que Dã foi a 1ª tribo a seguir Jeroboão em idolatria.
Mas haverá muitos salvos de Dã que entrarão no Milênio e na eternidade futura! Ez 48:1; Rm 11:26.

6.4. Por Que A Tribo De Efraim Participará Com 12.000 Dos 144.000, Sendo Contada Sob O Nome "José"?

José teve 2 filhos homens, Manassés (o primogênito natural) e Efraim Gn 48:1. Jacó, pai de José, pouco antes de morrer abençoou e profetizou sobre Manassés e Efraim, e, conscientemente, colocou Efraim em posição superior a Manassés. Ademais, Jacó deu a esses seus 2 netos status de filhos quanto herança de terras Gn 48:5. Assim, depois, na partilha da terra prometida, a "casa de José" teve porção dobrada em relação às outras tribos, pois teve o privilégio de receber 2 das 12 partições ⁽"ᶜᵃˢᵃ ᵈᵉ ᴶᵒˢᵉ́" ᵒᵘ "ᶠᵃᵐⁱ́ˡⁱᵃ ᵈᵉ ᴶᵒˢᵉ́" ˢᵃ̃ᵒ terminologias mais usadas e preferidas sobre "tribo de José", pois foram formadas 2 tribos, em 2 territórios, cada com o nome de um seu filho, não o de José.).

Ora, uma vez que Manassés ⁽ᵉˣᵖˡⁱᶜⁱᵗᵃᵐᵉⁿᵗᵉ ᵐᵉⁿᶜⁱᵒⁿᵃᵈᵃ⁾ é uma das 2 tribos descendentes de José, então "a tribo de José" mencionada em Ap 7:5-8 como totalmente distinta e disjunta da de Manassés ⁽ᵉˣᵖˡⁱᶜⁱᵗᵃᵐᵉⁿᵗᵉ ᵐᵉⁿᶜⁱᵒⁿᵃᵈᵃ⁾, acredito que *TEM* que se se referir somente e totalmente à tribo de Efraim. Para mim, basta Ap 7:5-8 para me ensinar que Efraim, sendo a principal tribo da casa de José, às vezes é chamada pelo nome de "José". Não preciso de nenhuma outra explicação nem outro texto da Bíblia, este me basta. Mas deixe-me tentar tornar mais claro porque minha mente foi assim convencida

Reexplicação 1: Quando Deus fez escrever "a tribo de José", parece forçoso que significa apenas a principal (Efraim) das 2 tribos descendentes de José, pois, se assim não for, temos somente 2 alternativas, e ambas levam a contradições: se "José" no v. 8 apenas significa José, e isto, por herança, engloba seus 2 filhos equitativamente, então Manassés tem 12.000 judeus selados, em v. 6, mais 6.000 decorrentes do v. 8, totalizando 18.000 selados, e Efraim tem apenas os 6.000 decorrentes do v. 8, e isso é absurda, inexplicável desigualdade que não combina com o contexto; complementarmente, se "José" no v. 8 apenas significa José, e isto não se transfere por herança a nenhuma das tribos de seus filhos, então José tem 12.000 selados que não provêm de nenhum de seus filhos (isso não faz nenhum sentido), e Manassés tem 12.000 decorrentes do v.6, e Efraim tem 0 selados, tudo isso sendo muito absurdo.

Reexplicação 2: Bem, como vimos em http://solascriptura-tt.org/Ide/QueEhInterpretacaoLiteralGramaticalAutoridadeSoAasEscrituras-Helio.htm e semelhantes, quando uma interpretação literal de uma palavra, e que é a 1ª interpretação da lista de um dicionário comum [não teológico, que pode ser tendencioso], não tem a menor das menores possibilidades de ser adotada, porque chocantemente viola sem o menor remédio uma verdade indisputada, firmissimamente estabelecida pelo contexto imediato, ou por dezenas de versos claros e explícitos da Bíblia, ou pelo indisputado bom senso, então, muitas vezes, guiados pelo Espírito Santo, podemos encontrar solução na 2ª ou 3ª interpretação da lista do dicionário comum [não teológico, que pode ser tendencioso], ou no uso de figura de linguagem [muito diferente de louca alegoria sem nenhuma justificativa bíblica concreta], uma figura que seja legítima gramaticalmente, e tal figura de linguagem é usualmente explicada pela própria Bíblia.

Por exemplo, em "**Eu sou a porta**" (Jo 10:7), "**porta**" deve ser tomada como "1. abertura na parede de tijolos, servindo para entrada ou saída de um recinto, ou esquadria de madeira ou ferro que a fecha?" Não. Ou deve ser tomado como "2. Uma pessoa, meio ou processo para se conseguir algum tipo de prêmio, livramento ou vitória?" Sim.

Sob esse prisma de figuras de linguagem, analisemos Ap 7:5-8. Se tomarmos "José" como uma tribo literalmente, temos vários problemas: 1) Na lista de Ap 7:5-8, cada tribo é *disjunta* de todas as outras, isto é, se um Abner for da tribo de Benjamim, não será contado em nenhuma outra tribo. Mas se um Maquir, contado como da tribo de Manassés, também for contado na tribo de José, pai deste, isto gerará gravíssimo problema. Isto é, se interpretarmos José como uma tribo que abrange todos os descendentes dele, isto gerará uma grave confusão; e se interpretarmos José como uma tribo que abrange somente os seus descendentes através de Manassés, isto também gerará uma grave confusão. Somente não haverá problema se interpretarmos José como uma tribo que abrange somente os seus descendentes através de Efraim.

Esta última interpretação harmoniza-se perfeitamente com uma figura de linguagem chamada de "*totum pro parte*", aparentada com sinédoque (ver http://solascriptura-tt.org/Ide/Hermeneutica-Souza-Santana.htm), mas é especializada para se usar o nome de um todo abrangente para significar somente uma sua parte.

Um exemplo: "todos os mortais gostam de um bom poema", onde "mortais", em geral incluindo plantas e animais, aqui se entende que significa apenas seres humanos.

Outro exemplo: "América e Brasil são amigos", onde "América, em geral abrangendo todos os países das 3 Américas (inclusive Brasil), aqui se entende que significa apenas o país "Estados Unidos da América".

Portanto, como único modo de se evitar os gravíssimos problemas descritos, a figura de linguagem chamada de "*totum pro parte*" nos permite tomar o *totum* "José" como se referindo à *parte* "Efraim".

Em conclusão, a única solução que vejo para sermos tão literais quando possível, mas evitarmos os problemas acima analisados, é considerar que, em Ap 7:8, a palavra "José" (o universo total) aqui significa apenas a principal das 2 tribos que dele saíram: Efraim. Se alguém tiver uma melhor solução o máximo possível "literalmente-literalista" (onde judeu significa descendente biológico de Israel, 12.000 significa 12 mil, virgem significa virgem, etc.) que resolva todos os problemas acima, por favor ma envie, muito bem explicada.

6.5. Os 144.000 Pregarão A Boa-Nova Do Reinar, Ou A Boa-Nova Da Graça?

A **Boa-Nova** [a Boa-Nova] **do Reinar** é diferente da Boa Nova da Graça da "Dispensação das Igrejas Locais", no fato que a Boa Nova do Reinar anuncia, basicamente: "*O REI [não é dito Salvador] está voltando, para destruir Seus inimigos e reinar. Ó descrente, arrepende-te e crê, senão perecerás.*

E tu, que já creste, pela tua fé verdadeira viverás, as obras não salvam, mas deves e irás <u>PERSEVERAR com toda paciência,</u> depois exultarás, quer tenhas sido morto ou não, pois Ele reinará sobre a terra, e com e para Ele também reinarás sobre a terra."

Até a 69ª Semana de Daniel (terminada do domingo antes da crucificação), foi a mensagem mais pregada por João (o submersor) e por Jesus (embora Ele e Seus discípulos também pregassem a Boa-Nova da Graça!), e será a única mensagem pregada na 70-SD.

A **Boa-Nova da Graça** basicamente diz: "*O <u>SALVADOR</u> [não é dito Rei] está à porta e quer te salvar. Pela graça sois salvos, por meio da fé, e isto não vem de vós, é dom de Deus. Não vem das obras, para que ninguém se glorie.*
Ó descrente, crê e serás salvo.
Ó crente, exulta na tua salvação, no teu Salvador, e que é <u>ELE</u> quem garante que infalivelmente <u>TE PRESERVARÁ</u> salvo [em Jo 10:28-30 e outras muitas dezenas de versos Deus ensina que a nossa salvação é impossível de ser perdida e desfeita].") Na dispensação só das igrejas locais (entre a cruz e o Arrebatamento) a Boa-Nova da Graça é a única mensagem a ser pregada.)

7. →» DIA [1] da 70-SD: É Firmada Aliança De 7 Anos, De O Anticristo Com Muitos, O Que Permite O Início Da Reconstrução Do Templo, Para Sacrifícios

(este será o 3º Templo na História de Israel)

7.0. A Aliança Que Marca O Minuto Zero, Inicial, Da 70-SD

O Anticristo firma uma aliança de 7 anos com muitos [por que tantos pensam que a aliança é [só] com Israel?... Talvez nem seja assinada por Israel.] (dia 1 da 70-SD), de modo que **o início da reconstrução do Templo de Jerusalém é *permitido*, para que Israel possa voltar a fazer diários sacrifícios e oblações** (este será o 3º Templo na História de Israel) Dn 9:27.a

"24 Setenta semanas estão determinadas sobre o teu povo, e sobre a tua santa cidade, para cessar a transgressão, e para dar fim aos pecados, e para expiar a iniquidade, e trazer a justiça eterna, e selar a visão e a profecia, e para ungir o Mais Santo de todos. 25 Sabe e entende: desde a saída da ordem para restaurar, e para edificar a Jerusalém, até ao Messias, o Príncipe, haverá sete semanas, e sessenta e duas semanas; as ruas e o muro se reedificarão, mas em tempos angustiosos. 26 E depois das sessenta e duas semanas será cortado o Messias, mas não para si mesmo; e o povo do príncipe {O Anticristo}, que há de vir, destruirá a cidade e o santuário, e o seu fim será com uma inundação; e até ao fim haverá guerra; estão determinadas as assolações. 27 E ele {O Anticristo} firmará ALIANÇA com MUITOS por UMA SEMANA; e na metade da semana fará cessar o sacrifício e a oblação; e sobre a asa das abominações virá o assolador, e isso até à consumação; e o que está determinado será derramado sobre o assolador." (Dn 9:24-27 ACF)

O 3º Templo é referido em Dn 8:11-12; 9:27; 11:31; 12:11; Mt 24:15; 2Ts 2:4-5.

Mas o átrio, que está fora do 3º Templo, é dado aos gentios. Ap 11:1-2

"1 ¶ E foi-me dada uma cana semelhante a uma vara; e chegou o anjo, e disse: Levanta-te, e mede o templo de Deus, e o altar, e os que nele adoram. 2 E DEIXA O ÁTRIO QUE ESTÁ FORA DO TEMPLO, E NÃO O MEÇAS; PORQUE FOI DADO ÀS NAÇÕES {*}, e pisarão a cidade santa por quarenta e dois meses {**}." (Ap 11:1-2 ACF) {* O átrio exterior era o enorme pátio externo ao Templo 2Cr 7:7, a que tinham acesso todos os israelitas, só eles. Durante os 3,5 anos = 42 meses da 1ª metade da 70-SD estarão os muçulmanos e a mesquita Al-Aqsa no átrio exterior?} {** Durante mais 3,5 anos = 42 meses da 2ª metade da 70-SD estará o Anticristo pisoteando Jerusalém e todo o complexo do 3º Templo?}

Começa o período da 1ª metade da 70ª Semana de Daniel, estendendo-se aos dias [1 a 1259], com duração de 3,5 anos = 42 meses = **1260 dias caracterizados por falsas paz, segurança, união, e prosperidade:**

Israel de bom grado cederá todas as suas armas e defesas a O Anticristo, pois a Rússia a verá totalmente indefesa Ez 38:11 "E dirás: Subirei contra a terra das aldeias não muradas; virei contra os que estão em repouso, que habitam seguros; todos eles habitam sem muro, e não têm ferrolhos nem portas; (LTT)"

Muito provavelmente, todas as nações descendentes do Império Romano (na Europa, Oriente Médio, Américas, etc.) também entregarão todas as suas armas a O Anticristo, darão todas as suas forças armadas a ele, e haverá uma aparente e enganadora "paz perfeita" sobre todo o mundo, com promessa- expectativa de "prosperidade perfeita" 1Ts 5:3;

"Pois que, **quando disserem: Há paz e segurança, então lhes sobrevirá repentina destruição**, como as dores de parto àquela que está grávida, e de modo nenhum escaparão." (1Ts 5:3 ACF)

A falsa religião que dará sustentação a O Anticristo será tão sutil e enganadora que terá total poder de completamente enganar a todos, até mesmo os crentes, e só não enganará a estes porque Deus impedirá. Haverá falsos cristos e falsos profetas; enormes, maravilhosos, espantosos, inescapavelmente fascinantes e enganadores milagres + sinais + prodígios (particularmente por mão de O Anticristo) Mt 24:24;

"Porque **surgirão falsos cristos e falsos profetas**, e FARÃO TÃO GRANDES SINAIS E PRODÍGIOS QUE, SE POSSÍVEL FORA, ENGANARIAM ATÉ OS ESCOLHIDOS." (Mt 24:24 ACF)

(Hoje e sempre não podemos confiar nem mesmo em nossos próprios olhos e ouvidos! Os mais sinceros e fortes sentimentos de nossos corações poderão nos enganar! Só podemos confiar na Palavra de Deus, somente ela e Ele são infalíveis. Estejamos sempre vigilantes e testemos *tudo*! Testemos pela *Bíblia*.)

Israel aceitará O Anticristo como se este fosse seu verdadeiro, prometido e esperado Messias Jo 5:43;

"Eu vim em nome de meu Pai, e não me aceitais; SE OUTRO VIER EM SEU PRÓPRIO NOME, A ESSE ACEITAREIS." (João 5:43 ACF)

A partir de Dn cap.7 e Ap 13:1-2, vemos que O Anticristo será o supremo ditador sobre todos os países *descendentes* daqueles absorvidos dentro do antigo Império Romano (seu símbolo é a cruel águia) (quer na Europa, nas 3 Américas, no Continente Australiano, ou nas costas da África e da Ásia Oriental). Muitos escritores também pensam que o Anticristo também será o ditador sobre outros países que hoje são considerados da "cristandade", mas foram parte dos antigos impérios babilônico (terrível em guerra, leão), medo-persa (lento - e- devastador, urso) e greco-macedônico (rápido- e- feroz, bronze);

"... 23 Disse assim: O quarto animal será o quarto reino na terra, o qual será diferente de todos os reinos; e **devorará toda a terra, e a pisará aos pés, e a fará em pedaços**. ..." (Dn 7:23 ACF)

"1 ¶ E eu pus-me sobre a areia do mar, e vi subir do mar uma besta que tinha sete cabeças e dez chifres, e sobre os seus chifres dez diademas, e sobre as suas cabeças um nome de blasfêmia. 2 E a besta que vi era semelhante ao leopardo, e os seus pés como os de urso, e a sua boca como a de leão; **e o dragão deu-lhe o seu poder, e o seu trono, e grande poderio**." (Ap 13:1-2 ACF)

Em todos esses países acima, somente será permitida uma única religião organizada, dominando e montada sobre (e carregada por) o poder político- econômico- militar da 1ª besta, O Anticristo, o qual, inicialmente, servirá à religião organizada (ver Babilônia Religiosa, seções 7.2. (dia 1); 16.7); Apocalipse 17:1-6

"... 3 E levou-me em espírito a um deserto, e **vi uma mulher assentada sobre uma besta de cor de escarlata**, que estava cheia de nomes de blasfêmia, e tinha sete cabeças e dez chifres. ...." (Ap 17:1-6 ACF)

Todos os homens e mulheres que, na atual dispensação das igrejas locais, ouviram o verdadeiro evangelho e o entenderam, mas não o creram, ao contrário, recusaram o Cristo, inescapavelmente receberão e estarão para sempre com O Anticristo, após o Arrebatamento! 2Ts 2:9-12 (ver seção 6.1., acima). Não mais poderão entender e crer e ser salvos, não mais poderão escapar do Lago de Fogo!

7.1. Resumo Sobre O Anticristo (a 1ª Besta) (se quiser, salte isto, depois será detalhado)

O **Anticristo** (= **1ª besta**) é um _homem_, literalmente (tanto assim que é lançado vivo no Lago de Fogo). Um homem que intentará imitar e tomar o lugar do Cristo, será entronizado como o mais absoluto ditador sobre todos os unificados países descendentes do Império Romano (na Europa, nas 3 Américas, Austrália-Oceania e alguns países costeiros na África e Ásia Oriental), e intentará matar todos os crentes e totalmente destruir Israel e Deus. De início é um líder político- militar cuja _nacionalidade_ pode ser vista, simultaneamente, como sendo:

(a) nacionalidade de _gentio_ descendente (mesmo que indiretamente) de algum país ao redor do Mar Mediterrâneo Ap 13:1, ou seja, nacionalidade de _romano_ ou de _país descendente do Império Romano_ (na Europa, nas 3 Américas, Austrália-Oceania e alguns países costeiros na África e Ásia Oriental) Dn 9:26-27;

"E eu pus-me sobre a areia do mar, **e vi subir do MAR {*} uma besta** que tinha sete cabeças e dez chifres, e sobre os seus chifres dez diademas, e sobre as suas cabeças um nome de blasfêmia." (Ap 13:1 ACF) _{* "Mar" é associado com gentios, tal como "terra" é associada com Israel. "Mar" também dá a ideia de ser filho direto (ou descendente indireto) de um país ao redor do Mar Mediterrâneo, que pertenceu ao Império Romano}_

"E depois das sessenta e duas semanas será cortado o Messias, mas não para si mesmo; e o **povo do príncipe, que há de vir {*}, destruirá a cidade e o santuário**, e o seu fim será com uma inundação; e até ao fim haverá guerra; estão determinadas as assolações." (Dn 9:26 ACF) _{* Jerusalém e o 2º Templo foram destruídas por um exército de Roma, formado por soldados de países por ela dominados e sob o comando do romano general Tito, no ano 70 dC. O povo desse exército é o mesmo povo de O Anticristo que há de vir. Portanto, este, de certo modo, pode ser considerado descendente de Roma, como Tito, ou descendente de algum dos países do Império Romano, como os soldados (isto inclui as Américas, o Oriente Médio, etc.)}_

e

(b) nacionalidade de _israelita_ Dn 11:37; Jo 5:43 (alguns pensam que da tribo de Dã, motivo para ela não ser mencionada quanto aos 144.000; achamos mais plausível que da tribo de Judá, de onde a profecia diz que viria o Messias, isso facilitaria o falso messias enganar a todos; mas talvez os israelitas de hoje considerem irrelevante essa questão de tribo, pois poucos podem garantir que são de uma tribo definida).

"E ele **não terá respeito ao Deus de seus pais {*}**, nem terá respeito ao amor das mulheres, **nem a deus algum**, porque sobre tudo se engrandecerá." (Dn 11:37 ACF) _{* Embora isto possa indicar que O Anticristo vem de genitores considerados da "CRISTANDADE", mas ele não respeitará o Deus triúno dos seus pais (em particular o Cristo, nosso Senhor e Deus), com mais força Dn 11:37 parece indicar que, de algum modo, O Anticristo vem de genitores israelitas mas não respeitará o Deus de seus pais, Jeová. (Mas Jeová e Jesus são um só, ver http://solascriptura-tt.org/Cristologia/JesusEhJeova-GKoukl.htm)}_

"Eu **vim em nome de meu Pai, e não me aceitais; se outro vier em seu próprio nome, a esse aceitareis**." (João 5:43 ACF) _{* Uma vez que os judeus aceitarão O Anticristo como se fosse o Messias, isto parece indicar que, de alguma forma, O Anticristo poderá ser considerado judeu, isto é, um israelita da tribo de Judá}_

Nomes para o Anticristo, na Bíblia:
- O _pequeno chifre_ Dn 7:8; 8:9. Ainda é futuro, somente virá na 70-SD Mt 24:15-29; Dn 8:11; 9:27; 11:31;12:1;
- O _príncipe que virá_ Dn 9:26-27. Surgirá do antigo império (o romano) que destruiu Jerusalém em 70 d.C.;
- A _abominação da desolação_ Mt 24:15; Dn 11:31; 12:11, referindo-se à colocação da sua

imagem no 3º Templo judaico na metade da 70-SD;
- O *homem do pecado* 2Ts 2:3, porque ele é a culminação do pecado e rebelião do homem contra Deus;
- O *filho da perdição* 2Ts 2:3, porque ele passará a eternidade no lago de fogo Ap 19:20; 20:10;
- O *desprezador de* [toda a] *lei* (ou *iníquo*) 2Ts 2:8, porque ele é a culminação do pecado e rebelião do homem contra Deus;
- O *Anticristo* 1Jo 2:18. "Anti" significa que "se opõe" ao verdadeiro Cristo e também que "se propôs passar como se fosse Ele" e "tomar Seu lugar" nos corações e no 3º Templo;
- A (1ª) *besta* Ap 13:1; 19:20, porque seu caráter é o de uma fera feroz e destruidora.

Tipos do Anticristo no Antigo Testamento:
- *Caim* - ódio assassino à semente escolhida Gn 4:5-14; Jd 1:11; 1Jo 3:12;
- *Nimrode* - criação das idólatras e blasfemas Babilônia e torre de Babel Gn 10,11;
- *Faraó* - opressão ao povo de Deus Ex 1:8-22;
- *Coré* - rebelião contra o homem (Moisés) ordenado por Deus Núm 16:1-3; Jd 1:11;
- *Balaão* - tentativa de amaldiçoar Israel Núm 23, 24; 2Pe 2:15; Jd 1:11;
- *Absalão* - tentativa de roubar o trono de Davi 2Sm 15:1-6;
- *Nabucodonosor* - pela sua estátua de ouro que ele exigia que as nações adorassem Dn 3:1-7;
- *Hamã* - trama para exterminar os judeus Et 3;
- *Antíoco Epifânio* - idólatra profanação e contaminação do 2º Templo Dn 11:21-35.

Desde o dia 1 e por toda 70-SD, O Anticristo fará poderosíssimos sinais que enganarão a [quase] todos, sendo ele aceito como o Messias prometido. Será entronizado como o mais absoluto ditador de todos os tempos, sobre todos os unificados países descendentes do Império Romano, recebendo todo o poder de Satanás 2Ts 2:9; Ap 13:2b; Dn 8:24. Também receberá todo o apoio da Babilônia Religiosa Ap 17: ...,2-4,...,9 através dos reis que ela domina Ap 17:18.

"A esse cuja vinda é segundo a eficácia de Satanás, com todo o poder, e sinais e prodígios de mentira." (2Ts 2:9 ACF)

"E a besta que vi era semelhante ao leopardo, e os seus pés como os de urso, e a sua boca como a de leão; e o dragão deu-lhe o seu poder, e o seu trono, e grande poderio." (Ap 13:2 ACF)

"E se fortalecerá o seu poder, mas não pela sua própria força; e destruirá maravilhosamente, e prosperará, e fará o que lhe aprouver; e destruirá os poderosos e o povo santo." (Dn 8:24 ACF)

"1 ¶ E veio um dos sete anjos que tinham as sete taças, e falou comigo, dizendo-me: Vem, mostrar-te-ei a condenação da grande prostituta que está assentada sobre muitas águas; 2 Com a qual se prostituíram os reis da terra; e os que habitam na terra se embebedaram com o vinho da sua prostituição. 3 E levou-me em espírito a um deserto, e vi uma mulher assentada sobre uma besta de cor de escarlata, que estava cheia de nomes de blasfêmia, e tinha sete cabeças e dez chifres. 4 E a mulher estava vestida de púrpura e de escarlata, e adornada com ouro, e pedras preciosas e pérolas; e tinha na sua mão um cálice de ouro cheio das abominações e da imundícia da sua prostituição; 5 E na sua testa estava escrito o nome: Mistério, a grande Babilônia, a mãe das prostituições e abominações da terra. 6 E vi que a mulher estava embriagada do sangue dos santos, e do sangue das testemunhas de Jesus. ... 9 Aqui o sentido, que tem sabedoria. As sete cabeças são sete montes, sobre os quais a mulher está assentada. ... 12 E os dez chifres que viste são dez reis, que ainda não receberam o reino, mas receberão poder como reis por uma hora, juntamente com a besta. 13 Estes têm um mesmo intento, e entregarão o seu poder e autoridade à besta. ... 18 E a mulher que viste é a grande cidade que reina sobre os reis da terra." (Ap

17:1-9,12-13,18 ACF)

Deus determinou um tempo em que começará a permitir o Anticristo começar a fazer sua plena, horrenda obra, e profetiza isso pela profecia sobre Antíoco Epifânio na qualidade de tipo de O Anticristo Dn 11:29,35,36
29 **No tempo determinado tornará a vir em direção do Sul**; mas não [*será*] como foi na primeira vez nem como na última vez. ... 35 E alguns dos entendidos cairão, para serem provados, serem purificados, e serem embranquecidos, **até ao fim do tempo**, porque [*será*] ainda para **o tempo determinado**. 36 E **este rei fará conforme a sua vontade, e exaltar-se-á, e engrandecer-se-á sobre todo deus; e contra o Deus dos deuses falará coisas espantosas, e prosperará**, até que a ira se complete; porque aquilo que [*está*] determinado [*será*] feito. LTT

Note 2 coisas em 2Ts 2:7
"Porque **o mistério do desprezo- às- leis** já efetivamente- opera: somente [*há*] **Aquele que** [*o está*] **detendo agora**, até que, para- fora- d[*o*] meio, seja Ele tirado." (entendemos que "Aquele" é o Espírito Santo que habita nos verdadeiros crentes e está, presentemente, pondo empecilhos aoS (vários, menores, preliminares) anticristoS, mas, depois de arrebatados todos os crentes dentre as igrejas, deixará que o (grande) mistério do desprezo- às- leis plenamente prospere na 70-SD.)

Outros capítulos deste livro sobre O Anticristo:
Cap. 8. (vitorioso conquistador),
Caps. 11+12 (exaltado e assassinado),
Cap. 13. ("ressuscitado" e adorado),
Cap. 16. (destrói reis do Sul e do Norte),
Cap. 17. (reunião de todos exércitos do mundo, em Armagedom);
Cap. 20. (atacam Israel; são exterminados em Bozra/Petra)

7.2. Resumo Sobre A Babilônia Religiosa (se quiser, salte isto, depois será detalhado)

A Babilônia Religiosa (= a Grande Prostituta = a Mulher de Escarlata = "Mistério, a grande Babilônia, a mãe das prostituições e abominações da terra" = "a *cidade* (a sede do gigantesco sistema) de 7 colinas que reina sobre a terra")

é o maldito *sistema religioso*, é a poderosíssima *religião organizada* (em forte hierarquia) que inchará, engolirá e juntará em uma só todas as denominações da "cristandade não arrebatada" de todas as nações direta ou indiretamente descendentes do antigo Império Romano (toda a Europa, as 3 Américas, a Oceania, partes do Sul da África, talvez pequenas partes da Ásia), tornando-se a única religião permitida (melhor dizendo, imposta), sob pena de morte. Extremamente poderosa, com mão de ferro ela perseguirá e derramará muito pavor e sangue, somente não conseguindo se impor como a única e mundial religião porque não será a das nações que pertenceram à União de Repúblicas Socialistas Soviéticas [URSS], nem a das nações dos Reis provenientes- de- junto- do Oriente, nem a das nações da Rainha do Sul [Muçulmanos].

Tal maldito sistema religioso ocidental unificado estará a serviço do diabo e de O Anticristo. Como religião, ela reinará sozinha por toda a 1ª metade da 70-SD Ap 17:1-3. O Anticristo (Ap 17:3) a apoiará e dará a impressão de ser dominado por ela, mas apenas a estará usando. Ela dará todo o seu poder e suporte a ele, através de dominar e controlar todos os reis e poderes dos países descendentes do Império Romano (Ap 17:18), forçando-os a dar todo seu suporte propulsionando O Anticristo e o 4º império mundial que tornou à vida (Ap 17:12-13).

Fortemente acreditamos que Babilônia Religiosa é o sanguinário e prostituto Catolicismo Romano, é Roma das 7 colinas, é o Vaticano (Ap 17:2-4,9), o qual usará, dominará e engolirá:
    a) a sua 1ª grande filha, que saiu procedente dela (o Catolicismo Grego-Oriental);
    b) todas as suas filhas que saíram procedentes dela na Reforma, particularmente aquelas que já estão, hoje, totalmente apostatadas e rastejando de volta a ela;
    c) todos os Batistas (organizados hierarquicamente) que querem ter começado na Reforma e que hoje estão mais apostados e rastejando para a esfera da Reforma para, de lá, rastejarem de volta a Roma;
    d) todas as muitas religiões que se submeterão a ela nos países descendentes do Império Romano (na Europa, nas 3 Américas, Austrália-Oceania e alguns países costeiros na África e Ásia Oriental).

Acreditamos que a Babilônia Religiosa pregará, durante toda a 1ª metade da 70-SD, o mais amplo ecumenismo (sob a supremacia dela, claro); pregará que toda e qualquer variante de religião é boa e aceitável, desde que se deixe completamente dominar por ela; pregará que O Anticristo é quem é o verdadeiro Messias do Deus Jeová, mas que o Deus da Bíblia é basicamente o mesmo deus de todas as religiões, de modo que Jesus foi somente mais um Maitreya/ Avatar ("encarnação da suprema divindade") entre muitos (pelo menos 153) seus pares igualmente divinos tais como Orfeu, Buda, Maomé, Krishna, etc., O Anticristo sendo o verdadeiro, supremo e definitivo Maitreya/ Avatar.

Muitos pastores reformados (e [pseudo-] batistas (reformados) pensam que o Romanismo já teve muita coisa muito boa até mais ou menos o século 13, e foi uma pena que não tenha atendido aos pedidos de Lutero em 1517 e de outros reformadores, se tivesse atendido e voltado 300 anos atrás não teria havido a separação, etc. Todos esses pastores reformados (e [pseudo-] batistas (reformados), saudosos do poder da "grande Igreja una e universal", depois de não terem sido arrebatados empurrarão suas denominações de volta à Babilônia Religiosa. Tudo que saiu da "grande Igreja una, universal e romana", e que dela tem saudades, aos seus braços abertos voltará.

<<dizem "acreditamos que Roma (o catolicismo) já foi totalmente o verdadeiro e puro cristianismo, apenas se deturpou um pouquinho por um pouquinho de tempo, e poderia e deveria ter aceito os rogos de Lutero e ter voltado à pureza que antes tivera. Se essa volta à pureza ainda vier a ocorrer no catolicismo, então todos nós poderemos muito alegremente voltar ao catolicismo>>

Todos os religiosos não salvos que reconhecem que saíram de Roma, a ela voltarão. Aliás, este retorno já começou, e isso não é de hoje. Leia:
Chris Osgood: A Baptist Minister Who Became Catholic - The Journey ...
Jeffrey W. Bail: A Baptist Minister Who Became Catholic - The Journey ...
http://www.nowtheendbegins.com/returning-rome-southern-baptist-churches-becoming-apostate/
http://www.equip.org/article/returning-to-rome/
https://www.tomorrowsworld.org/magazines/2008/november-december/a-return-to-rome
http://realnewsrightnow.com/2015/07/protestant-leaders-declare-reunification-of-churches-under-the-holy-see/
http://www.reformed.org/webfiles/antithesis/v1n5/ant_v1n5_romeward.html

<< **A "Igreja" [que é] a Religião Prostituta de Ap 17**:
A Bíblia ensina que a apostasia aumentará até uma "igreja mundial" ser formada. ...

1. ... [Isso] **começou mesmo durante os dias dos apóstolos**, quando algumas igrejas estavam cometendo fornicação espiritual com o mundo Tg 4 4 ... 2Tm 4:10 ... Ap 2:14, 20 ...

2. **A "igreja" prostituta já está tomando forma** ... através de:
[a] o movimento [que enfaticamente busca] **unidade** [entre todos os que professam Cristo] ... Dizem-nos que unidade é mais importante do que [toda e qualquer] doutrina ... que não devemos julgar outros cristãos, ao contrário, devemos nos juntar a eles em comunhão e ministério ... que as diferentes denominações são como sorvete. Há muitos diferentes sabores do cristianismo - católico romano, anglicano, episcopal, luterano, [presbiteriano], metodista, pentecostal, carismático, evangélico, batista, igreja de Cristo, etc. - mas não temos o [menor] direito de dizer que apenas um deles está certo e [todos] os outros estão errados ... mas a Bíblia nos ensina a lutar com fervor por uma única fé-doutrina: aquela que foi revelada durante os dias dos apóstolos Jd 1:3. Paulo ensinou que não devemos aceitar nem sequer uma doutrina diferente, e esta é a mais estreita abordagem para pureza doutrinária que se pode conceber 1Tm 1:3. Devemos nos *SEPARAR* daqueles que ensinam doutrinas diferentes Rm 16:17.
[b] a **Música de Adoração Contemporânea**. Esta música combina as coisas de Cristo com a música das festas do mundo. A filosofia do rock cristão é uma filosofia de Balaão/Jezabel. Música Cristã Contemporânea [MCC] cria um apetite pelas coisas do mundo. Constrói pontes para o mundo e para a apostasia, para que as igrejas que a usem corrompam-se em doutrina e prática. Existe uma estreita associação entre música de adoração contemporânea e a Igreja Católica Romana. 1Co 15:33 adverte que as más comunicações- por- companhia corrompem os bons costumes da vida cristã.
[c] ... **o evangelho social, a "construção do reino", a filosofia do positivo** (não fale sobre coisas "negativas" nem controversas), **a oração contemplativa, e a heresia** [que ensina que há] **doutrinas "não essenciais."** ...

3. **A "igreja" prostituta terá sua forma final** [somente] **após o Arrebatamento**. ...
- Em Ap 2-3 [vemos] uma apostasia que começou pequena nos dias dos apóstolos (fato significado pela igreja de Éfeso perdendo seu primeiro amor Ap 2:4-5) e que cresce através dos séculos até que a maioria das igrejas são apóstatas (fato significado pela igreja de Laodicéia, Ap 3 15-17.
- Em Ap 4, as igrejas verdadeiras são retiradas do mundo para a sala do trono do céu, para estarem com Cristo. Assim como João foi chamado ao céu em Ap 4:1, então todos os crentes do Novo Testamento são chamados para o céu no Arrebatamento 1Ts 4:15-17. Veja a promessa de Jesus à Igreja de Filadélfia Ap 3:10-11. Esta igreja significa as [poucas] igrejas verdadeiras que ainda existirão no final da dispensação. Elas são fracas [em número, tamanho e finanças], mas guardam- preservam- obedecem a Palavra de Deus Ap 3:8.
- Em Ap 6, os julgamentos começam a cair sobre o mundo dos incrédulos por sete anos. Durante este tempo, o anticristo chegará ao poder e a "igreja" prostituta reinará com ele por um breve período de tempo.

4. Considere as **características da "igreja" prostituta de Ap 17**:
"O Mistério, a Babilônia", descende da antiga Babilônia Ap 17:5. A "igreja" prostituta apóstata descende da falsa religião estabelecida em Babel ... Gn 10:8-10; 11:1-9. Babilônia é "a mãe das prostitutas e abominações da terra" Ap 17:5 ... A torre de Babel foi um [enorme, horrível] ato de idolatria [e rebeldia]. Foi o início de [todas] as religiões de mistério

que eventualmente permearam o mundo. ... a humanidade unida contra o Criador e as suas leis sagradas ... a adoração de si mesmo, que se baseia na antiga mentira de Satanás ... "**sereis como deusES**" Gn 3:5. A cabeça deste reino sombrio é chamado "**o deus deste mundo**" 2Co 4:4 e "**o príncipe do poder do ar**" Ef 2:2. A religião babilônica espalhou-se por toda a terra. Torres de idolatria ... dedicadas ao culto do sol, da lua e das estrelas ... à Deusa- Mãe ... A Igreja Católica Romana é um Babilonismo [disfarçado] de cristandade. O papado, a missa, a mariolatria, o rosário, o sacerdócio - todos estes foram tomados emprestados das religiões idólatras da Babilônia. ... Na Bíblia, Maria nunca é chamada de Rainha do Céu, Mãe de Deus ... As imagens da deusa Isis e seu bebê Horus foram os modelos para a Madonna e sua criancinha- de- colo ...

5. [o] Mistério [a] Babilônia: A Babilônia (Mistério):
a) é *cheia de blasfê*mia. Ap 17:3. ....
[títulos blasfemadores:] "Santo padre", "Sua Santidade", "o Vigário [Substituto] de Cristo"....
A missa de Roma é blasfema ...
O "nascimento sem pecado de Maria", a sua assunção corporal no céu, a sua coroação como rainha dos céus, a sua intercessão pelos pecadores ... [Imagem] representando Maria sentada com Jesus no Seu trono e sendo coroada por Ele como Rainha dos Céus. ..."Maria, a Rainha da Paz" ... [Imagem de Maria] pendurada na cruz com Jesus [<u>co</u>rredentora]! ... [Imagem de Maria] sentada na arca de Deus e cercada por anjos [a] adorando. ...
A blasfêmia ... está se espalhando por todo o cristianismo ... misturando as coisas sagradas de Cristo com a música das festas profanas deste mundo. ...ímpias canções de rock nos cultos da igreja ... "*Estrada-expressa para o Inferno*" pela vil banda de rock AC / DC ... "*Simpatia pelo Diabo*" pelos Rolling Stones ...
[diz o novo cristianismo] que [agora!] Deus [festivamente] aceita [como norma] a homossexualidade que antes considerava ser perversão moral ...

b) é *vestida de púrpura e escarlate* ...
Ap 17: 4... descreve exatamente como os bispos, arcebispos, cardeais e papas estão vestidos até mesmo no [presente] dia. ... impressionantes catedrais, [suntuosos] robes fluidos, rituais, velas e incenso, roupas caras.
Muitas das igrejas [que se chamam de "evangélicas"] emergentes estão adotando velas, incenso, iluminação em penumbra, música ambiente, labirintos, ícones, oração em estações [locais] sucessivas, arte, dança, meditação, [repetitivos] cantos de refrãos [como mantras], e oração contemplativa. ...

c) *é imoral.*
Ap 17: 1-2 ... ... uma prostituta. ... fornicação espiritual e física ... "*Se houver um inferno, Roma é construída sobre ele*". (Lutero) ... O Papa João XII (955-63) é descrito pela Enciclopédia Católica como "um grosseiramente imoral homem cuja vida era tal que o palácio de Latrão era dito ser um bordel." O Papa Bento IX (1032-1045) viveu uma "vida [desenfreadamente] dissoluta". O Papa Sixto IV (1471-84) construiu um prostíbulo em Roma. O Papa Pio II (1458-64) e o Papa Inocêncio VIII (1484-92) tinham pelo menos dois filhos ilegítimos. O papa Alexandre VI (1492-1503) tinha pelo menos quatro filhos ilegítimos que ele tornou ricos através dos cargos da igreja. Alexander manteve orgias indescritíveis em seu palácio e manteve mulheres casadas como amantes. O papa Júlio II (1503-13) tinha pelo menos três filhos ilegítimos. Em todo o mundo, os sacerdotes católicos romanos são [em enormes números] famosos por homossexualidade e abuso infantil [pedofilia]. ... [E] o cristianismo rock & roll destes últimos dias está cheio de imoralidade. ... vivem de modo quase que totalmente igual

ao [pior do] mundo ... [!!!]

d) é rica.
Ap 17: 4 ... Na década de 1970, o Vaticano era a terceira "nação" mais rica [do mundo], atrás [apenas] dos Estados Unidos da América e do Japão ... A riqueza também descreve as denominações protestantes, o "[neo-] evangelicalismo", e o movimento carismático de hoje. Tal como a igreja em Laodicéia, eles são [muito] ricos e [concentram-se em muito] aumentarem seus bens Ap 3:17 ...

e) *é ecumênica.*
Ap 17:5 ... Ela tem muitas filhas que compartilham seu [corrompido] carácter: ... Católica Romana, Grego Ortodoxa, Protestante, Batista, Pentecostal, [neo-]evangélica, carismática, etc. ... [juntam-se intimamente] até mesmo com [as mais ofensivas] religiões pagãs ... ... movimento de oração contemplativa ... ...

f) *é uma perseguidora* [extremamente cruel]. Ap 17:6
... durante a Inquisição Católica Romana, 50 milhões de pessoas foram mortas acusadas de crime de "heresia", entre 600 d.C. e 1850 d.C. ... Entre 1160-1560 d.C., os cristãos valdenses que moravam nas montanhas no Norte da Itália e na França (vítimas de 36 perseguições terrivelmente cruéis, porque se recusaram a se submeter à Igreja Católica Romana) ... em 1209, o Papa Inocêncio III ordenou uma guerra [de toda Europa] contra os valdenses. ... Cerca de 200 mil crentes [crentes na Bíblia], [portanto,] não- católicos foram mortos dentro de alguns meses. Duas grandes cidades foram destruídas, juntamente com muitas cidades e aldeias menores. Os crentes foram jogados de altos penhascos, enforcados, [ainda vivos] tiveram seus intestinos arrancados, foram atravessados [por lanças], afogados, rasgados [vivos] por cães [ferozes], queimados vivos, crucificados. Em um caso, 400 mães fugiram para se refugiar com seus bebês dentro de uma caverna em Castelluzzo ... Quando foram descobertas pelos católicos desenfreados, uma gigantesca fogueira foi erguida fora da caverna, e eles e seus filhos foram morreram sufocados [pela fumaça quente]. ... Durante a Grande Tribulação, uma terrível perseguição será desencadeada contra aqueles que recusarão submeter-se ao Anticristo, e a religião da prostituta estará intimamente alinhada com tal personificação do Diabo. Dn 7:21; 8:24; Mt 24:9-10; Ap 6:9-11; 7 9-14; 13:15. >> Adaptado e muito resumido de **David Cloud**, *The Future According to the Bible*, p. 54-74.

Destruição da Babilônia Religiosa: veja Cap. 16. (dias [2370 a 2516]).

8. →→ DIAS [2 A 249]: 1º Selo, 1º Cavalo; O Anticristo Conquista, Falsa Paz, É Aceito; Os 144.000 Continuam A Pregar

Os eventos aqui descritos podem e devem, mais naturalmente, ocorrer: logo no início da 70-SD, mas antes do término da construção do 3º Templo e do efetivo reinício dos diários sacrifícios e oblações no dia 250 (Veja, no Cap.9, a determinação deste dia).

8.1. 1º Selo, 1º Cavalo; O Anticristo Conquista, Engana, Traz Falsa Paz, É Aceito

No intervalo dos dias [2 a 249], continuam as falsas paz, segurança e prosperidade, em todo mundo, particularmente em todos os países descendentes do antigo Império Romano ^(na Europa, nas 3 Américas, Austrália- Oceania, e alguns países costeiros na África e Ásia Oriental), sob 1 só religião (esmagadora) e 1 só governo (esmagador), tudo conforme já foi descrito na seção sobre o dia 1.

1º selo: 1º cavalo, o cavalo branco, trazendo O Anticristo, para conquistar

Ap 6:1-2 1) E vi quando o Cordeiro abriu um [*so*] proveniente- de- entre os SELOS; e ouvi uma [*so*] proveniente- de- entre as quatro Criaturas Viventes, dizendo, como [*se fosse*] voz de trovão: "Vem tu, e vê tu." 2) E olhei, e eis um CAVALO BRANCO; e aquele estando- assentado sobre ele tendo um arco. E lhe foi dada uma coroa- louro. E ele SAIU CONQUISTANDO E A FIM DE QUE CONQUISTE.

Houve muitos "anticristos falhados" ^(há quem, entre os muitos "anticristos falhados", ressalte Antíoco Epifânio, Nero, Tito, Carlos Magno, Napoleão Bonaparte, Benito Mussolini, Adolf Hitler, etc.). Mas o verdadeiro "**O** Anticristo" será o máximo e final de todos eles, onde "anticristo" tem dois aspectos: "homem imitador que quer se passar como se fosse o verdadeiro Messias prometido", e "homem obcecado em ser opositor e guerreador contra o Cristo"

O Anticristo recebe TODO (!) o poder de Satanás 2Ts 2:9; Ap 13:2.b **e todo o apoio da Babilônia Religiosa** (descrita na seção anterior).

2Ts 2:9 A vinda de quem é segundo [*a*] energizada- operação- de Satanás, em todo [*o*] poder e sinais e prodígios de mentira, LTT

Ap 13:2 E a Besta- Feroz que vi era semelhante a[*o*] leopardo, e os seus pés como [*os*] de urso, e a sua boca como [*a*] boca d[*o*] leão. (E deu- lhe, o dragão, o seu poder, e o seu trono, e grande autoridade.) LTT

O Anticristo derruba ("arranca para fora", seja através de guerra ou de manobra política) **3 dos 10 governantes econômico- político- militares de todas as nações descendentes do Império Romano** ^(na Europa, nas 3 Américas, na Austrália-Oceania, e em alguns países costeiros na África e Ásia Oriental) **e assume o poder sobre os outros, como ditador supremo** Dn 7:7-8,19-26; 8:23-25; Ap 13:1-10; 17:12-17.

Dn 7:7-8 7 Depois disto eu continuei olhando nas visões da noite, e eis aqui o quarto animal, amedrontador e terrível, e muito forte, o qual tinha grandes dentes de ferro; ele devorava e fazia em pedaços, e pisava aos pés o que sobejava; [era] diferente de todos os animais que [apareceram] antes dele, e tinha dez chifres. 8 Estando eu a considerar os chifres, eis que, entre eles **subiu outro chifre pequeno , diante do qual três dos primeiros chifres foram arrancados- pelas- [*suas*]- raízes**; e eis que neste chifre [*havia*] olhos, como os olhos de homem, e uma boca que falava grandes coisas. *LTT*

Dn 7:19-26 19 Então tive desejo de conhecer a verdade a respeito do **quarto animal, que [*era*] diferente de todos os outros, muito terrível, cujos dentes [*eram*] de ferro e as suas unhas de bronze; que devorava, fazia em pedaços e pisava aos pés o que sobrava**; 20 E também a respeito dos dez chifres que tinha na cabeça, e do outro que subiu, e diante do qual caíram três, isto [*é*], daquele chifre que tinha olhos, e uma boca que falava grandes coisas, e cujo parecer [*era*] mais robusto do que o dos seus companheiros. 21 Eu olhava, e eis que este chifre fazia guerra contra os santos, e prevaleceu contra eles. 22 Até que veio o Ancião de Dias, e foi concedido julgamento aos santos do Altíssimo; e chegou o tempo em que os santos possuíram o reino. 23 Assim ele disse: **O quarto animal [*será*] o quarto reino na terra, o qual [*será*] diferente de todos os reinos; e devorará toda a terra, e a pisará aos pés, e a fará em pedaços**. 24 E os dez chifres são dez reis que se levantarão para fora daquele mesmo reino; e depois deles se levantará outro, o qual [*será*] diferente dos primeiros, e **humilhará- subjugará a três reis**. 25 **E proferirá palavras contra [*o*] Altíssimo, e consumirá os santos do Altíssimo, e cuidará em mudar os tempos e a lei; e eles [*serão*] entregues na sua mão, por um tempo, e tempos, e a metade de um tempo**. 26 Mas o julgamento será feito tomar assento, e eles tirarão o seu domínio, para [*o*] destruir e para [*o*] desfazer até ao fim. *LTT*

Dn 8:23-25 23 Mas, no fim do reinado deles, quando os transgressores tiverem sido completados, **se levantará um rei, feroz de semblante e entendido em sentenças enigmáticas**. 24 **E se fortalecerá o seu poder, mas não pela sua própria força; e destruirá maravilhosamente, e prosperará, e praticará [*o que lhe aprouver*]; e destruirá os poderosos e o povo santo**. 25 **E pelo seu entendimento também fará prosperar o engano na sua mão; e engrandecerá [*a si mesmo*] no seu coração, e, através da paz- e- prosperidade, destruirá a muitos; e ele se levantará contra o Príncipe dos príncipes, mas sem mão [*será*] quebrado**. *LTT*

Ap 13:1-10 1 E eu me postei de pé sobre a areia do mar, e **vi, proveniente- de- dentro- do mar, uma Besta- Feroz subindo, tendo sete cabeças e dez chifres; e, sobre os seus chifres, dez diademas- reais; e, sobre as suas cabeças, [*o*] nome de blasfêmia**. 2 **E a Besta- Feroz que vi era semelhante a[*o*] leopardo, e os seus pés como [*os*] de urso, e a sua boca como [*a*] boca d[*o*] leão. (E deu- lhe, o dragão, o seu poder, e o seu trono, e grande autoridade.)** 3 **E vi uma [*só*] de- entre as suas cabeças como- se tendo sido mortalmente- ferida para dentro d[*a*] morte, e o ferimento de sua morte foi curado; e maravilhou-se toda a terra , em- [*seguimento-*] após a Besta- Feroz**. 4 **E [*todos*] adoraram o dragão que deu autoridade à Besta- Feroz . E [*também*] adoraram a Besta- Feroz , dizendo: "Quem [*é*] semelhante à Besta- Feroz ? Quem pode guerrear contra ela?"** 5 **E foi dada a ela uma boca [*que está*] proferindo grandes coisas e blasfêmias**; e foi dada a ela autoridade para continuar quarenta e dois meses. 6 **E ela abriu a sua boca para dentro de blasfêmiA contra Deus, para blasfemar [*de*] o nome dEle, e [*d*]o Seu Tabernáculo, e [*d*]aqueles [*que*] dentro do céu [*estão*] habitando** . 7 **E foi permitido a ela fazer guerra contra os santos e os vencer; também lhe foi dada autoridade sobre toda a tribo, e língua, e nação**. 8 **E a adorarão todos aqueles [*que estão*] habitando sobre a terra, dos quais não têm sido escritos os nomes no grande- livro- rolo de a Vida de o Cordeiro** tendo sido morto desde [*a*] fundação do mundo. 9 Se algum homem tem um ouvido, ouça. 10 Aquele que para dentro de cativeiro guia- ajuntando, para dentro de cativeiro vai; se algum homem, à espada, mata, é necessário ele, à espada, ser morto. Aqui está a paciência e a Fé DE os santos. *LTT*

Ap 17:12-17 12 E, os dez chifres que viste, dez reis são, que [um] reinar ainda não receberam, mas autoridade como [se fossem] reis [por] uma [só] hora recebem, com a Besta- Feroz ... LTT

8.2. Os 144.000 Continuam A Pregar Nos Dias [1 A 249] Da 70-SD

Mesmo que somente sejam mencionados bem depois (em Ap 7 e 14, releia pelo menos os versos Ap 7:4-8; 14:1-5), já explicamos acima, no nosso capítulo 6, porque acreditamos que os 144.000 varões judeus virgens e irrepreensíveis serão convertidos no intervalo entre logo após o Arrebatamento dos salvos dentre as igrejas locais, e um pouco antes do real início dos 2520 dias da 70-SD (início que se dará somente quando O Anticristo assinar a aliança com muitas nações).

Como é de se esperar, os 144.000, logo após convertidos pouco depois do Arrebatamento, começarão a pregar o Cristo. Depois, a partir do dia 1 ou 2 da 70-SD, continuarão a pregar o Cristo, mas, agora, também começarão a advertir e pregar contra O Anticristo, que já terá sido revelado. Pregarão o Cristo e contra O Anticristo mesmo não tendo ainda sido selados com o nome de Deus em suas testas, pois essa selagem só ocorrerá entre os dias [1260 a 2369] (ver nosso capítulo 15), e será especificamente para não sofrerem danos nem serem mortos pelos flagelos que *anjos* de Deus derramarão sobre a terra após o 6º selo.

Acreditamos que, desde a conversão dos 144.000 logo depois do Arrebatamento, e mesmo antes da selagem, e até que completem seus ministérios de incansável e poderosamente pregar o Evangelho do Reinar [distinto do Evangelho da Graça, veja Cap. 6.5.] em todo m² da terra, particularmente aos gentios mais longínquos que nunca ouviram o verdadeiro Evangelho (assim cumprindo Mt 24:14 "E será pregado, em todo o mundo, este evangelho do reinar, para testemunho a todas as nações. E, então, virá o fim."), Deus já estará protegendo a vida e abençoando a pregação deles, da mesma maneira que o fez com Elias em 2Rs 1:9-14 "9) Então o rei lhe enviou um capitão de cinquenta com seus cinquenta; e, tendo subido a ele (porque eis que [Elias] [estava] assentado sobre o cume do monte), disse-lhe: Homem de Deus, o rei diz: Desce. 10) Mas Elias respondeu, e disse ao capitão de cinquenta: Se eu, pois, [sou] homem de Deus, desça fogo do céu, e consuma a ti e aos teus cinquenta. Então fogo desceu do céu, e consumiu a ele e aos seus cinquenta ..." Incansavelmente trabalharão com total destemor, sobre toda a terra semearão, regarão e colherão frutos como se fossem 144.000 apóstolos Paulo, protegidos e com poderes como se fossem 144.000 profetas Elias.

9. → DIA [250]: Sacrifício E Oblações efetivamente Voltam a ser oferecidos diariamente pelos judeus, no 3o. Templo

Releiamos Dn 9:27:

E ele ① firmará aliança com muitos por uma semana;
e ⁿᵃ metade da semana ele fará cessar o sacrifício e a oblação ②;
e, por causa do espalhamento das abominações ③, ele ①ª ④ fará assolada, e ⁱˢˢᵒ até à consumação; e ₍ᶠⁱⁿᵃˡᵐᵉⁿᵗᵉ₎ o que ᵉˢᵗᵃ determinado ˢᵉʳᵃ derramado sobre o assolador ①." ①o anticristo. ②oferta. ③Ídolos?. ④Judeia?. Dn 9:27 (LTT)

Vimos 2 coisas na Seção 7.0. e em Dn 9:27:

a) "E ele firmará ALIANÇA com muitos por uma semana" implica que O Anticristo firmará uma aliança de 7 anos (= 7 anos proféticos x 360 dias/ano profético= 2520 dias), por isso todos concordam que o dia 1 da 70-SD é o dia em essa aliança será firmada. Note que a Bíblia não diz que O Anticristo firmará aliança "*com Israel*" (como tantos pregam e eu dantes acreditei) nem diz "inclusive com Israel", só diz que ele firmará a aliança "*com muitos*"; isso terá enorme influência sobre Israel, mas não é dito se ou não Israel assinará essa aliança;

b) "e ⁿᵃ **metade da semana ele fará cessar o sacrifício e a oblação**" implica que, no dia 1260 (a metade da 70-SD), o sacrifício e a oblação (coisas que exigem a existência de um [3°] Templo, ʳᵉᶠᵉʳⁱᵈᵒ ᵉᵐ ᴰⁿ ⁸:¹¹⁻¹²; ⁹:²⁷; ¹¹:³¹; ¹²:¹¹; ᴹᵗ ²⁴:¹⁵; ²ᵀˢ ²:⁴⁻⁵) serão feitos cessar pelo Anticristo. Portanto, sacrifícios e oblações efetivamente terão começado em algum ponto no início da 1ª metade da 70-SD, o que exige que já antes terá sido erguido o 3° Templo (o que no mínimo levará alguns meses) e terão sido feito certos preparativos para certos móveis, instrumentos, utensílios, roupas, cortinas, escolha e preparação dos sacerdotes e do sumo-sacerdote, encontrar novilhas vermelhas para purificação (7 dias para cada homem) de toda população israelita com cinzas de holocausto delas (Num 19), etc.

9.1. PERGUNTA: Em Que Exato Dia Da 70-SD Efetivamente Recomeçarão Os Diários Sacrifícios E Oblações?

Se a Bíblia não nos der nenhuma pista que possa responder esta pergunta, estaremos felizes com isso e louvando a Deus, mas pensemos um pouco sobre o assunto, raciocinando em ordem cronológica reversa, caminhando para trás a partir de uma data/ intervalo de tempo que a Bíblia determine para algum evento:

a) *Dia 2550* (isto é, 1260+12**90** ⁽ᵒᵘ ˢᵉʲᵃ, ³⁰ ᵈⁱᵃˢ ᵃᵖᵒˢ ᵒ ᵗᵉʳᵐⁱⁿᵒ ᵈᵃ ⁷⁰⁻ˢᴰ ⁿᵒ ᵈⁱᵃ ²⁵²⁰⁾, veja na Seção 25.9):
Será retirada ⁽ᵖᵒʳ ᶜʳⁱˢᵗᵒ. ᵀᵃˡᵛᵉᶻ ᵃᵗʳᵃᵛᵉˢ ᵈᵉ ⁿᵒˢ, ˢᵉᵘˢ ᵉˢᶜʳᵃᵛᵒˢ⁾ **a abominação desoladora** ⁽ᵒ ⁱᵈᵒˡᵒ ᵈᵉ ᴼ ᴬⁿᵗⁱᶜʳⁱˢᵗᵒ⁾ **para fora do Lugar Santo do 3° Templo**.

"E, desde o tempo ⁽*⁾ em que o [sacrifício] contínuo for tirado (e posta a abominação desoladora), haverá mil duzentos e NOVENTA DIAS." ⁽* ᵒ ᵈⁱᵃ ¹²⁶⁰ ᵈᵃ ⁷⁰⁻ˢᴰ⁾
Dn 12:11 *(LTT)*
(o verbo "haverá" deixa implícito que, no dia 1290 depois do dia ⁽ᵒ ᵈⁱᵃ ¹²⁶⁰ ᵈᵃ ⁷⁰⁻ˢᴰ⁾ em que sacrifício contínuo será tirado e, em seu lugar, será colocada de pé a imagem do Anticristo, então o Templo e a imagem serão destruídos. Acredito que será somente nesse dia 2550 ⁽ᑫᵘᵉ

fica depois do término da 70-SD no dia 2520, mas fica antes do início dos sacrifícios do 4º Templo, no Milênio) a imagem será retirada para longe, reduzida a pó, espalhada e enterrada)

b) *Dia 2520 (ou pouco antes)* (veja na Seção 19.2.), o último dia da 70-SD: **a imagem de O Anticristo** (por ordem de Anticristo + Falso Profeta + Satanás, todos eles em extremo de revolta e ódio a Deus ao perceberem que estão próximos da completa derrota) **é levada do lugar onde já estava, já no 3º Templo, e é colocada no Lugar Santo** do Templo Mt 24:15; Mr 13:14-15,19; 2Ts 2:4.

₁₅ **Quando, pois, virdes que a abominação da desolação** {*}, **de que falou o profeta Daniel, está no lugar santo** {**}; quem lê, atenda; (Mt 24:15 ACF) *{* "abominação da desolação" é a imagem de O Anticristo} {** tal imagem de O Anticristo foi erguida e começou a ser adorada a partir do dia 1260, mas só no <u>FINALZINHO</u> da 70-SD é posta no Lugar Santo do 3º Templo}*

"14 ¶ Ora, **quando vós virdes a abominação do assolamento** {*}, **que foi predito por Daniel o profeta, estar onde não deve estar (quem lê, entenda)** {**}, **então os que estiverem na Judéia fujam para os montes. 15 E o que estiver sobre o telhado não desça para casa, nem entre a tomar coisa alguma de sua casa; 16 E o que estiver no campo não volte atrás, para tomar as suas vestes. ... 19 Porque naqueles dias haverá uma aflição tal, qual nunca houve desde o princípio da criação, que Deus criou, até agora, nem jamais haverá.**" (Mc 13:14-15,19 ACF) *{*, ** mesmas notas de Mt 24:15}*

"4 **O qual se opõe, e se levanta contra tudo o que se chama Deus, ou se adora; de sorte que se assentará, como Deus, no templo de Deus,** querendo parecer Deus." (2Ts 2:3-4 ACF)

Sumariemos 3 importantes dias correspondentes a 3 importantes eventos:
b1) Durante todos os 7 anos da 70-SD, o átrio exterior do 3º Templo de Jerusalém terá a profanação dos gentios muçulmanos e da mesquita Al-Aqsa.
b2) Durante os últimos 3 ½ anos da 70-SD haverá, em paralelo a isso (de b1), a profanação de O Anticristo (e multidões de seus exércitos de gentios) pisoteando Jerusalém, e haverá sua imagem colocada dentro do Templo (mas não ainda no Lugar Santo)
b3) No último dia da 70-SD (o dia 2520) (ou pouco antes), além dessas 2 coisas (de b1 e de b2) haverá a suprema profanação, o ídolo de O Anticristo posto no Lugar Santo do 3º Templo, querendo o Anticristo ser Deus e ser adorado como se o fosse! 2Ts 2:4, acima.

c) *Dia 1260* (veja na Seção 13.2): os diários sacrifício e oblações serão feitos cessar, e a abominação desoladora (a imagem de O Anticristo) será posta dentro do Templo (mas ainda não no Lugar Santo, onde só será posta no dia 2520 (ou pouco antes)) Dn 9:27; 12:11

"E ele *{O Anticristo}* firmará aliança com muitos por uma semana; e **na metade da semana fará cessar o sacrifício e a oblação**; e sobre a asa das abominações virá o assolador, e isso até à consumação; e o que está determinado será derramado sobre o assolador." (Dn 9:27 ACF)

"**E desde o tempo em que o sacrifício contínuo for tirado, e posta a abominação desoladora, haverá mil duzentos e noventa dias.**" (Dn 12:11 ACF)

d) *Dia 250*: Leiamos Dn 8:13,14

"13 Depois ouvi um Santo que falava; e disse outro santo àquele tal que falava: "**Até quando** *durará* a **visão** *a respeito do sacrifício diário* **contínuo, e** *a respeito d*a **transgressão desoladora, para que sejam entregues o santuário e o exército, a fim de serem pisados?**" 14 E Ele me disse: "**Até** *(exatamente)* **duas mil e trezentas tardes e manhãs; então o santuário** *será* **purificado** ①". ① *literalmente, "justificado", portanto "vingado (da profanação)".*

nos mostra que "*durará* a **visão** *a respeito do sacrifício diário* **contínuo**" [dias em que diariamente serão feitos, pelos judeus, o sacrifício e as oblações bíblicos, veremos que serão 1010 dias], mais os dias da "**transgressão** desoladora" [estes dias são 1260 + 30 = 1290 dias], um total de 2300 dias [= 1010+1290].

9.2. RESPOSTA: Os Diários Sacrifício E Oblações, Pelos Judeus, No 3º Templo, Efetivamente Recomeçam No Dia 250

Este é o cálculo: dia 2550 (o dia em que a imagem do Anticristo é tirado para fora do Templo, [30 dias depois do fim da 70-SD]) MENOS 2300 (dias em que o Templo estará sendo contaminado pela imagem do Anticristo) IGUAL A **dia 250**.

Neste dia 250 da 70-SD, começam os diários sacrifício e oblações, feitos pelos judeus, no 3º Templo, e continuam as falsas paz e segurança e prosperidade em todo mundo, particularmente em todos os países descendentes do antigo Império Romano [(na Europa, nas 3 Américas, Austrália-Oceania e alguns países costeiros na África e Ásia Oriental)], sob 1 só religião (esmagadora) e 1 só governo (esmagador), veja Cap. 7.

10. →» DIAS [251 A 1256]: (sobre países descendentes do Império Romano:) Grande Prosperidade e Aparente Paz; 1 Só Governo (como se fora 1 só país!); 1 Só Religião; 1 Só Exército, 1 Só Lei E 1 Só Polícia; Etc.

A explicação sobre o final deste intervalo de aparente, falsa paz sobre toda a terra ser no dia 1256 é que (como veremos no nosso Capítulo 11), no dia seguinte (1257), O Anticristo parece ser assassinado (o que tem que causar enorme tumulto em toda a terra), há batalha no céu, o Diabo e seus demônios são precipitados e limitados à terra (idem), as 2 testemunhas entraram em cena grandemente pregando o Cristo e combatendo O Anticristo, este parece ser ressuscitado, vem em furiosa ira, começa o tempo dos mais terríveis flagelos e mortandades sobre toda a terra (3 ½ anos de seca-total; tremendos fome, pragas, guerras, cataclismos).

Em [251 a 1256] **continuam as falsas paz e segurança e prosperidade em todo mundo**, particularmente em Israel e todos os países descendentes do Império Romano (na Europa, nas 3 Américas, Austrália-Oceania e alguns países costeiros na África e Ásia Oriental), sob 1 só religião (esmagadora) e 1 só governo (esmagador), conforme já está vimos no Capítulo 7, sobre o dia [1].

Os 144.000 Continuam A Pregar: protegidos, intocáveis e com poder (tais como Elias); e por todo o mundo e com muitos frutos (tais como Paulo). Ver Seção 8.2.

11. →» DIAS [1256,5 e 1257]: As 2 Testemunhas Entram em Cena; Diabo Precipitado Sobre A Terra; Anticristo Recebe Poder De Satanás; É Assassinado?!

11.1. Por Que "O Dia 1256,5"?

O dia 1256,5 foi assim calculado:
. Alegremente submeto-me à hora que Deus escolher, mas, por enquanto, não consigo pensar em hora melhor para a ressurreição das 2 (duas) testemunhas do que cerca das **06:00 horas** no horário de Jerusalém (mais precisamente, quando o sol estiver para nascer, a metade do dia judaico de 24 horas, cerca da mesma hora em que acredito que o Cristo foi ressuscitado) do dia 2520, ver Seção 22.2.

. Nessa hora, as 2 testemunhas já terão estado mortas por 3 1/2 dias Ap 11:11 "E **depois daqueles três dias e meio o espírito de vida, vindo de Deus, entrou neles {*}; e puseram-se sobre seus pés,** e caiu grande temor sobre os que os viram. 12 E ouviram uma grande voz do céu, que lhes dizia: Subi para aqui. E subiram ao céu em uma nuvem; e os seus inimigos os viram." (Ap 11:11-12 ACF) {* *As 2 testemunhas*}

. Portanto, as 2 testemunhas terão sido decapitadas por machado, pelo Anticristo, no dia 2516,5 (ver Cap. 17.3), às 18:00 h (horário de Jerusalém) (mais precisamente, quando o sol se pôs, mas a primeira estrela ainda não se tornou visível, o início do dia judaico de 24 horas), isto é, cerca da mesma hora em que o Cristo foi morto vertendo todo Seu sangue ao ser traspassado por uma lança. Talvez o Diabo e O Anticristo escolheram esta hora de decapitação porque quiseram zombar do sacrifício da Páscoa (e da crucificação do nosso Senhor), pois o cordeiro morria entre o instante do sol se pôr e o instante da primeira estrela se tornar visível, sendo o pescoço do cordeiro sangrado até à morte;

. Ap 11:3 revela que as 2 testemunhas profetizarão durante 1260 dias. "E darei [*autoridade*] aos Meus dois testificadores, e **eles profetizarão** [*por*] **mil duzentos** [*e*] **sessenta dias,** tendo [*eles*] sido vestidos de pano- de- saco- de- cilício"

. Portanto, as 2 testemunhas surgirão em cena e começarão a profetizar no dia 2516,5 – 1260 = dia 1256,5, i.é 3,5 dias antes da metade da 70-SD.

11.2. Dia 1256,5: As 2 Testemunhas Entram Em Cena

As 2 testemunhas (*Elias* é uma delas, com nossa certeza! Seria *Moisés* a outra testemunha, sem nossa certeza?) **entram em cena** (serão protegidas da morte por 2516,5 – 1256,5 = 1260 dias, mas serão mortas no dia 2516,5) Ap 11:1-6.

"... 3 ¶ E **darei poder às minhas duas testemunhas,**
e profetizarão por mil duzentos e sessenta dias,
vestidas de saco.
4 Estas são as duas oliveiras e os dois castiçais que estão diante do Deus da terra.
5 E, **se alguém lhes quiser fazer mal, fogo sairá da sua boca, e devorará os seus inimigos;**
e, se alguém lhes quiser fazer mal, importa que assim seja morto.
6 Estes têm poder para fechar o céu, para que não chova, nos dias da sua profecia;
e têm poder sobre as águas para convertê-las em sangue,

e para ferir a terra com toda a sorte de pragas, todas quantas vezes quiserem." (Ap 11:1-6 ACF)

Temos certeza de que a 1ª das 2 testemunhas será *Elias*, pois Deus ainda está por cumprir a promessa de fazê-lo voltar à terra, corporalmente Mt 17:11; Mr 9:12.

"E Jesus, respondendo, disse-lhes: Em verdade **Elias VIRÁ {*} primeiro, e restaurará todas as coisas**;" (Mt 17:11 ACF) *{* "Virá" é futuro. Portanto, nos dias de Cristo sobre a terra, Elias ainda não tinha vindo literalmente, em seu próprio corpo. Assim, quando João, o submersor, foi dito ser Elias, isto somente significou que João veio como um tipo do Elias que ainda virá, veio com o mesmo ministério profético, a mesma coragem indômita, o mesmo ímpeto, a mesma unção, o mesmo "estilo" que foram dados a Elias}*

"E, respondendo ele, disse-lhes: Em verdade **Elias VIRÁ {*} primeiro, e todas as coisas restaurará**; e, como está escrito do Filho do homem, que Ele deva padecer muito e ser aviltado." (Mc 9:12 ACF) *{* Mesmo comentário de Mt 17:11}*

Achamos que é muito provável (mas não temos certeza) que a 2ª das 2 testemunhas será *Moisés*, pela grande similaridade dos milagres das 2 (duas) testemunhas com os de Elias e Moisés.
- Ap 11:3 Pregarão com extraordinária unção da palavra. Nisto, assemelham-se a Moisés e Elias;
- Ap 11:6 Como Elias (1Rs 17:1 e Tg 5:17), farão com que não chova 1 gota de água em toda a terra. Isto será por 3 1/2 anos;
- Ap 11:6 Como Moisés, transformarão toda água da terra em sangue, e a infestarão com pragas semelhantes às 10 pragas enviadas através de Moisés: (1) transformação de [quase] todas as águas em sangue Ex 7:17-18, (2) invasão de rãs Ex 8:2, e (3) de piolhos Ex 8:16, e (4) de moscas Ex 8:21, (5) [mortal] pestilência sobre o gado Ex 9:3, (6) tumores e úlceras sobre os homens e animais Ex 9:9, (7) mui grave saraiva Ex 9:18,24, (8) invasão de gafanhotos Ex.10: 4-6, (9) trevas Ex 10:21, e (10) morte de filhos primogênitos Ex 11:5.
- Ap 11:5 - Como Jeremias (Jr 5:14) e Elias (2Rs 1:10), as palavras das 2 testemunhas serão transformadas em fogo que matarão multidões de inimigos.

Mas há quem pense que a 2ª testemunha é Enoque, argumentando que Moisés morreu, foi enterrado por Deus Dt 34:5-6, e é impossível Moisés morrer uma 2ª vez (pois está ordenado a todo homem morrer exatamente 1 vez, segundo He 9:27); e também argumentando que Enoque e Elias são os 2 únicos homens que não morreram e, sim, foram arrebatados vivos para o céu, portanto ambos *têm* que voltar para morrer (pois está ordenado a todo homem morrer exatamente 1 vez, segundo He 9:27), para, depois, serem ressuscitados em corpos glorificados.

Não achamos que este argumento tenha força compelente, pois:
(a) Até hoje, na Bíblia e não se contando o Cristo, já foram ressuscitadas 8 pessoas + um número grande mas não especificado de pessoas (no instante do terremoto no dia da crucificação do Senhor), e todos que já foram ressuscitados o foram em corpos ainda mortais e corruptíveis, depois envelheceram e adoeceram (ou sofreram acidentes), e experimentaram a morte física, e isto, pelo menos aparentemente, foi por uma morte física pela 2ª (segunda) vez;
(b) na Bíblia, Enoque parece ser um *tipo* de todos os salvos da dispensação das igrejas locais que estarão vivos no Arrebatamento e, assim, serão arrebatados para o céu sem experimentar a morte;
(c) Na Bíblia, Enoque nunca foi profeta, nem nunca foi usado por Deus para fazer milagres.

A favor de a 2ª testemunha ser Moisés, pesa também o fato de que foram ele e Elias que vieram a Cristo sobre o Monte da Sua transfiguração.
Ademais, Moisés pode ser visto como representante da Torá (Lei), e Elias como

representante dos Neviim (Profetas), e Lei - Profetas é a grande divisão dos livros do VT. E 2 dos milagres atribuídos às 2 testemunhas só foram feitos através de Moisés: Ap 11:6 " ... e autoridade têm sobre as **águas, para convertê-las para sangue**; e *(autoridade têm)* para **ferir a terra com todo** [*tipo de*] **flagelo, tantas vezes quanto** [*eles*] **quiserem**".

Quanto a João (o submersor) não ter sido Elias literalmente, ver:
http://solascriptura-tt.org/Seitas/Espiritismo-**FoiJBatistaReencarnacaoElias**-AirtonECosta.htm
http://solascriptura-tt.org/Seitas/EspiritismoEReencarnacao**Elias**-AECosta.htm
http://solascriptura-tt.org/Seitas/**JoaoBatistaNaoEraElias**-HFontes.htm
Quanto a Moisés ser a outra testemunha, ver:
http://solascriptura-tt.org/EscatologiaEDispensacoes/**Apoc11TestemMoisesElias**-Ruckman.htm

As 2 (duas) testemunhas fazem começar a mais terrível seca da história mundial: Durante todo o ministério delas, de 1260 dias = 3 ½ anos (anos proféticos, de 360 dias), não cairá 1 gota de água em nenhum m² da terra Ap 11:6 (acima)

11.3. Dia 1257: Batalha No Céu; Diabo E Demônios Precipitados Sobre A Terra

Há batalha no céu, de um lado estando Miguel e seus anjos, contra, no lado oposto, o Diabo e seus demônios. O Diabo e seus demônios são precipitados e limitados à terra Ap 12:7-12 "7 E houve **batalha no céu; Miguel e os seus anjos batalhavam contra o dragão, e batalhavam o dragão e os seus anjos; 8 Mas não prevaleceram, nem mais o seu lugar se achou nos céus. 9 E foi precipitado o grande dragão**, a antiga serpente, chamada o Diabo, e Satanás, que engana todo o mundo; **ele foi precipitado na terra, e os seus anjos foram lançados com ele.** 10 E ouvi uma grande voz no céu, que dizia: Agora é chegada a salvação, e a força, e o reino do nosso Deus, e o poder do seu Cristo; porque **já o acusador de nossos irmãos é derrubado**, o qual diante do nosso Deus os acusava de dia e de noite. 11 E eles o venceram pelo sangue do Cordeiro e pela palavra do seu testemunho; e não amaram as suas vidas até à morte. 12 ¶ Por isso alegrai-vos, ó céus, e vós que neles habitais. **Ai dos que habitam na terra e no mar; porque o diabo desceu a vós, e tem grande ira, sabendo que já tem pouco tempo.**" (Ap 12:7-12 ACF)

11.4. Dia 1257: O Anticristo Recebe (todo) O Poder E O Trono De Satanás; Depois (pelo menos aparentemente) É Assassinado Com Espada

A **1ª Besta** de Ap 13 (o varão, o indivíduo chamado de **O Anticristo**) **é exaltada** (versos 1-2.a) (passa a reinar de modo absoluto sobre 10 nações, talvez mais de metade do planeta), **e recebe (todo) o poder e o trono do dragão (Satanás)** (v. 2.b)

"1 ¶ E eu pus-me sobre a areia do mar, e vi subir **do mar {*} uma besta que tinha sete cabeças e dez chifres**, e sobre os seus chifres **dez diademas**, e sobre as suas cabeças **um nome de blasfêmia.**
2 E a besta que vi **era semelhante ao leopardo**, e os **seus pés como os de urso**, e a **sua boca como a de leão**; e **o dragão deu-lhe o seu poder, e o seu trono, e grande poderio.**" (Ap 13:1-2 ACF) *{* "Do mar" certamente indica que O Anticristo, pelo menos sob um ponto de visão, virá de entre os gentios. Plausivelmente, de países descendendo diretamente do Império Romano (Itália, Espanha, Portugal, Inglaterra, etc.), ou descendendo indiretamente (México, Brasil, Estados Unidos, Austrália, etc.)}*

Depois, **O Anticristo** (pelo menos aparentemente) **é assassinado com espada** Ap 13:3.a; Ap 13:14
₃ E vi *exatamente* uma de- entre as suas cabeças como- se # tendo sido mortalmente-ferida para dentro dª morte, e o ferimento de sua morte foi curado {* e NOTA}; e ₍com isso₎ maravilhou-se toda a terra ##, ₍dispondo-se₎ em- *seguimento-* após a ₍primeira₎ Besta- Feroz.
"como- se": KJB.

Beza tem "maravilhou-se toda ...", voz ativa, não tem "foi- causado- maravilhamento em toda ...", voz passiva.

{* O Anticristo será aparente e enganadoramente ressuscitado no dia 1260. Como ele quer imitar o verdadeiro Messias, acreditamos que essa aparente ressurreição será 3 noites e 3 dias depois do seu aparente assassinato e sepultamento no dia 1257}
{Nota: Ap 13:3

a) "E vi *exatamente* uma de- entre as suas cabeças:" Não vejo razão para que eu não entenda que isso se refere primordialmente ao *homem* chamado de O Anticristo, ao invés de, como outros, eu somente interpretar figurativa/ alegoricamente, i.é somente interpretar que 1 das 10 *nações* (aquela que parecia ter sido aniquilada) ressurgirá para completamente dominar e governar 10 nações, assim revivendo o antigo Império Romano em todo seu apogeu; Ap 13:12,14 também indicam um varão *individual* ₁₂₎ E toda a autoridade da primeira Besta- Feroz ela exerce na sua presença, e faz, à terra e aos [*que*] [*estão*] habitando nela, que adorem **a primeira Besta- Feroz , da qual foi curado o ferimento da sua morte**. ₁₄₎ E (em- razão- dos sinais que lhe foi permitido fazer debaixo da vista da Besta- Feroz) engana- faz- extraviar aqueles [*que estão*] habitando sobre a terra, dizendo, àqueles [*que estão*] habitando sobre a terra, para fazer[*em*] uma imagem **à Besta- Feroz que tinha o ferimento da espada e [*que*] viveu**";

b) "e o ferimento de sua morte foi curado:" Uma vez que somente Deus- Pai e Deus- Filho originam vida e ressuscitam mortos (Jo 5:21; 11:25; Dt 32:39), então Ap 13:3 apenas se refere a uma ressurreição aparente, falsa, enganadora, através de truque diabólico;

c) "Vi *exatamente* uma de- entre as suas cabeças como- se tendo sido mortalmente-ferida para dentro dª morte" não tem que significar "uma de entre as suas cabeças foi ferida tão gravemente que *realmente* morreu", pode muito bem significar, como acredito, que o ferimento *pareceu* ter sido de uma gravidade tal que todos esperariam que, normalmente, levaria à morte;

d) Em resumo, acredito que todos os homens da terra: 1) verão (ou serão engados por truque e pensarão ver) O Anticristo ser ferido por espada de uma forma que parecerá que, normalmente, o levaria à morte; 2) na realidade, ou ele não terá sido realmente ferido, ou seu ferimento somente parecerá ser inevitavelmente mortal, e ele será curado por uma nova e ainda não divulgada medicina; 3) seja como for, quando O Anticristo aparecer depois, todos erroneamente pensarão que realmente morreu e realmente ressuscitou, por um "milagre" do Diabo.
}

"Ap 13:14 E (em- razão- dos sinais que lhe foi permitido fazer debaixo da vista da Besta- Feroz) engana- faz- extraviar aqueles [*que estão*] habitando sobre a terra, dizendo, àqueles [*que estão*] habitando sobre a terra, para fazer[*em*] uma imagem à **Besta- Feroz que tinha o ferimento da espada** e [*que*] viveu."

12. →» DIAS [1257 A 1260]: Perplexidade E Caos Pelo (pelo menos aparente) Assassinato Do Anticristo

Este será um intervalo de 3 dias de **total perplexidade e total desespero dos seguidores de O Anticristo.** Isso fará com que, quando O Anticristo for (pelo menos aparente e enganadoramente) ressuscitado, então ele revele quem na verdade ele é, e tire sua máscara, ponha as garras para fora, tenha muito mais extremo poder sobre todos os habitantes de seu império (que talvez se estenda sobre mais de metade do planeta), e ele, O Anticristo, libere todas as suas extremas, satânicas maldade e fúria. Fúria de ódio e de rebelião do Diabo contra seu Criador, e fúria assassina contra toda a humanidade, que foi criada para ser objeto do amor de Deus. O Diabo quer ser adorado por todos os homens, e quer exterminar todos os crentes, e, finalmente, quer exterminar todos os homens até ao último, e devastar toda a criação de Deus.

13. →» DIA [1260]: O Anticristo É (pelo menos aparentemente) Ressuscitado; Quebra A Aliança; O Falso Profeta Faz Construir Imagem De O Anticristo (ainda não no Lugar Santo); Este É Adorado; Sua Marca Sobre As Pessoas; Os 144.000 Começam A Ser Muito Mais Perseguidos

13.1. O Anticristo É (pelo menos aparente e enganadoramente) Ressuscitado. Ele E O Diabo Enganam E São Adorados Por [quase] Todos Ap 13:3-4.

3 E vi *exatamente* uma de- entre as suas cabeças como- se # tendo sido mortalmente- ferida para dentro dª morte, e o ferimento de sua morte foi curado; e *(com Ireci)* maravilhou-se toda a terra ##, em- *seguimento-* após a .... Besta- Feroz.

"como- se": KJB.

Beza tem "maravilhou-se toda ...", voz ativa, não tem "foi- causado- maravilhamento em toda ...", voz passiva.

{Nota, copiada da Seção 11.4: Ap 13:3
...
b) "**e o ferimento de sua morte foi curado:**" Uma vez que somente Deus- Pai e Deus- Filho originam vida e ressuscitam mortos (Jo 5:21; 11:25; Dt 32:39), então Ap 13:3 apenas se refere a uma ressurreição aparente, falsa, enganadora, através de truque diabólico;
...
d) Em resumo, acredito que todos os homens da terra: 1) verão (ou serão engados por truque e pensarão ver) O Anticristo ser ferido por espada de uma forma que parecerá que, normalmente, o levaria à morte; 2) na realidade, ou ele não terá sido realmente ferido, ou seu ferimento somente parecerá ser inevitavelmente mortal, e ele será curado por uma nova e ainda não divulgada medicina; 3) seja como for, quando O Anticristo aparecer depois, todos erroneamente pensarão que realmente morreu e realmente ressuscitou, por um "milagre" do Diabo.
}

4 E *todos* ① adoraram o dragão que deu autoridade à *(primeira)* Besta- Feroz ②.
E *também* adoraram a Besta- Feroz ②, dizendo:
"Quem *é* semelhante à Besta- Feroz ②? Quem pode guerrear contra ela?" ① *comp. v. 8.* ② *O Anticristo.*

13.2. O Anticristo Quebra A Aliança E Faz Cessar O Sacrifício E Oblação No 3º Templo Dn 9:27

"E ele firmará aliança com muitos por uma semana; e na metade da semana fará cessar o sacrifício e a oblação; e sobre a asa das abominações virá o assolador, e isso até à consumação; e o que está determinado será derramado sobre o assolador." (Dn 9:27 ACF)
{"Oblação" significa qualquer oferta voluntária, espontânea}

Quanto a Dn 8:11-12 e 11:31, podem se referir a Antíoco Epifânio, como um tipo de O Anticristo, ou podem se referir diretamente a O Anticristo.

"E se engrandeceu até contra o príncipe do exército; e **por ele foi tirado o sacrifício contínuo**, e o lugar do seu santuário foi lançado por terra. E um exército foi dado contra o sacrifício contínuo, por causa da transgressão; e lançou a verdade por terra, e o fez, e prosperou." (Dn 8:11-12 ACF)

"E braços serão colocados sobre ele, que **profanarão o santuário e a fortaleza, e tirarão o sacrifício contínuo**, estabelecendo abominação desoladora." (Dn 11:31 ACF)

13.3. A 2ª Besta De Ap 13 (o Falso Profeta) Começa A Exercer Todo O Poder Da 1ª Besta E A Fazer Sinais Que A [quase] Todos Engana, E Faz Adorar A 1ª Besta Ap 13:11-14.a

"11 ¶ E vi subir da terra **outra besta**, e tinha dois chifres semelhantes aos de um cordeiro; e **falava como o dragão**. 12 E **exerce todo o poder da primeira besta na sua presença, e faz que a terra e os que nela habitam adorem a primeira besta**, cuja chaga mortal fora curada. 13 E **faz grandes sinais**, de maneira que até **fogo faz descer do céu à terra, à vista dos homens**. 14 **E engana os que habitam na terra com sinais** que lhe foi permitido que fizesse em presença da besta, ..." (Ap 13:11-14.a ACF)

O Falso Profeta (= 2ª besta) é um *homem*, literalmente (tanto assim que é lançado vivo no Lago de Fogo), e é um *judeu* (pois provém da "terra", isto é, do território prometido a Abraão, Isaque e Israel) Ap 13:11. Ele só entra em cena durante toda a 2ª metade da Septuagésima Semana de Daniel (70-SD), operando (aparentes) assombrosos sinais e milagres, fazendo com que (quase) todos sejam convencidos de que ele é o profeta *Elias* que havia de voltar (do céu) Ap 13:12-14, e fazendo com que adorem O Anticristo (e Satanás, por trás deste) como se fosse Deus Ap 13:12.

Ap 13:11 E vi **outra Besta- Feroz subindo proveniente- de- dentro- da terra**; e ela tinha dois chifres semelhantes a[os de] um cordeiro, mas falava como um dragão. 12 E toda a autoridade da primeira Besta- Feroz ela exerce na sua presença, e **faz, à terra e aos [que] [estão] habitando nela, que adorem a primeira Besta- Feroz**, da qual foi curado o ferimento da sua morte. 13 **E ela faz grandes sinais**, de modo que fogo faça descer proveniente- de- dentro- do céu para dentro da terra, à vista dos homens. 14 E (em- razão- dos sinais que lhe foi permitido fazer debaixo da vista da Besta- Feroz) **engana- faz- extraviar aqueles [que estão] habitando sobre a terra**, dizendo, àqueles [que estão] habitando sobre a terra, para fazer[em] uma imagem à Besta- Feroz que tinha o ferimento da espada e [que] viveu.

Não é dito na Bíblia que o Falso Profeta será a entronização do líder da Babilônia Religiosa, e acreditamos que não o será (pois a Babilônia Religiosa será destruída em Ap 17:16, antes do Falso Profeta ser destruído em Ap 19:20). Ap 17:16 E os dez chifres que viste sobre a Besta- Feroz

, estes **odiarão a fornicária , e tendo sido desolada a farão, e nua, e as carnes dela comerão, e a completamente- queimarão em fogo.** LTT (Ver também Ap 17:1-5)

Ap 17:1-5 1 E veio um [só], proveniente- de- entre os sete anjos, daqueles [que estão] tendo as sete taças, e falou comigo, dizendo-me: "Vem aqui, [e] eu te mostrarei **a punição- da- condenação da grande fornicária** , aquela estando- assentada sobre muitas águas , 2 Com quem fornicaram os reis da terra; e foram embriagados, em consequência do vinho da sua fornicação , aqueles habitando [sobre] a terra." 3 E me levou para dentro de um deserto, em espírito . E vi uma mulher estando- assentada sobre uma Besta- Feroz [da] cor- de- escarlata ([Besta- Feroz] estando cheia de nomes de blasfêmia, tendo sete cabeças e dez chifres). 4 E [estava] a mulher tendo sido vestida [da] cor- de- púrpura e [da] cor- de- escarlata, e tendo sido adornada com ouro e com pedrA preciosA e com pérolas, tendo, na sua mão, um cálice de ouro estando cheio d[as] abominações e d[a] imundícia d[a] fornicação dela. 5 E sobre a testa dela [estava] [o] nome tendo sido escrito: "MISTÉRIO, BABILÔNIA, A GRANDE; A MÃE DAS FORNICÁRIAS E DAS ABOMINAÇÕES DA TERRA." LTT

Ap 19:20 E **foi presa a Besta- Feroz , e com ela o Falso Profeta** (aquele havendo feito, debaixo do olhar dela, os sinais com que ele enganou- fez- extraviar aqueles havendo recebido a marca- sinal da Besta- Feroz , e aqueles [que estão] adorando a imagem dela). **[Ainda] vivendo, foram arremessados estes dois para dentro do Lago de Fogo,** o qual [está] queimando com enxofre; LTT

Mas (como enganador e assassino perseguidor, torturador e assassino dos crentes) o Falso Profeta será muitíssimo pior do que o mais prostituto- idólatra, mais demoníaco e sanguinário papa que já houve!

13.4. A 2ª Besta * De Ap 13 Faz Construir Uma Imagem De O Anticristo **, *** Manda Matar Todos Que Não A Adorarem; Põe *SOBRE* A Pele **** Dos Homens O Sinal- Marca ***** De O Anticristo

* (o Falso Profeta);
** (a imagem ainda não estará no Lugar Santo do 3º Templo, onde só será posta no dia 2520);
*** dá-lhe espírito, dá-lhe fala;
**** sobre a pele da mão direita ou da testa,
**** ou o seu nome, ou o número do seu nome

Ap 13:14.b-18. "14 ..., dizendo aos que habitam na terra que fizessem **uma imagem à besta que recebera a ferida da espada e vivia.** 15 E **foi-lhe concedido que desse espírito à imagem da besta, para que também a imagem da besta falasse, e fizesse que fossem mortos todos os que não adorassem a imagem da besta**. 16 E **faz que a todos**, pequenos e grandes, ricos e pobres, livres e servos, **lhes seja posto um sinal na sua mão direita, ou nas suas testas,** 17 Para que **ninguém possa comprar ou vender, senão aquele que tiver o sinal, ou o nome da besta, ou o número do seu nome**. 18 Aqui há sabedoria. Aquele que tem entendimento, calcule o número da besta; porque é o número de um homem, e o seu número é seiscentos e sessenta e seis." (Ap 13:14.b-18 ACF)

13.5. Os 144.000 Continuam A Pregar

Pregam protegidos por Deus, intocáveis e com poder (tais como Elias); pregam através de todo o m² de todo mundo; pregam com muitos frutos (tais como Paulo). Veja Seção 8.2.

14. →» Nosso Ponto De Partida Para Análise E Compreensão Da Descrição Do Restante Da 70-SD, Em Apocalipse

14.1. Há Várias Passagens Da Bíblia Que São RECAPITULAÇÕES De Outras

Pensa você que, na Bíblia, quando ela descreve eventos aparentemente sequenciais que ocorreram no passado ou ocorrerão no futuro, o que vem numa página sempre, obrigatoriamente acontece antes do que vem na página seguinte? Que páginas em sequência ascendente sempre tratam de eventos em sequência ascendente quanto ao tempo? Bem, permita que lhe submeta a observação de que, na maioria das vezes, isto pode ser assim, mas há muitas e importantes exceções. Em muitos e importantes casos, o que é descrito depois ocorre antes ou em paralelo com o que é descrito antes.

Exemplo: Focalizemos os 4 evangelhos. Quem faria o absurdo de pensar que, se colarmos Mt, Mc, Lc, Jo formando um único livro sem divisões, então todo os eventos da 1ª à última página estarão estão em rigorosa sucessão, sem nenhuma repetição, sem nenhuma superposição, de modo que todos os eventos descritos em João sempre são diferentes e posteriores aos de Lucas, e estes aos de Marcos, e estes aos de Mateus??? Ao contrário, todos entendemos que os 4 evangelhos são basicamente RECAPITULAÇÕES um dos outros:

. Mateus inicia com a genealogia do Cristo começando por Abraão, descreve os maravilhosos ministério terrestre e evangelho do Deus encarnado, e termina com o Cristo ressurreto dando a Grande Comissão aos seus 11 apóstolos, na *Galileia*;

. Marcos retrocede na linha de tempo traçada por Mateus, mas somente retrocede até o ponto que começa com o ministério de João o Submersor, com a submersão de Jesus e com Sua tentação, e RECAPITULA (sob diferente ponto de vista) os maravilhosos ministério terrestre e evangelho do Deus encarnado, e termina com o Cristo dando a Grande Comissão aos seus 11 discípulos, cerradas as portas, ainda em *Jerusalém*;

. Lucas retrocede, mas somente retrocede até o ponto que começa com o anúncio do nascimento de João o Submersor, e faz a mesma RECAPITULAÇÃO (sob outro ponto de vista), e termina com a ascensão do Cristo em *Betânia*;

. João retrocede e vai até o princípio antes da criação de todo espaço, matéria e vida do universo (o Verbo eterno era eternamente Deus e estava com Deus), depois este evangelho novamente faz a mesma RECAPITULAÇÃO (sob mais um ponto de vista) e termina com a aparição do Cristo a Seus discípulos junto ao *mar de Tiberíades*.

Por causa disto tudo, uma das leis da Hermenêutica (que é a ciência da interpretação) Bíblica é a
"LEI DA RECAPITULAÇÃO":
Passagens em páginas sucessivas da Bíblia às vezes podem e têm que ser reconhecidas como sendo recapitulações, repetições de um mesmo fato sob diferentes ênfases e diferentes pontos de vista (Por exemplo: os 4 evangelhos; os sonhos de Faraó (o sonho das vacas e o sonho das espigas); Gen 1:1 e os outros relatos da criação em Gênesis 1:2-31 e 2:4-25; Mateus 24 e os 7 selos + 7 trombetas + 7 taças de Apocalipse; etc.).

14.2. Mt 24 E Os 7 Selos, 7 Trombetas E 7 Taças De Apoc. São RECAPITULAÇÕES e complementações

Em grande parte, as 4 passagens bíblicas a eles correspondentes, mesmo se tiverem alguns detalhes *complementares* (nunca contraditórios), sobrepõem-se, são paralelas, são repetições, são visões recapitulando os mesmos fatos sob pontos de vista diferentes e *complementares* (mas não contraditórios), cada vez visando enfatizar um desses pontos de vista.

Se compararmos muito atentamente as descrições dos 7 selos, das 7 trombetas e das 7 taças, no livro de Apocalipse, perceberemos que não são 21 eventos diferentes, um após o outro, mas, sim, basicamente, muitos deles são paralelos, são repetições, são visões recapitulando os mesmos fatos sob diferentes pontos de vista e para enfatizá-los.

Rogo-lhe, você mesmo examine com todo cuidado, na sua própria Bíblia, eu o convido. E notará a enorme **correspondência,** por exemplo, **entre os 6º e 7º Selos, e a 7ª Trombeta, e a 7ª Taça:**

6º e 7º Selos (Ap 6,7,8)	7ª Trombeta (Ap 11)	**7ª Taça** (Ap 16,20)
1. Um grande **tremor** de terra (Ap 6:12, 6º Selo)	1. Um grande **terremoto** (Ap 11:19)	1. Um grande **terremoto** (Ap 16:18,19)
2. **Vozes, e trovões, e relâmpagos e terremotos** (Ap 8:5, considerando que ainda está no 7º Selo, portanto ainda não começou a 1ª Trombeta)	2. Relâmpagos, e vozes, e trovões, e terremotos. (Ap 11:19)	2. Vozes, trovões, relâmpagos, e um grande terremoto (Ap 16:18)
3. **Anjo clama com alta voz** (Ap 7:2, ainda 6º Selo?)	3. Grandes vozes no céu (Ap 11:15)	3. Grande voz do céu (Ap 16:17)
4. Todos os montes e ilhas são removidos dos seus lugares (Ap 6:14, 6º Selo)	4. ---	4. Todas as ilhas fogem para longe; e os montes não mais se acham em seus lugares (Ap 16:20)
5. ---	5. **Grande saraiva** (granizo) (Ap 11:19)	5. **Grande saraiva** (granizo), pedras (de gelo) de 45 kg (Ap 16:21)
6. ---	6. Templo aberto no céu, vozes ouvidas (Ap 11:19)	6. Grande voz do Templo (Ap 16:17)
7. É vindo o **grande dia da Sua ira** (Ap 6:17, 6º Selo)	7. **Veio a Tua ira** (Ap 11:18)	7. Furor da Sua ira. (Ap 16:19)
8. **Silêncio no céu** (Ap 8:1, 7º Selo)	8. **Mistério de Deus cumprido** (Ap 10:7, que se refere à 7ª Trombeta, a qual vem bastante adiante, no capítulo 11)	8. "Está feito" (Ap 16:17)
9. Grande **multidão no céu** (Ap 7:9, ainda 6º Selo?)	9. Tempo dos mortos [salvos], para que sejam julgados {*} (Ap 11:18) {* *vingados*}	9. **Ressurreição dos que foram salvos e mortos na 70ª Semana de Daniel** (Ap 20:4) (o 3º grupo do 1º tipo de Ressurreição, aquela para

		corpo glorificado)
10. ---	10. Reino dado ao Cristo (Ap 11:15)	10. **Cristo reina 1.000 anos** (Ap 20:4) (logo depois reinará eternamente, claro)
"12 E, havendo aberto o sexto selo, olhei, e eis que houve **um grande tremor de terra; e o sol tornou-se negro como saco de cilício, e a lua tornou-se como sangue; 13 E as estrelas do céu caíram sobre a terra**, como quando a figueira lança de si os seus figos verdes, abalada por um vento forte. 14 E **o céu retirou-se como um livro que se enrola; e todos os montes e ilhas foram removidos dos seus lugares. 15 E os reis da terra, e os grandes, e os ricos, e os tribunos, e os poderosos, e todo o servo, e todo o livre, se esconderam nas cavernas e nas rochas das montanhas; 16 E diziam aos montes e aos rochedos: Caí sobre nós, e escondei-nos do rosto daquele que está assentado sobre o trono, e da ira do Cordeiro; 17 Porque é vindo o grande dia da sua ira; e quem poderá subsistir?**" (Ap 6:12-17 ACF) "2 E **vi outro anjo** subir do lado do sol nascente, e que tinha o selo do Deus vivo; e **clamou com grande voz aos quatro anjos**, a quem fora dado o poder de danificar a terra e o mar, 3 Dizendo: Não danifiqueis a terra, nem o mar, nem as árvores, até que hajamos assinalado nas suas testas os servos do nosso Deus. ...9 Depois destas coisas olhei, e **eis**	"Mas nos dias da voz do sétimo anjo, quando tocar a sua trombeta, **se cumprirá o segredo de Deus**, como anunciou aos profetas, seus servos." (Ap 10:7 ACF) "15 E o sétimo anjo tocou a sua trombeta, e **houve no céu grandes vozes**, que diziam: **Os reinos do mundo vieram a ser de nosso SENHOR e do seu Cristo, e ele reinará para todo o sempre.** ... 18 E iraram-se as nações, e **veio a tua ira, e o tempo dos mortos, para que sejam julgados** {*}, e o tempo de dares o galardão aos profetas, teus servos, e aos santos, e aos que temem o teu nome, a pequenos e a grandes, e o tempo de destruíres os que destroem a terra. 19 E **abriu-se no céu o templo de Deus, e a arca da sua aliança foi vista no seu templo**; e houve relâmpagos, e vozes, e trovões, e terremotos e grande saraiva." (Ap 11:15-19 ACF) {* vingados}	"17 ¶ E o sétimo anjo derramou a sua taça no ar, e **saiu grande voz do templo do céu, do trono, dizendo: Está feito**. 18 E **houve vozes, e trovões, e relâmpagos, e um grande terremoto, como nunca tinha havido desde que há homens sobre a terra; tal foi este tão grande terremoto. 19 E a grande cidade fendeu-se em três partes, e as cidades das nações caíram**; e da grande Babilônia se lembrou Deus, para lhe dar o cálice do vinho da **indignação da sua ira. 20 E toda a ilha fugiu; e os montes não se acharam. 21 E sobre os homens caiu do céu uma grande saraiva, pedras do peso de um talento**; e os homens blasfemaram de Deus por causa da praga da saraiva; porque a sua praga era mui grande." (Ap 16:17-21 ACF) "E vi tronos; e assentaram-se sobre eles, e foi-lhes dado o poder de julgar; e **vi as almas daqueles que foram decapitados pelo testemunho de Jesus, e pela palavra de Deus, e que não adoraram a besta, nem a sua imagem, e não receberam o sinal em suas testas nem em suas mãos; e viveram, e reinaram com Cristo durante mil anos.**" (Ap 20:4 ACF)

aqui uma multidão, a qual ninguém podia contar, de todas as nações, e tribos, e povos, e línguas, que estavam diante do trono, e perante o Cordeiro, trajando vestes brancas e com palmas nas suas mãos;..." (Ap 7:2,9 ACF)

"1 ¶ E, HAVENDO aberto o sétimo selo, fez-se silêncio no céu quase por meia hora. ... 5 E o anjo tomou o incensário, e o encheu do fogo do altar, e o lançou sobre a terra; e houve depois vozes, e trovões, e relâmpagos e terremotos. ..." (Ap 8:1,5 ACF)

Deus repetiu 3 (ou 5) vezes o que seriam os sinais do final da 70-SD: nos 7 selos de Ap 5-8 (também recapitulados nas 7 trombetas de Ap 8-11 e nas 7 taças de Ap 16,20), nos sinais de Mt 24, e na canção de Moisés em Dt 32:22-25,41-42. São 3 (a rigor, 5) narrativas da mesmíssima coisa. São recapitulações.

Você quer tomar alguns dias achando as correspondências entre essas 3 repetições (selos em Ap 5-8, sinais em Mt 24, e canção de Moisés nos versos Dt 32:22-25,41-42), e me enviar? Ou quer traduzir http://revelationscriptures.com/7-seals-matthew-24-song-moses-sung-deuteronomy-32-re-sung-revelation-153-god-tells-us-3-times/ , desenhar em português os mapas (muito bons), e me enviar ?

15. →» DIAS [1260 A 2369]: Tribulação Qual Nunca Houve.I: 2º Ao 4º *Cavalo*; 2º Ao 5º *Selo*; 1ª À 4ª *Trombeta*; 1ª À 5ª *Taça*

Explicação dos limites deste intervalo:
No dia 2520 (o último dia da 70-SD) todos os descrentes morrerão (nenhum entrará no Milênio).
Antes, em terrível sofrimento terão procurado a morte, mas não a acharão na terra durante 5 meses = 150 dias.
Portanto, no mais tardar, tal período de sofrimento sem morte alcançável pelos descrentes terá que terminar incluindo o dia 2520-1=2519, e começar incluindo o dia 2519-150+1=2369+1=2370, portanto [2370 a 2519].
O período precedente a tal, e que agora está em pauta, será o [1260 a 2369], e terá imenso, sem precedente número de mortes (mortes dentre os muitos descrentes, e mortes dentre os, relativamente poucos, crentes), mortandade tão sem precedente que somente será suplantada pelo clímax da 70-SD, no dia 2520.

15.1. Tom Geral De Toda 2ª Metade Da 70-SD

Por 3 ½ anos = 42 meses = 1260 dias de [1260 a 2520], O Anticristo estará terrivelmente blasfemando de Deus, movendo crudelíssima perseguição de morte aos que creram e foram salvos durante a 70-SD, fazendo os gentios descrentes pisotearem a cidade santa Ap 11:1-2; 13:5.

"1 ¶ E foi-me dada uma cana semelhante a uma vara; e chegou o anjo, e disse: Levanta-te, e mede o templo de Deus, e o altar, e os que nele adoram. 2 E deixa o átrio que está fora do templo, e não o meças; porque foi dado às nações {*}, e pisarão a cidade santa por quarenta e dois meses {*}." (Ap 11:1-2 ACF) {* *42 meses = 3 ½ anos = 2ª metade da 70-SD. Gentios (O Anticristo, o seu exército, os muçulmanos e a mesquita Al-Aqsa) cruelmente pisotearão o átrio exterior do Templo, talvez todo o Monte Sião e até toda Jerusalém, em blasfêmia.}*

"E foi-lhe dada uma boca, para proferir grandes coisas e blasfêmias; e deu-se-lhe poder para agir por quarenta e dois meses." (Ap 13:5 ACF)

[Quase] todos os habitantes de toda a terra serão tremendamente cegos e enganados, loucamente seguirão falsos profetas e O Anticristo (muitos pensarão que ele é o verdadeiro Messias prometido e salvador) 2Ts 2:8-11

8) E, então, será revelado aquele desprezador- da- lei (a quem o Senhor "consumirá" "pelo assopro da Sua boca", e anulará pelo esplendor da Sua vinda). 9) A vinda de quem é segundo [a] energizada- operação- de Satanás, em todo [o] poder e sinais e prodígios de mentira, 10) E em todo [o] engano da injustiça naqueles [que estão] se fazendo perecer (em- pagamento porque não receberam o amor da verdade a fim de ser[em] eles salvos). 11) E, por causa disso, lhes enviará Deus [a] energizada- operação- d[o] enganar, para crer[em] eles para dentro da mentira,

Todos os não salvos, sobre todo o mundo, uns aos outros trairão e odiarão, e feroz e incansavelmente perseguirão, atormentarão e matarão os servos de Deus Mt 24:9-11.
"9 Então vos hão de entregar para serdes atormentados, e matar-vos-ão; e sereis

odiados de todas as nações por causa do meu nome. 10 Nesse tempo muitos serão escandalizados, e trair-se-ão uns aos outros, e uns aos outros se odiarão. 11 E surgirão muitos falsos profetas, e enganarão a muitos." (Mt 24:9-11 ACF)

15.2. O Diabo, Vendo-Se Restrito Ao Planeta Terra, Persegue Israel Esforçando-Se Para Completamente Exterminá-Lo

2/3 dos israelitas são mortos, mas 1/3 recebe duas asas de águia e voa para o deserto, onde é defendido e sustentado através dos 1260 últimos dias da 70-SD Ap 12:6,13-17; Zc 13:8-9

"E a mulher {*} fugiu para o deserto, onde já tinha lugar preparado por Deus, para que ali fosse alimentada durante mil duzentos e sessenta dias." (Ap 12:6 ACF) {* esta mulher é a nação de descendente do patriarca Israel}

"13 E, quando o dragão viu que fora lançado na terra, perseguiu a mulher que dera à luz o filho homem. 14 E foram dadas à mulher duas asas de grande águia {**}, para que voasse para o deserto, ao seu lugar, onde é sustentada por um tempo, e tempos, e metade de um tempo {*}, fora da vista da serpente. 15 E a serpente lançou da sua boca, atrás da mulher, água como um rio, para que pela corrente a fizesse arrebatar. 16 E a terra ajudou a mulher; e a terra abriu a sua boca, e tragou o rio que o dragão lançara da sua boca. 17 E o dragão irou-se contra a mulher, e foi fazer guerra ao remanescente da sua semente, os que guardam os mandamentos de Deus, e têm o testemunho de Jesus Cristo." (Ap 12:13-17 ACF)

{* Um tempo, e [dois] tempos, e metade de um tempo, são 1+2+(1/2) = 3 ½ anos de 360 dias = 42 meses de 30 dias = 1260 dias}

{** Achamos possível que tais "duas asas de águia" referem-se a um resgate pelos Estados Unidos (e outros países não da área <u>geográfica</u> do Império Romano), usando transporte em massa de milhões de pessoas em milhares de aviões, em poucas horas ou dias. Se 1 avião com 500 passageiros decolar a cada minuto, usando 2 ou 3 aeroportos (por exemplo, as várias pistas de Hartsfield, o Jackson Atlanta International Airport, têm a capacidade total de até 237 voos/hora!), 60*500*24 = 720.000 pessoas seriam transportadas a cada dia, necessitando de 720.000/500 = 1.440 aviões se cada um pudesse fazer sua ida e volta em 24 horas. Outros acham que a fuga poderia ser para Bozra/Petra na Jordânia, mas achamos isso improvável, pois: Lá seria mais fácil O Anticristo atacá-la dentro dos 1260 dias que lhe restam; não há víveres suficientes para 1/3 de Israel, por tanto tempo; e os versos sobre a fuga para Bozra/Petra não falam de 3 ½ anos (a fuga do muito pequeno remanescente de Israel para Bozra somente ocorrerá ao final da 70-SD)}

"8 E acontecerá em toda a terra {*}, diz o SENHOR, que as duas partes dela serão extirpadas, e expirarão; mas a terceira parte restará nela. 9 E farei passar esta terceira parte pelo fogo, e a purificarei, como se purifica a prata, e a provarei, como se prova o ouro. Ela invocará o meu nome, e eu a ouvirei; direi: É meu povo; e ela dirá: O SENHOR é o meu Deus." (Zacarias 13:8-9 ACF) *{"a terra", aqui, é a terra de Israel}*

Próximo ao final, deve sobreviver em Jerusalém apenas 1/10 da população inicial Is 6:13. De novo atacado no dia 2517, depois veremos que este pequeno remanescente foge para Bozra, para evitar ser exterminado até ao último homem.

Is 6:13) Porém ainda a décima parte [*ficará*] nela, e tornará a ser pastada; [*e*] como o carvalho, e como a azinheira, que depois de se desfolharem, [*ainda*] ficam firmes, [*assim*] a santa semente será a firmeza dela.

15.3. O 2º Selo = 2º Cavalo (segundo cavalo), O Cavalo Vermelho. Guerras

(¼ da humanidade é morta). **Rumores de guerra** (mundialmente: *dentro de* cada nação (em lutas internas), e *entre* todas as nações). **Paz tirada e ausente de toda a terra. Enormes matanças e mortandades** Mt 24:6-7.a; Ap 6:3-4.

"6 E ouvireis de guerras e de rumores de guerras; olhai, não vos assusteis, porque é mister que isso tudo aconteça, mas ainda não é o fim. 7 Porquanto se levantará nação contra nação, e reino contra reino, ..." (Mt 24:6-7 ACF)

"3 ¶ E, havendo aberto o segundo selo, ouvi o segundo animal, dizendo: Vem, e vê. 4 E saiu outro cavalo, vermelho; e ao que estava assentado sobre ele foi dado que tirasse a paz da terra, e que se matassem uns aos outros; e foi-lhe dada uma grande espada." (Ap 6:3-4 ACF)

15.4. O 3º Selo = 3º Cavalo (terceiro cavalo), O Cavalo **Preto**. **Fome** E Terremotos Em Escala Mundial

(3 ½ anos sem chover 1 gota de água em nenhum m² da terra, mais guerras e terremotos em escala mundial, já bastariam para centenas de milhões morrerem em tremenda fome mundial!). Mt 24:7.b,8; Ap 6:5-6.

"7 Porquanto se levantará nação contra nação, e reino contra reino, e haverá fomes, e pestes, e terremotos, em vários lugares. 8 Mas todas estas coisas são o princípio de dores." (Mt 24:7-8 ACF)

"5 E, havendo aberto o terceiro selo, ouvi dizer ao terceiro animal: Vem, e vê. E olhei, e eis um cavalo preto e o que sobre ele estava assentado tinha uma balança na mão. 6 E ouvi uma voz no meio dos quatro animais, que dizia: Uma medida de trigo por um dinheiro, e três medidas de cevada por um dinheiro; e não danifiques o azeite e o vinho." (Ap 6:5-6 ACF)

15.5. O 4º Selo = 4º Cavalo (quarto cavalo), O Cavalo **Amarelo**. Pestes, Fome. **Morte Seguida Pelo Inferno**. Tudo Isto Em Escala Mundial

¼ da população da terra (7 bilhões, em 2011) **é morto** (são mortos 1750 milhões. Ficam restando 5250 milhões).
3 ½ anos sem chover 1 gota de água em nenhum m² da terra, mais guerras e terremotos em escala mundial, cadáveres em putrefação, hospitais e estradas destruídos, caos generalizado, já bastariam para pestes, mais fome e mais mortes mundiais.
Bilhões indo violentamente para o Inferno, em pouco tempo. Ap 6:7-8

"7 E, havendo aberto o quarto selo, ouvi a voz do quarto animal, que dizia: Vem, e vê. 8 E olhei, e eis um cavalo amarelo, e o que estava assentado sobre ele tinha por nome Morte; e o inferno o seguia; e foi-lhes dado poder para matar a quarta parte da terra, com espada, e com fome, e com peste, e com as feras da terra." (Ap 6:7-8 ACF)

15.6. O 5º Selo. Mártires Clamam No Céu

(Acreditamos que isto NÃO inclui os 144.000 judeus virgens selados, pois só é certo que são selados em suas testas antes da 1ª Trombeta = 1ª Taça (abaixo), e antes da 2ª Trombeta = 2ª Taça, e isto nos leva a esperar que tenham muitos dias de ministério depois disso.)
Ap 6:9-11 "9 ¶ E, havendo aberto o quinto selo, vi debaixo do altar as almas dos que foram mortos por amor da palavra de Deus e por amor do testemunho que deram. 10 E clamavam com grande voz, dizendo: Até quando, ó verdadeiro e santo Dominador, não julgas e vingas o nosso sangue dos que habitam sobre a terra? 11 E foram dadas a

cada um compridas vestes brancas e **foi-lhes dito que repousassem ainda um pouco de tempo, até que também se completasse o número de seus conservos e seus irmãos, que haviam de ser mortos como eles foram."** (Ap 6:9-11 ACF)

15.7. Os 144.000 Judeus Virgens Convertidos São Selados (com o nome do Pai) Sobre Suas Testas

, e continuam a pregar: protegidos, intocáveis e com poder (tais como Elias); e por todo o mundo e com muitos frutos (tais como Paulo). Ver Seção 8.2.

Este selo sobre suas testas parece ser especificamente para que os 144.000 sejam poupados pelos flagelos que os anjos de Deus derramarão sobre a terra a partir do 7º selo, pois depois do 6º selo lemos a ordem aos 4 anjos Ap 7:2-3. 2) E vi outro anjo havendo subido proveniente- de- junto- do nascente d[o] sol, tendo ele [o] selo de [o] Deus [que está] vivendo; e **clamou com grande voz aos quatro anjos** (aos quais lhes foi dado danificar a terra e o mar), 3) Dizendo: **"Não danifiqueis a terra, nem o mar, nem as árvores, até havermos SELADO os varões- escravos de o nosso Deus sobre** [as] **suas testas."**

Portanto, este selo sobre as testas é dado antes de: (a) a 1ª Trombeta Ap 8:2-7 = a 1ª Taça Ap 16:1-2 = Jl 2:30, quando são queimados 1/3 da terra, 1/3 das árvores, e toda erva verde (versos seguem abaixo); e antes de (b) a 2ª Trombeta Ap 8:8-9 = 2ª Taça Ap 16:3 = Jl 2:30, quando o mar se torna sangue e morrem todos seres vivos nele (versos seguem abaixo). Portanto, os 144.000 são selados em algum ponto entre os dias [1260 a 2369].

Observe que tais 144.000 foram convertidos depois do Arrebatamento, mas antes do início da 70-SD (veja Cap. 6.), mesmo que somente são mencionados bem depois, em Ap 7. Observe também que eles começam a pregar mesmo ainda não selados.

O fato de os 144.000 só serem selados depois do 6º selo, entre os dias [1260 a 2369], não impede que o Anticristo, mesmo sem "a máxima possível campanha de propaganda em todos os meios de comunicação", tenha continua e intensamente tentado parar a pregação deles e matá-los, já durante os dias [1 a 1259], depois disso tenha tentado da forma mais aberta e total, mas Deus, de alguma poderosa forma (quer providencialmente, usando as ovelhas que porá à direita no Julgamento das Nações, quer milagrosamente), mesmo sem lhes ter posto selo visível, protegeu suas vidas e abençoou suas pregações.

Uma selagem por Deus pode representar:
  a) proteção para homens *jamais* serem tocados por dano físico ou de serem mortos, assassinados: isso não pode ser o caso aqui, por causa de Ap 6:11: E foram dadas a cada um [deles] compridas- vesteS brancaS, e lhes foi dito que repousassem ainda um pouco de tempo, até que se completasse [o número] tanto [d]os seus companheiros- escravos como [d]os **seus irmãos, aqueles estando para ser mortos igualmente como também eles [foram]**. (portanto, os 144.000 não foram selados para que *jamais* sofressem dano nem fossem mortos, assassinados). E por causa de Ap 9:4 E lhes foi ordenado que **não fizessem dano à erva da terra, nem a qualquer coisa verde, nem a toda árvore, senão aos homens somente, quaisquer que não têm o selo de Deus sobre as suas testas.** (portanto, o selo dos 144.000 não os protegeu para sempre de serem mortos, mas os protegeu contra tremendos flagelos trazidos pelos anjos ordenados por Deus;)

  b) proteção para, durante o tempo determinado por Deus, não serem tocados por dano físico ou serem mortos, mas o serem depois: isso é verdadeiro aqui, veja os mesmos Ap 6:11 (acima); 9:4 (acima);

  c) sinal de ser propriedade de Deus: isto também é verdadeiro aqui. Ap 13:16-17;

¹⁶ E faz, a todos (os pequenos e os grandes, e os ricos e os pobres, e os livres e os escravos), que ela **lhes dê uma marca- sinal sobre a mão direita deles, ou sobre as suas testas,** ¹⁷**E a fim de que nenhum homem possa comprar ou vender, exceto aquele tendo a marca- sinal (ou o nome) da Besta- Feroz , ou o número de o nome delE.** (do mesmo modo que ter a marca da besta implica ser propriedade dela, ter o selo de Deus implica ser propriedade dEle)

e/ou

d) preservação da vida espiritual, para sempre em comunhão com Deus: isto é verdadeiro aqui. Ap 7:9-17

⁹⁾ Depois destas coisas, olhei, e eis, aqui, uma grandE multidão- de- homens, a qual contá-la nenhum homem podia, provenientes- de- dentro de todas nações, e tribos, e povos, e línguas, tendo [*eles*] se postado diante do trono e diante do Cordeiro, tendo [*eles*] sido trajados com compridas vestes brancas, e [*segurando*] folhas- de- palmeiras nas suas mãos; ¹⁰⁾ **E clamavam com grande voz, dizendo: "A salvação [*pertence*] a o nosso Deus (Àquele estando- assentado sobre o trono), e ao Cordeiro!"** ¹¹⁾ E todos os anjos tinham-se postado em- circunferência- ao- redor do trono, e dos anciãos, e das quatro Criaturas viventes; e prostraram-se diante do trono sobre [*os*] seus rostos, e adoraram a Deus, ¹²⁾ Dizendo: "Amém. O louvor, e a glória, e a sabedoria, e as expressões de [*toda a*] gratidão, e a honra, e o poder, e a fortaleza [*sejam*] a o nosso Deus, para os séculos dos séculos. Amém." ¹³⁾ E respondeu um [*só*], proveniente- de- entre os anciãos, dizendo-me: "Estes, aqueles tendo sido vestidos de compridas vestes brancas, quem são eles? E de onde vieram eles?" ¹⁴⁾ E tenho lhe dito: "Ó senhor, *tu* [*o*] tens sabido." E ele me disse: "**Estes são aqueles que [*estão*] vindo para- fora- da tribulação (a grande), e lavaram- através- de- mergulho [*as*] suas compridas vestes (e branquearam [*as*] suas compridas vestes) no sangue do Cordeiro. ¹⁵⁾ Por isso estão eles diante do trono de Deus, e a Ele prestam culto, de dia e de noite, no Seu lugar- santo; e Àquele estando- assentado sobre o trono estenderá- [*Seu-*] tabernáculo- tenda sobre eles.** ¹⁶⁾ Não sofrerão fome nunca mais, nem terão sede nunca mais; nem de modo nenhum desabará sobre eles o sol , nem nenhum calor- abrasador. ¹⁷⁾ Porque **o Cordeiro que [*está*] n[*o*] meio do trono os apascentará , e os guiará às fontes** [*que estão*] **vivendo, de águas; e limpará Deus toda lágrima para- longe- dos olhos deles."**

Acreditamos que, durante a 1ª metade da 70-SD e boa parte da 2ª metade, os 144.000 trabalharão e frutificarão como se fossem 144.000 apóstolos Paulo, com a diferença de que, como Elias em 2Rs 1:9-14, não poderão ser parados nem mortos até que completem sua missão de incansável e poderosamente pregar o Evangelho do Reinar [distinto do Evangelho da Graça, veja Cap. 6.5.] em todo m² da terra Mt 24:14, particularmente aos gentios mais longínquos que nunca ouviram o verdadeiro Evangelho.

2Rs 1:9) Então o rei lhe enviou um capitão de cinquenta com seus cinquenta; e, tendo subido a ele (porque eis que [*Elias*] [*estava*] assentado sobre o cume do monte), disse-lhe: Homem de Deus, o rei diz: Desce. 10) Mas **Elias respondeu, e disse ao capitão de cinquenta: Se eu, pois, [*sou*] homem de Deus, desça fogo do céu, e consuma a ti e aos teus cinquenta. Então fogo desceu do céu, e consumiu a ele e aos seus cinquenta.** 11) E tornou ele a enviar-lhe outro capitão de cinquenta, com os seus cinquenta; ele respondeu a ele, dizendo: Homem de Deus, assim diz o rei: Desce depressa. 12) E respondeu Elias, e disse-lhe: **Se eu [*sou*] homem de Deus, desça fogo do céu, e consuma a ti e aos teus cinquenta. Então o fogo de Deus desceu do céu, e consumiu a ele e aos seus cinquenta.** 13) E tornou ele a enviar um [*terceiro*] capitão de cinquenta, com os seus cinquenta; então subiu o terceiro capitão de cinquenta e, chegando, curvou-se sobre seus joelhos diante de Elias, e suplicou-lhe, dizendo: Homem de Deus, seja, peço-te, preciosa aos teus olhos a minha vida, e a vida destes cinquenta teus servos. 14) Eis que fogo desceu do céu, e consumiu aqueles dois primeiros capitães de cinquenta, com os seus cinquenta; porém, agora **seja preciosa aos teus olhos a minha vida.**

Mt 24:14 E **será pregado, em TODO O MUNDO, este evangelho do REINAR** para testemunho a todas as NAÇÕES. E, então, virá o fim.

15.8. A 1ª Trombeta Ap 8:2-7 (Saraiva (granizo) E Fogo) = 1ª Taça Ap 16:1-2 (Chaga Má E Maligna Nos Seguidores De O Anticristo) = Jl 2:30 (Sangue E Fogo)

São queimadas 1/3 da terra, 1/3 das árvores, e toda erva verde.

"... 5 E o anjo tomou o incensário, e o encheu do fogo do altar, e o lançou sobre a terra; e houve depois vozes, e trovões, e relâmpagos e terremotos. 6 E os sete anjos, que tinham as sete trombetas, prepararam-se para tocá-las. 7 ¶ E o primeiro anjo tocou a sua trombeta, e houve saraiva e fogo misturado com sangue, e foram lançados na terra, que foi queimada na sua terça parte; queimou-se a terça parte das árvores, e toda a erva verde foi queimada." (Ap 8:2-7 ACF)

"1 ¶ E ouvi, vinda do templo, uma grande voz, que dizia aos sete anjos: Ide, e derramai sobre a terra as sete taças da ira de Deus. 2 E foi o primeiro, e derramou a sua taça sobre a terra, e fez-se uma chaga má e maligna nos homens que tinham o sinal da besta e que adoravam a sua imagem." (Ap 16:1-2 ACF)

"E mostrarei prodígios no céu, e na terra, sangue e fogo, e colunas de fumaça." (Jl 2:30 ACF)

15.9. A 2ª Trombeta Ap 8:8-9 (Grande Coisa, Em Fogo, Lançada No Mar, 1/3 Dele Vira Sangue) = 2ª Taça (Mares Como Sangue) Ap 16:3 = Jl 2:30 (acima) (Mar Se Torna Sangue, Morre Tudo Nele)

"8 E o segundo anjo tocou a trombeta; e foi lançada no mar uma coisa como um grande monte ardendo em fogo, e tornou-se em sangue a terça parte do mar. 9 E morreu a terça parte das criaturas que tinham vida no mar; e perdeu-se a terça parte das naus." (Ap 8:8-9 ACF)

"E o segundo anjo derramou a sua taça no mar, que se tornou em sangue como de um morto, e morreu no mar toda a alma vivente." (Ap 16:3 ACF)

15.10. A 3ª Trombeta Ap 8:10-11 (Absinto, Estrela Em Chamas, 1/3 Das Águas Doces Tornadas Amargo Veneno, Muitos Morrem) = 3ª Taça Ap 16: 4 (Rios E Fontes Tornados Em Sangue) = Jl 2:30 (acima) (Sangue)

"10 E o terceiro anjo tocou a sua trombeta, e caiu do céu uma grande estrela ardendo como uma tocha, e caiu sobre a terça parte dos rios, e sobre as fontes das águas. 11 E o nome da estrela era Absinto, e a terça parte das águas tornou-se em absinto, e muitos homens morreram das águas, porque se tornaram amargas." (Ap 8:10-11 ACF)

"E o terceiro anjo derramou a sua taça nos rios e nas fontes das águas, e se tornaram em sangue." (Ap 16:4 ACF)

15.11. Mt 24:29 (Potências Dos CéuS Abaladas) = Jl 2:30.a ^(acima) (Prodígios No Céu) = 4ª Taça Ap 16:8-9 (Sol Abrasa As Pessoas)

"E, logo depois da aflição daqueles dias, **o sol escurecerá, e a lua não dará a sua luz, e as estrelas cairão do céu, e as potências dos céus serão abaladas.**" (Mt 24:29 ACF)

"8 ¶ E **o quarto anjo derramou a sua taça sobre o sol, e foi-lhe permitido que abrasasse os homens com fogo. 9 E os homens foram abrasados com grandes calores, e blasfemaram o nome de Deus,** que tem poder sobre estas pragas; e não se arrependeram para lhe darem glória." (Ap 16:8-9 ACF)

15.12. Mt 24:29 bis ^(acima) (Potências Dos Céus Abaladas) = 4ª Trombeta Ap 8:12-13 (Astros Escurecidos) = 5ª Taça Ap 16:10-11 (Trevas, Chagas, Blasfêmias, Mastigação De Línguas) Jl 2:30-31 (Prodígios Nos Céu E Terra, Sangue E Fogo, Sol Em Trevas, Lua Em Sangue)

"12 E o quarto anjo tocou a sua trombeta, e **foi ferida a terça parte do sol, e a terça parte da lua, e a terça parte das estrelas; para que a terça parte deles se escurecesse, e a terça parte do dia não brilhasse, e semelhantemente a noite.** 13 E olhei, e ouvi um anjo voar pelo meio do céu, dizendo com grande voz: Ai! ai! ai! dos que habitam sobre a terra! por causa das outras vozes das trombetas dos três anjos que hão de ainda tocar." (Ap 8:12-13 ACF)

"10 E o quinto anjo **derramou a sua taça sobre o trono da besta, e o seu reino se fez tenebroso; e eles mordiam as suas línguas de dor.** 11 E por causa das suas dores, e por causa das suas **chagas, blasfemaram do Deus do céu**; e não se arrependeram das suas obras." (Ap 16:10-11 ACF)

"30 E mostrarei **prodígios no céu, e na terra, sangue e fogo, e colunas de fumaça. 31 O sol se converterá em trevas, e a lua em sangue,** antes que venha o grande e terrível dia do SENHOR." (Jl 2:30-31 ACF)

16. →» DIAS [2370 A 2516]: Tribulação Qual Nunca Houve.II: Vizinhos Atacam, Israel Os Vence; Rei Do Sul E Rússia (sua 1ª vez) Atacam, O Anticristo Os Vence; 5 Meses De Tormentos Sem Achar A Morte; 5ª Trombeta; Babilônia Religiosa Destruída

Explicação dos limites deste intervalo: No dia 2520 (o último dia da 70-SD) ímpios morrerão. Antes, ímpios em terrível sofrimento terão procurado a morte, mas, durante 5 meses = 150 dias, eles não conseguirão achá-la sobre toda a terra. Portanto, no mais tardar, tal período de sofrimento sem morte alcançável pelos ímpios terá que terminar incluindo o dia 2520-1=2519, e começar incluindo o dia 2519-150+1=2369+1=2370, portanto [2370 a 2519]. Mas veremos no Cap. 17.3 que as 2 testemunhas serão decapitadas por machado pelo Anticristo no dia 2516,5, portanto o intervalo que estudaremos agora será [2370 a 2516], deixaremos o resto [2516,5 a 2520] para depois.

Durante todo este intervalo de 147 dias:
- **Continuam todos os sofrimentos começados e descritos desde o dia 1260**. A única diferença é que não conseguirão encontrar a morte os ímpios que não suportarão o tormento e a procurarão (por suicídio), .
- **Os 144.000 continuam a pregar**. Pregam protegidos por Deus, intocáveis e com poder (tais como Elias); pregam a todo o m^2 de todo mundo; pregam com muitos frutos (tais como Paulo). Veja a seção 8.2.

16.1. DIA 2370: 5ª Trombeta. 1º Ai. Estrela Cai. Abismo Aberto. Fumação. 5 Meses De Gafanhotos Torturadores, Morte Buscada E Não Achada Ap 9:1-12

Os gafanhotos do poço do abismo (incessante e terrivelmente, causando dor e destruição de tecidos, como escorpiões) torturarão por 5 meses somente aos homens não assinalados por Deus (vs.5,10); desesperados, estes buscarão a morte (todo o tempo), mas não a encontrarão.

"1 ¶ E O QUINTO anjo tocou a sua trombeta, e vi uma estrela que do céu caiu na terra; e foi-lhe dada a chave do poço do abismo. 2 E abriu o poço do abismo, e subiu fumaça do poço, como a fumaça de uma grande fornalha, e com a fumaça do poço escureceu-se o sol e o ar. 3 E da fumaça vieram gafanhotos sobre a terra; e foi-lhes dado poder, como o poder que têm os escorpiões da terra. 4 E foi-lhes dito que não fizessem dano à erva da terra, nem a verdura alguma, nem a árvore alguma, mas somente aos homens que não têm nas suas testas o sinal de Deus. 5 E foi-lhes permitido, não que os matassem, mas que por cinco meses os atormentassem; e o seu tormento era semelhante ao tormento do escorpião, quando fere o homem. 6 E naqueles dias os homens buscarão a morte, e não a acharão; e desejarão morrer, e a morte fugirá deles. 7 E o parecer dos gafanhotos era semelhante ao de cavalos aparelhados para a guerra; e sobre as suas cabeças havia umas como coroas semelhantes ao ouro; e os seus rostos eram como rostos de homens. 8 E tinham cabelos como cabelos de mulheres, e os seus dentes eram como de leões. 9 E tinham couraças como couraças de ferro; e o ruído das suas asas era como o ruído de carros, quando muitos cavalos correm ao combate. 10 E tinham caudas semelhantes às dos escorpiões, e aguilhões nas suas caudas; e o seu poder era para danificar os homens por cinco meses. 11 E tinham sobre si rei, o anjo do abismo; em hebreu era o seu nome Abadom, e em grego Apoliom. 12 Passado é já um ai; eis que depois disso vêm ainda dois ais." (Ap 9:1-12 ACF)

16.2. O 1º Anjo De Ap 14 Prega O Evangelho Eterno

Ap 14:6-7 "6 ¶ E vi outro anjo voar pelo meio do céu, e tinha o evangelho eterno, para o proclamar aos que habitam sobre a terra, e a toda a nação, e tribo, e língua, e povo, 7 Dizendo com grande voz: Temei a Deus, e dai-lhe glória; porque é vinda a hora do seu juízo. E adorai aquele que fez o céu, e a terra, e o mar, e as fontes das águas." (Ap 14:6-7 ACF)

"*O evangelho eterno*, Ap 14:6: Ele será pregado aos moradores da terra no final da Grande Tribulação e imediatamente precedendo o julgamento das nações. [os conteúdos de sua benfazeja promessa e terrível condenação estão claros na passagem sobre o Julgamento das Nações, Mt 25:32-46.] Não é o Evangelho do Reinar, nem [o Evangelho] da Graça. Embora sua ênfase seja julgamento, não salvação, serão boas novas para Israel e para aqueles que, durante a Tribulação, tiverem sido salvos; Ap 7:9-14; Lc 21:28; Sl 96:11-13; Is 35:4-10." C.I Scofield, *Annotated Bible*, Rv 14:6.

Ap 7:9-14 9 Depois destas coisas, olhei, e eis, aqui, uma grandE multidão- de- homens, a qual contá-la nenhum homem podia, provenientes- de- dentro de todas nações, e tribos, e povos, e línguas, tendo [eles] se postado diante do trono e diante do Cordeiro, tendo [eles] sido trajados com compridas vestes brancas, e [segurando] folhas- de- palmeiras nas suas mãos, 10 E clamavam com grande voz, dizendo: "A salvação [pertence] a o nosso Deus (Àquele estando- assentado sobre o trono), e ao Cordeiro!" 11 E todos os anjos tinham-se postado em- circunferência- ao- redor do trono, e dos anciãos, e das quatro criaturas viventes; e prostraram-se diante do trono sobre [os] seus rostos, e adoraram a Deus, 12 Dizendo: "Amém. O louvor, e a glória, e a sabedoria, e as expressões de [toda a] gratidão, e a honra, e o poder, e a fortaleza [sejam] a o nosso Deus, para os séculos dos séculos. Amém." 13 E respondeu um [só], proveniente- de- entre os anciãos, dizendo-me: "Estes, aqueles tendo sido vestidos de compridas vestes brancas, quem são eles? E de onde vieram eles?" 14 E tenho lhe dito: "Ó senhor, *tu* [o] tens sabido." E ele me disse: "Estes são aqueles que [estão] vindo para- fora- da tribulação (a grande), e lavaram- através- de- mergulho [as] suas compridas vestes (e branquearam [as] suas compridas vestes) no sangue do Cordeiro. LTT

Lc 21:28 [Em] começando, porém, a acontecer estas coisas, olhai para cima e levantai as vossas cabeças, porque se aproxima a vossa redenção." LTT

Sl 96:11-13 11 Alegrem-se os céus, e regozije-se a terra; brame o mar e a sua plenitude. 12 Alegre-se o campo com tudo o que [há] nele; então cantarão- retumbando- de- júbilo todas as árvores do bosque, 13 Ante a face do SENHOR, porque Ele vem, porque vem a julgar a terra; julgará o mundo com justiça e os povos com a Sua verdade. LTT

Is 35:4-10 "4 Dizei aos turbados de coração: [*sede*] fortes, não temais; eis que o vosso Deus virá [*com*] vingança, [*com a plena*] recompensa de Deus; Ele virá, e vos salvará. 5 Então os olhos dos cegos serão abertos, e os ouvidos dos surdos serão desobstruídos. 6 Então os coxos saltarão como cervos, e a língua dos mudos cantarão- retumbando- de- júbilo; porque águas arrebentarão no deserto e ribeiros no ermo. 7 E a terra seca se tornará em lagoas, e a terra sedenta em fontes de águas; [*e*] nas habitações em que jaziam os dragões [*haverá*] capim com canas e juncos. 8 E ali haverá uma estrada, um caminho, que se chamará o Caminho de Santidade; o imundo não passará por ele, mas [*será*] para aqueles; os caminhantes, até mesmo os loucos, não errarão. 9 Ali não haverá leão, nem animal feroz subirá a ele, nem se achará nele; porém só os redimidos andarão [*por ele*]. 10 E os resgatados do SENHOR voltarão; e virão [*a Sião*] com cantos- retumbantes, e alegria eterna haverá sobre as suas cabeças; gozo e alegria alcançarão, e [*deles*] fugirá a tristeza e o gemido." LTT

16.3. O 2º Anjo De Ap 14 Profetisa Como Bem Próxima A Queda Da Babilônia

[tanto a cidade capital da Babilônia Religiosa (Ap 17) como a cidade capital da Babilônia Político-Econômica (Ap 18)]

Ap 14:8 "E outro anjo seguiu, dizendo: Caiu, caiu Babilônia, aquela grande cidade, que a todas as nações deu a beber do vinho da ira da sua prostituição." (Ap 14:8 ACF

16.4. Todos Os Países Vizinhos De Israel, E A Assíria, Determinam-Se O Aniquilar Sl 83:4, 6-8. Ele Os Vence E Pensa Ter Paz Duradoura Ez 39:11

Todos os vizinhos *imediatos* de Israel (e a Assíria, que hoje é a Síria e também pode incluir o Norte do Iraque e o Sudeste da Turquia?) ferozmente se determinam a, juntos e de uma só vez, invadir Israel e o exterminar até ao último ser vivo, de modo a nem sequer memória restar do nome Israel.

Sl 83:1-8 "1 ¶ Ó DEUS, não estejas em silêncio; não te cales, nem te aquietes, ó Deus, 2 Porque eis que teus inimigos fazem tumulto, e os que te odeiam levantaram a cabeça. 3 Tomaram astuto conselho contra o teu povo, e consultaram contra os teus escondidos. 4 Disseram: Vinde, e desarraiguemo-los para que não sejam nação, nem haja mais memória do nome de Israel. 5 Porque consultaram juntos e unânimes; eles se unem contra ti: 6 As tendas de Edom, e dos ismaelitas, de Moabe, e dos agarenos, 7 De Gebal, e de Amom, e de Amaleque, a Filístia, com os moradores de Tiro; 8 Também a Assíria se ajuntou com eles; foram ajudar aos filhos de Ló. (Selá.)" (Sl 83:1-8 ACF)

(os filhos de Ló são as nações dos moabitas e dos amonitas Gn 19:36-38)

Por outras Escrituras mostrando Israel sobrevivendo e gloriosa (como Zc 12:6; Am 9:15), sabemos que **Israel as vence**.

Zc 12:6 Naquele dia porei os governadores de Judá como um braseiro ardente no meio da lenha, e como um facho de fogo entre gavelas ; e à direita e à esquerda consumirão a todos os povos em redor, e Jerusalém será habitada outra vez no seu lugar, em Jerusalém; LTT
Am 9:15 E plantá-los-ei na sua terra, e não [*serão*] mais arrancados da sua terra que lhes dei, diz o SENHOR teu Deus." LTT

Achamos que esta guerra (de Israel, defendendo-se de ataque de seus vizinhos e da Assíria), guerra que resultará em uma vitória esmagadora, também resultará em grande expansão territorial e multiplicação dos recursos da nação de Israel, e trará uma **sensação de segurança e paz e descuido- negligência** entre seus habitantes, assim despertando a cobiça de Gogue, o príncipe de Magogue, a Rússia, que logo fará o 1º ataque a Israel, Ez 38:11 (ver Seção 16:6).

- Ez 38:11 E dirás: Subirei contra a terra das aldeias não muradas; virei contra os que [estão] em repouso, que habitam seguros; todos eles habitam sem muro, e não têm ferrolhos nem portas;

Mas há quem ache que a guerra de Israel defendendo-se de ataque por seus vizinhos e pela Assíria será parte da 1ª guerra de Gogue, da terra de Magogue. E há quem ache que será durante o intervalo de tempo entre o Arrebatamento e a Aliança. E há até mesmo quem ache que pode ser antes do Arrebatamento.

Modernamente:
Edomitas = Jordânia / partes da Cisjordânia (a Costa Ocidental do Rio Jordão)
Ismaelitas = O povo Árabe
Moabitas = Jordânia / partes da Cisjordânia (a Costa Ocidental do Rio Jordão)
Agarenos = Jordânia / o povo Árabe
Gebalitas = Líbano
Amonitas = Jordânia
Amalequitas = Sul de Israel / Gaza
Filístia = Gaza
Tiro = Líbano
Assíria = Síria / partes da Turquia e do Iraque
Os filhos de Ló = Jordânia

A Bíblia profetiza que Damasco, na Síria, será completamente destruída, nunca mais sendo habitada (Is 71:1).

"1 ¶ Peso de Damasco. Eis que Damasco será tirada, e já não será cidade, antes será um montão de ruínas. 2 As cidades de Aroer serão abandonadas; hão de ser para os rebanhos que se deitarão sem que alguém os espante. 3 E a fortaleza de Efraim cessará, como também o reino de Damasco e o restante da Síria; ... Ai do bramido dos grandes povos que bramam como bramam os mares, e do rugido das nações que rugem como rugem as impetuosas águas. 13 Rugirão as nações, como rugem as muitas águas, mas Deus as repreenderá e elas fugirão para longe; e serão afugentadas como a pragana dos montes diante do vento, e como o que rola levado pelo tufão. 14 Ao anoitecer eis que há pavor, mas antes que amanheça já não existe; esta é a parte daqueles que nos despojam, e a sorte daqueles que nos saqueiam." (Is 17:1-14 ACF)

Esta profecia ainda não foi cumprida. Portanto, certamente o será. Achamos que a destruição de Damasco será parte da guerra movida pelos vizinhos de Israel para o destruir (Sl 83, acima).

16.5. Cada Um De Todos Os Países Da Terra (exceto Israel) Estará Compondo Uma Das 4 Confederações Mundiais?

a) *Confederação do Império Romano (Redivivo)*: todos os países (quer na Europa, nas 3 Américas, no Continente Australiano, ou nas costas da África e da Ásia Oriental) descendentes daqueles totalmente absorvidos dentro do antigo Império Romano, mesmo se antes tivessem sido parte dos antigos impérios babilônico, ou medo-persa, ou greco-macedônico.

b) *Confederação do Norte* (o Rei no Norte, de Dn 11:6-8,11,13,15,40. Descrita em Ez 38:1-39:25 (pelo menos leia 38:15 e 39:2); Dn 11:40; Jl 2:1-27 (leia 2:20); Is 10:12; 30:31-33; 31:8,9. A principal passagem é Ez 38:2-6. Gogue é o homem líder da terra de Magogue, é o príncipe de Rôs [Rússia], de Meseque [Moscou, indicando a Rússia na Europa] e de Tubal [Tobolsky, indicando a Rússia na Ásia]. A confederação engloba a Rússia (liderando o bloco de países comunistas do Norte e do Leste da Europa) e seus aliados islamitas. Engloba Gomer (Alemanha?) & Togarma (Turquia?), Edom- Turquia, Ismael- Arábia Saudita, Gebal- Líbano, Moabe e Amom formando a Jordânia, Hagarenes formando parte da Síria;

c) *Confederação do Sul* (o Rei do Sul, de Dn 11:5,9,11,14,25,40) Pérsia- Irã, liderando os países islamitas mais insanamente agressivos e assassinos (Babilônia- Iraque, Líbia, Líbano, Iêmen, Etiópia, Egito e parte do Sudão). Ver http://solascriptura-tt.org/EscatologiaEDispensacoes/Dn11.40-Quem_Sera_O_Rei_Do_Sul.Iran.Islamismo-Helio.htm); e

d) *Confederação do Leste* (os reis provenientes- de- junto- do Oriente, de Ap 16:12).

16.6. Reis Do Sul E Do Norte Atacam Israel Contra O Anticristo, Jerusalém É Destruída, O Anticristo Os Vence

No fim do tempo (da profecia de 70 semanas de Daniel), **o Rei do Sul** (Irã e seus aliados muçulmanos) **se volta para atacar O Anticristo e seus aliados,**
então o Rei do Norte (Rússia e seus aliados europeus e muçulmanos) **vem em ajuda ao Rei do Sul e, a 1ª de 3 vezes, ataca a terra de Israel**. Ataca com uma grande força terrestre e marítima **visando destruir O Anticristo. Jerusalém é destruída** em consequência desse ataque. Dn 11:40-41

40) E, no fim do tempo, **o rei do Sul lutará com ele *, e o rei do Norte virá contra ele * como um redemoinho, com carros, e com cavaleiros, e com muitos navios; e ele entrará nas suas terras e as inundará, e passará** [*sobre eles ***].
* "ele" é O Anticristo, já estabelecido em Israel. ** "eles" são os reis do Norte e do Sul, e seus exércitos.

41) E **ele * entrará na terra gloriosa, e muitos** [*países*] **** cairão,** mas da sua mão escaparão estes: Edom e Moabe, e os chefes dos filhos de Amom.
* "ele" é O Anticristo, já estabelecido em Israel. ** "muitos" são os reis do Norte e do Sul, e seus exércitos.

O Anticristo derrota o Rei do Sul e o Rei do Norte Dn 11:40-41 (acima).

A Rússia recua (pouco depois, Deus a trará de volta em ataque a Israel).

O Anticristo toma muitos países, e acampa-se entre o Mediterrâneo e Sião Dn 11:40-45 (a Oeste de Jerusalém. Ou, possivelmente, próximo de **Armagedom** (que significa algum monte ao redor do largo e plano vale de Megido, o qual fica a cerca de 80 km a Nor-noroeste de Jerusalém)).
- Isto é, todos os exércitos dO Anticristo entram na terra por Deus dada a Israel Dn 11:41 e

conquistam seu território Dn 11:41,42, mas Edom, Moabe e Amom escaparão. Enquanto estiver estendendo seu domínio ao Egito, uma notícia alarmante é levada aO Anticristo Dn 11.44, talvez a notícia da aproximação dos Reis do Oriente

Ap 16:12 "E o sexto anjo derramou a sua taça sobre o grande rio, o **Eufrates; e foi secada a sua água, a fim de que fosse preparado o caminho dos reis, aqueles provenientes- de- junto- do** [lado do] **nascer d**[o] **sol**,"

que se reuniram, por causa da destruição da Confederação do Norte, a fim de desafiar a autoridade dO Anticristo. Este transfere seu quartel-general e exércitos para a terra por Deus dada à nação de Israel Dn 11.45, onde, depois, ele será destruído Dn 11:45.

- Dn 11:40-45 40 **E, no fim do tempo, o rei do Sul** {*} o ① **empurrará com chifres, e o rei do Norte** {*} **virá contra ele** ① **como um redemoinho, com carros, e com cavaleiros, e com muitos navios; e ele** {**} ① **entrará nas suas terras e as inundará, e passará** sobre eles. ① O Anticristo.

{* *O rei do Sul não é Filometor nem o rei do Norte é Antíoco, pois, depois que os romanos exigiram que este desistisse da terra do Egito, tais 2 reis nunca mais guerrearam entre si. No v. 40, O Anticristo é atacado pelo rei do Sul (os islamitas que, originados no Sul, a Arábia, passaram a dominar grande parte da África e da Ásia, inclusive Turquia), e pelo rei do Norte (não a Turquia, mas a Rússia e seus aliados, note as analogias com Gogue, da terra de Magogue Ez 38,39)*}

{** *O Anticristo é o ele que "entrará em suas terras e as inundará". Ele derrotará os islamitas e a Rússia, mas esta fugirá com relativamente poucas perdas, pois logo se recomporá e Deus a fará VOLTAR (vir uma 2ª vez) para atacar Israel, Ez 38:4.*}

- 41 **E ele** {*} **entrará na terra gloriosa, e muitos** países **cairão**, mas da sua mão escaparão estes: Edom e Moabe, e os chefes dos filhos de Amom. {* O Anticristo}
- 42 E estenderá a sua mão contra os países, e **a terra do Egito não escapará**.
- 43 E terá o poder sobre os tesouros de ouro e de prata e de todas as coisas preciosas do Egito; e os líbios e os Cuxitas seguirão os seus passos.
- 44 **Mas os rumores do Oriente e do Norte o perturbarão; e sairá com grande furor, para destruir e totalmente extirpar a muitos.**
- 45 E **estabelecerá as tendas do seu palácio entre o mar grande e o monte santo e glorioso**; mas chegará ao seu fim, e não haverá quem o socorra. (Dn 11:40-45 LTT)

16.7. A Babilônia Religiosa (Roma/Vaticano) * É Derrubada/ Destruída Ap 17 ** Por O Anticristo (e seus reis e exércitos) Ap 17:16

* O Falso Profeta continua até ao dia final da 70-SD, só então o Cristo o lança vivo no Lago de Fogo.
** O capítulo seguinte, Ap 18, é mais sobre a Babilônia político- econômica.

"1 ¶ E veio um dos sete anjos que tinham as sete taças, e falou comigo, dizendo-me: Vem, mostrar-te-ei a **condenação da grande prostituta que está assentada sobre muitas águas; 2 Com a qual se prostituíram os reis da terra; e os que habitam na terra se embebedaram com o vinho da sua prostituição.** 3 E levou-me em espírito a um deserto, e **vi uma mulher assentada sobre uma besta de cor de escarlata**, que estava cheia de nomes de blasfêmia, e tinha sete cabeças e dez chifres. 4 E **a mulher estava vestida de púrpura e de escarlata, e adornada com ouro, e pedras preciosas e pérolas; e tinha na sua mão um cálice de ouro cheio das abominações e da imundícia da sua prostituição**; 5 E **na sua testa estava escrito o nome: Mistério, a grande Babilônia, a mãe das prostituições e abominações da terra.** 6 E vi que **a mulher estava embriagada do sangue dos santos, e** do sangue das testemunhas de Jesus. E, vendo-a eu, maravilhei-me com grande admiração. 7 ¶ E o anjo me disse: Por que te admiras? Eu te direi o mistério da mulher, e da besta que a traz, ... 9 Aqui o sentido, que tem sabedoria. **As sete cabeças são sete montes, sobre os quais a mulher está assentada.** ... 15 E disse-me: **As águas que viste, onde se assenta a prostituta, são povos, e multidões, e nações, e línguas.** 16 E **os dez chifres que viste na besta são os que odiarão a prostituta, e a colocarão desolada e nua, e comerão a sua carne, e a queimarão no fogo.** 17 Porque Deus tem posto em seus corações, que cumpram o seu intento, e tenham uma mesma ideia, e que deem à besta o seu reino, até que se cumpram as palavras de Deus." 18 E **a mulher que viste é a grande cidade que reina sobre os reis da terra.** ..." (Ap 17:1-18 ACF)

16.8. O 3º Anjo De Ap 14 Adverte Contra Receber A Marca E Adorar A Besta Ap 14:9-13

"9 E seguiu-os o terceiro anjo, dizendo com grande voz: **Se alguém adorar a besta, e a sua imagem, e receber o sinal na sua testa, ou na sua mão, 10 Também este beberá do vinho da ira de Deus, que se deitou, não misturado, no cálice da sua ira; e será atormentado com fogo e enxofre diante dos santos anjos e diante do Cordeiro. 11 E a fumaça do seu tormento sobe para todo o sempre; e não têm repouso nem de dia nem de noite os que adoram a besta e a sua imagem, e aquele que receber o sinal do seu nome.** 12 Aqui está a paciência dos santos; aqui estão os que guardam os mandamentos de Deus e a fé em Jesus. 13 ¶ E ouvi uma voz do céu, que me dizia: Escreve: **Bem-aventurados os mortos que desde agora morrem no Senhor. Sim, diz o Espírito, para que descansem dos seus trabalhos, e as suas obras os seguem.**" (Ap 14:9-13 ACF)

17 →» DIA [2516,5]: Martírio Das 2 Testemunhas E Dos 144.000, Ajuntamento De Exércitos Em Armagedom, Ataque A Jerusalém, ½ Cidade Levada Cativa, Fuga Dos Remanescente Para Bozra/ Petra

<u>Continuam todos os sofrimentos começados nos dias [1260 a 2369]</u>, e continuam os 150 dias = 5 meses da terrível tortura dos gafanhotos aos descrentes, estes procurando a morte ^(por suicídio), mas não a encontrando sobre a terra. Somente no dia 2520 a morte voltará a poder ser encontrada pelos ímpios que procurarão se suicidar em tentativa de escapar dos sofrimentos.

17.1. Por Que O Dia 2516,5?
Veja seção 11.1: "Por Que O Dia 1256,5?"

17.2. As 2 ^(duas) Testemunhas São Decapitadas- Por- Machado Por O Anticristo, Em Jerusalém
(Ap 11:2,7-10; 20:4), e [quase] todos os homens dos países descendentes do Império Romano ficam contemplando, em grande regozijo, os cadáveres das 2 testemunhas jazendo insepultos na praça de Jerusalém por 3 ½ dias.

"2 E deixa o átrio que está fora do templo, e não o meças; porque foi dado às nações, e pisarão a cidade santa por quarenta e dois meses. ... 7 E, quando acabarem o seu testemunho, a besta que sobe do abismo {*} lhes fará guerra, e os vencerá, e os matará. 8 E jazerão os seus corpos mortos na praça da grande cidade que espiritualmente se chama Sodoma e Egito, onde o seu Senhor também foi crucificado. 9 E homens de vários povos, e tribos, e línguas, e nações verão seus corpos mortos por três dias e meio, e não permitirão que os seus corpos mortos sejam postos em sepulcros. 10 E os que habitam na terra se regozijarão sobre eles, e se alegrarão, e mandarão presentes uns aos outros; porquanto estes dois profetas tinham atormentado os que habitam sobre a terra." (Ap 11:2,7-10 ACF)
{* *Esta besta é O Anticristo* ^(não o Falso Profeta de 13:11), *aparente e enganadoramente ressuscitado por Satanás, e é recebedor de todo seu poder. Mas Satanás é quem está por trás dele. Comp. 17:8.*}

Ap 20:4 ... E [vi] as almas daqueles tendo sido decapitados- por- machado por causa do testemunho de Jesus, e por causa de a Palavra de Deus, e *(estes são)* os que não adoraram a *(primeira)* Besta- Feroz , nem a sua imagem, e não receberam a marca- sinal [dela] *(a Besta- Feroz)* sobre a testA deles, nem sobre a mãO *(direita)* deles. E viveram, e reinaram com [o] Cristo mil anos LTT

Os 144.000 são vistos no céu em algum tempo entre os dias [2370 a 2519] (Seção 17.3 e Ap

14:1-5). Achamos que foram martirizados (embora não no 5º selo, pelas razões já dadas). Que outro dia melhor para serem martirizados que o dia 2516,5, juntamente com o martírio das 2 testemunhas?

17.3. Os 144.000 São Martirizados E Cantam No Monte Sião Ap 14:1-5

"1 ¶ E olhei, e eis que estava o Cordeiro sobre o monte Sião, e com ele cento e quarenta e quatro mil, que em suas testas tinham escrito o nome de seu Pai. 2 E ouvi uma voz do céu, como a voz de muitas águas, e como a voz de um grande trovão; e ouvi uma voz de harpistas, que tocavam com as suas harpas. 3 E cantavam um como cântico novo diante do trono, e diante dos quatro animais e dos anciãos; e ninguém podia aprender aquele cântico, senão os cento e quarenta e quatro mil que foram comprados da terra. 4 Estes são os que não estão contaminados com mulheres; porque são virgens. Estes são os que seguem o Cordeiro para onde quer que vá. Estes são os que dentre os homens foram comprados como primícias para Deus e para o Cordeiro. 5 E na sua boca não se achou engano; porque são irrepreensíveis diante do trono de Deus." (Ap 14:1-5 ACF)

Portanto, os 144.000 são vistos no céu em algum ponto entre os dias [2370 a 2519]. Alguns estudiosos pensam que, nessa ocasião, os 144.000 já foram arrebatados *vivos*, sem provar a morte, mas a Bíblia não fala de nenhum "arrebatamento vivo" durante a 70-SD, portanto nós acreditamos que eles foram martirizados (embora não no 5º selo, pelas razões já dadas). Que outro dia melhor para serem martirizados que o dia 2516,5, juntamente com o martírio das 2 testemunhas?

17.4. Os Exércitos De O Anticristo (e seus aliados) E Os Dos Reis Provenientes- De- Junto- Do Oriente (e seus aliados) São Ajuntados Em Armagedom

("Monte do Megido") Ap 16:16; 19:19.

"E os congregaram no lugar que em hebreu se chama Armagedom." (Ap 16:16 ACF)
Armagedom (o lugar do *ajuntamento* dos exércitos que estão ao lado de O Anticristo, não o lugar da *destruição* deles) significa "Monte de Megido", onde
- *Megido* significa "*Lugar de Multidões de Tropas*" e é uma parte do vale plano e largo que está em Jizreel, que significa "Deus espalha", ou "Deus semeia", e, em grego, é chamado de "Esdraelon";
- "*Monte*" pode significar uma grande montanha isolada (mas não existe nenhuma grande montanha isolada e chamado de Armagedom (Monte de Megido), em todo Israel!), mas também pode significar uma colina, um pequeno monte, portanto pode se referir a qualquer um entre todos os muitos pequenos montes da região montanhosa ao redor do vale de Megido. Embora não saibamos a exata localização deste monte (Armagedom), deve ficar mais ou menos a 80 km (e mais ou menos a Nor-noroeste) de Jerusalém.

"E vi a (primeira) Besta- Feroz , e os reis da terra, e os exércitos deles, tendo sido reunidos para fazer guerra contra Aquele (o Cristo) estando- assentado sobre o cavalo, e contra o Seu exército." (Ap 19:19 LTT)

17.5. A Indefesa Jerusalém É Atacada, Tomada, Suas Casas Saqueadas, Suas Mulheres Forçadas, E Metade Da Cidade É Levada Em Cativeiro

Zc 14:1-2.b.   1) "Eis que vem o dia do SENHOR, em que teus despojos serão repartidos no meio de ti. 2) Porque Eu ajuntarei todas as nações para a peleja contra Jerusalém; e a cidade será tomada, e as casas serão saqueadas, e as mulheres forçadas; e metade da cidade sairá para o exílio- em- cativeiro, mas o restante do povo não será extirpado da cidade. LTT

17.6. Escapa Um Remanescente De Jerusalém
Zc 14:2.c (acima).

17.7. [através deste vale,] O Remanescente Foge Zc 14:5.a Para Bozra De Amon. Os Exércitos Do Anticristo O Perseguem, Mas São Aniquilados (no dia 2520) Pelo Cristo]

"2 ... mas o restante do povo não será extirpado da cidade. 3 E o SENHOR sairá, e pelejará contra estas nações, como pelejou, sim, no dia da batalha. 4 E naquele dia estarão os seus pés sobre o monte das Oliveiras, que está defronte de Jerusalém para o oriente; e o monte das Oliveiras tem sido fendido pelo meio, para o oriente e para o ocidente, e haverá um vale muito grande; e metade do monte se apartará para o Norte, e a outra metade dele para o Sul. 5 E fugireis pelo vale dos meus montes, pois o vale dos montes chegará até Azel; e fugireis assim como fugistes de diante do terremoto nos dias de Uzias, rei de Judá. Então virá o SENHOR meu Deus, e todos os santos contigo." (Zc 14:1-5 ACF)

Por que o remanescente dos israelitas em Jerusalém foge para Bozra, na atual Jordânia? Porque Edom & Moabe & Amon não têm sido atacadas por O Anticristo Dn 11:41.

"E entrará {*} na terra gloriosa, e muitos países cairão, mas da sua mão escaparão estes: Edom e Moabe, e os chefes dos filhos de Amom." (Dn 11:41 ACF) {* Refere-se a O Anticristo}

Bozra atualmente é chamada de Petra. Fica mais ou menos 162 km ao Sul-Sudeste de Jerusalém, na atual Jordânia, não a confunda com Bozra da Iduméia. Bozra significa "curral fortificado de proteção de ovelhas". Seus arredores têm a mais excelente pastagem Mq 2:12.

"Certamente te ajuntarei todo, ó Jacó; certamente congregarei o restante de Israel; pô-los-ei todos juntos, como ovelhas de Bozra; como o rebanho no meio do seu pasto, farão estrondo por causa da multidão dos homens." (Miquéias 2:12 ACF)

18 →» DIAS [2516,5 - 2520]: Mundo Regozija Com Cadáveres Das 2 Testemunhas, Jazendo Em Jerusalém. As 7 Vindouras Condenações Para Sempre

18.1. O Mundo Regozija 3 ½ Dias Contemplando os Cadáveres ^(Não Sepultados) Das 2 Testemunhas ^{Jazendo} Sobre A Praça De Jerusalém

Ap 11:7-10

7) E, quando completarem o testemunho deles, [então] a **Besta- Feroz** (aquela [*que estará*] subindo proveniente- de- dentro- do abismo (- sem- fundo)) **fará guerra contra eles, e os vencerá, e os matará.** 8) **E os seus cadáveres [*jazerão*] sobre a rua larga da grande cidade** (a qual é chamada, espiritualmente, de Sodoma e Egito), **onde também [*o*] nosso Senhor foi crucificado.** 9) E (provenientes- de- dentro- dos [*vários*] povos, e tribos, e línguas, e nações) [*homens*] contemplarão os cadáveres deles [*durante*] três dias e meio, e aos cadáveres deles não permitirão ser postos para dentro de sepulturas. 10) **E aqueles [*que estão*] habitando sobre a terra se regozijarão por causa deles, e se alegrarão [*festejando*], e presentes enviarão uns aos outros**; porquanto estes, os dois profetas, atormentaram aqueles [*que estão*] habitando sobre a terra.

18:2. As 7 Vindouras Condenações Eternas Vistas Em Apocalipse

(segundo *The Book of Revelation*, Clarence Larkin, desde http://www.sacred-texts.com/chr/tbr/tbr079.htm até http://www.sacred-texts.com/chr/tbr/tbr092.htm) [1919]) [*detalhes ficarão para depois*]

Primeira condenação [para sempre]: Da *Babilônia religiosa* Ap 17:1-18

Segunda condenação [para sempre]: Da *Babilônia* ^[política- econômica-] *comercial* Ap 18:1-24

O **Intervalo entre a segunda e a terceira condenação** [para sempre]:
    1 O *coro de Aleluia* Ap 19:1-7

1) E, depois destas coisas, **ouvi uma grande voz de uma grande multidão dentro do céu, dizendo: "Aleluia! A salvação, e a glória, e a honra, e o poder [*pertencem*] a o Senhor , [*o*] nosso Deus;** 2) Porque verdadeiros e justos [*são*] os Seus juízos, pois julgou a grande fornicária (a qual corrompeu a terra na fornicação dela) e vingou o sangue dos escravos dEle, [*sangue*] sobre as mãos dela,.." 3) E, uma segunda vez, eles têm dito: "**Aleluia!**" E a fumaça dela sobe para os séculos dos séculos. 4) E prostraram-se os vinte e quatro anciãos e as quatro criaturas viventes , e adoraram a Deus, Aquele estando- assentado sobre o trono, dizendo [*eles*]: "Amém. Aleluia!" 5) E uma voz proveniente- de- dentro- do trono saiu, dizendo: "**Louvai ao nosso Deus,**

[*vós,*] todos os Seus escravos, e [*vós,*] os [*que*] O [*estais*] temendo, tanto os pequenos como os grandes." 6) E eu ouvi como [*se fosse*] [*a*] voz de uma grande multidão, e como [*se fosse a*] voz de muitas águas, e como que [*se fosse*] [*a*] voz de fortes trovões, dizendo: "**Aleluia! Pois** [*já*] **reina o Senhor Deus, o Todo-Poderoso.** 7) Que **nos regozijemos e alegremos, e demos-Lhe a glória; porque** [*já*] **chegou a festa de casamento do Cordeiro, e** [*já*] **a Sua esposa aprontou a si mesma.**

    2. A *festa de casamento do Cordeiro* [com Sua noiva, Israel] Ap 19:8-10 8) E foi concedido a ela que se vestisse de linho fino, puro e branco- resplandecente; porque o linho fino é as declarações- de- justificação dos santos." 9) E ele me diz: "Escreve: **bem-aventurados** [*são*] **aqueles para dentro da ceia da festa de casamento do Cordeiro tendo sido chamados.**" E ele me diz: "Estas são as verdadeiras palavras, de Deus." 10) E eu [*me*] prostrei diante dos pés dele para o adorar; mas ele me diz: "Olha- cuida! Não [*faças tal*]! Companheiro- escravo de ti sou eu, e d[*os*] irmãos teus, aqueles [*que estão*] tendo o testemunho de Jesus. Adora a Deus; porque o testemunho de Jesus é o espírito fonte- da profecia."

    3. A *batalha do Armagedom* Ap 19:11-19 11) E eu vi o céu tendo sido aberto. E eis um cavalo branco, e Aquele estando- assentado sobre ele [*é*] chamado de [*o*] Fiel e [*o*] Verdadeiro. E, em justiça, julga e guerreia. 12) E os Seus olhos [*eram*] como uma chama de fogo, e sobre a Sua cabeça [*havia*] muitos diademas- reais, tendo [*Ele*] um nome tendo sido escrito (o qual nenhum homem tem conhecido, exceto Ele mesmo), 13) E tendo [*Ele*] sido vestido com uma veste tendo sido [*temporariamente-*] mergulhada em sangue. E é chamado, o nome dEle, de "O Palavra de Deus"; 14) E os exércitos no céu O seguiam sobre cavalos brancos, tendo [*eles*] se vestido de linho fino, branco, e puro. 15) E, proveniente- de- dentro- da boca dEle, sai uma aguda espada, a fim de que, com ela, Ele fira as nações; e Ele as regerá com vara de ferro; e Ele pisa o lagar do vinho do furor e da ira de Deus, o Todo-Poderoso. 16) E Ele tem, sobre o manto e sobre a coxa dEle, este nome tendo sido escrito: "[*O*] REI D[*OS*] REIS E [*O*] SENHOR D[*OS*] SENHORES." 17) Então, vi um [*só*] anjo tendo se postado dentro do sol, e ele clamou com grande voz, dizendo a todas as aves, aquelas voando n[*o*] meio- [*dia*]- do- céu: "Vinde, e sede ajuntadas para a ceia do grande Deus; 18) A fim de que comais [*as*] carnes d[*os*] reis, e [*as*] carnes d[*os*] comandantes de milhares, e [*as*] carnes d[*os*] varões fortes, e [*as*] carnes d[*os*] cavalos e daqueles estando- assentados sobre eles; e [*as*] carnes de todos [*os homens, ambos*] livres e escravos, tanto pequenos como grandes." 19) **E vi a Besta- Feroz, e os reis da terra, e os exércitos deles, tendo sido reunidos para fazer guerra contra Aquele estando- assentado sobre o cavalo, e contra o Seu exército.**

Terceira condenação [para sempre]:Da *1ª Besta [O Anticristo]* e do *Falso Profeta* Ap 19:20 20) **E foi presa a Besta- Feroz, e com ela o Falso Profeta** (aquele havendo feito, debaixo do olhar dela, os sinais com que ele enganou- fez- extraviar aqueles havendo recebido a marca- sinal da Besta- Feroz, e aqueles [*que estão*] adorando a imagem dela). [*Ainda*] **vivendo, foram arremessados estes dois para dentro do Lago de Fogo, o qual** [*está*] **queimando com enxofre;**

Quarta condenação [para sempre]: Dos *não crentes* [no Cristo] *da 70-SD* Ap 19:21 21) **E os demais** [*homens*] **foram mortos com a espada dAquele estando- assentado sobre o cavalo, a qual** [*está*] **saindo proveniente- de- dentro- da boca dEle**, e todas as aves foram fartas provenientes- de- dentro- das carnes deles.

O **Intervalo entre a quarta e a quinta condenações** [para sempre] :
    1. *Satanás amarrado por mil anos* Ap 20:1-3 1) **E vi um anjo descendo proveniente- de- dentro- do céu, tendo a chave do abismo (- sem- fundo), e uma grande corrente sobre a sua mão.** 2) **E ele prendeu o dragão (O Serpente antigo, O qual é** [*o*] **Diabo e Satanás), e o acorrentou** [*por*] **mil anos.** 3) **E o lançou para dentro do abismo (- sem- fundo), e** [*ali*] **o encerrou, e pôs selo sobre ele**, a fim de

que não mais engane- faça- extraviar as nações, até que sejam completados os mil anos. E, depois disto, é necessário ser ele solto [*por*] um pouco de tempo.

2. A *primeira ressurreição* [o 3º grupo do 1º tipo de ressurreição, aquela para a vida para sempre. O grupo dos mortos salvos na 70-SD] [podemos presumir que incluirá os *salvos do VT*, pois a 70-SD são os últimos 7 anos da profecia dada por Deus a Daniel para a nação de *ISRAEL* terminar de sofrer seu castigo e, convertida, passar a gozar das bênçãos do prometido Reinar Milenar] Ap 20:4-6 4) E vi tronos, e se assentaram sobre eles, e [*poder de*] julgamento lhes foi dado. E [*vi*] as almas daqueles **tendo sido decapitados- por- machado por causa do testemunho de Jesus, e por causa de a Palavra de Deus, e os que não adoraram a Besta- Feroz , nem a sua imagem, e não receberam a marca- sinal** [*dela*] **sobre a testA deles, nem sobre a mãO deles.** E **viveram, e reinaram com** [*o*] **Cristo mil anos** 5) (Mas os demais dos mortos não reviveram, até que fossem completados os mil anos). Esta [*é*] a ressurreição, a primeira. 6) Bem-aventurado e santo [*é*] aquele [*que está*] tendo parte na ressurreição, a primeira! Sobre estes a segunda morte não tem autoridade, mas eles serão sacerdotes de Deus e de o Cristo, e reinarão com Ele **mil anos**.

3. O *Milênio* Ap 20:4 4) E vi tronos, e se assentaram sobre eles, e [*poder de*] julgamento lhes foi dado. E [*vi*] as almas daqueles tendo sido decapitados- por- machado por causa do testemunho de Jesus, e por causa de a Palavra de Deus, e os que não adoraram a Besta- Feroz , nem a sua imagem, e não receberam a marca- sinal [*dela*] sobre a testA deles, nem sobre a mãO deles. **E viveram, e reinaram com** [*o*] **Cristo mil anos**

4. *Satanás libertado* [ao final do Milênio, no último teste para a humanidade] Ap 20:7-8 7) E, quando houveR sido completadO os mil anos, **será solto Satanás para- fora- da sua prisão,** 8) **E sairá para enganar- fazer- extraviar as nações que** [*estão*] **nos quatro cantos da terra Gogue e Magogue para as ajuntar para batalha** (das quais o número [*é*] como a areia do mar).

Quinta condenação [para sempre]: De *Gogue*, que é da terra de *Magogue* Ap 20:8-9 8) E sairá para enganar- fazer- extraviar as nações que [*estão*] nos quatro cantos da terra Gogue e Magogue para as ajuntar para batalha (das quais o número [*é*] como a areia do mar). 9) E subiram sobre a largura da terra, e cercaram o acampamento dos santos e a cidade tendo sido amada. E desceu fogo proveniente- de- junto- de Deus, proveniente- de- dentro- do céu, e os devorou.

Sexta condenação [para sempre]: De *Satanás* Ap 20:10 10) E o Diabo (aquele [*que*] os [*está*] enganando- fazendo- extraviar) **foi lançado para dentro do Lago de Fogo e de enxofre**, onde [*estão*] a Besta- Feroz e o Falso Profeta. E **serão atormentados dia e noite para os séculos dos séculos.**

Sétima condenação [para sempre]: Dos *ímpios mortos* [de todos os tempos]. O *"Julgamento do Grande Trono Branco"* Ap 20:11-15 11) E vi um **grande trono branco** e Aquele estando- assentado sobre ele, para- longe- de Cuja face fugiu a terra e o céu, e lugar não foi achado para eles. 12) E vi os mortos, pequenos e grandes, tendo se postado de pé perante Deus. E [*os*] livroS- rolo foram abertos. E outro livro- rolo foi aberto, o qual é [*aquele*] de a Vida. E foram julgados, os mortos, provenientes- de- dentro- das coisas tendo sido escritas nos livroS- rolo , [*julgados*] segundo as obras deles. 13) E deu o mar os mortos [*que*] dentro dele [*estavam*]. E a morte e o inferno deram os mortos [*que*] dentro deles [*estavam*]. E foram condenados, cada um, segundo as obras deles [*mesmos*]. 14) E **a morte e o inferno foram lançados para dentro do Lago de Fogo.**

Esta é a segunda morte . 15) E quem quer que não foi achado no grande- livro- rolo de a Vida [já] tendo sido escrito, foi lançado para dentro do Lago de Fogo.

19. → DIA [2520.I]: Babilônia Política Destruída; Mt 24 = Últimos Dias Da 70-SD. Anticristo No Lugar Santo

19.1. A Babilônia Político-Econômica É Destruída

(ler todo capítulo Ap 18. O capítulo anterior é mais sobre a Babilônia religiosa): Note "em uma *só* hora" em Ap 18:10. E compare Ap 18:9,18 ("fumaça do seu incêndio") com Jl 2:30 ("colunas de fumaça").

"1 ¶ E depois destas coisas vi descer do céu outro anjo, que tinha grande poder, e a terra foi iluminada com a sua glória. 2 E clamou fortemente com grande voz, dizendo: **Caiu, caiu a grande Babilônia, e se tornou morada de demônios, e covil de todo espírito imundo, e esconderijo de toda ave imunda e odiável. 3 Porque todas as nações beberam do vinho da ira da sua prostituição, e os reis da terra se prostituíram com ela; e os mercadores da terra se enriqueceram com a abundância de suas delícias**. 4 E ouvi outra voz do céu, que dizia: **Sai dela, povo meu, para que não sejas participante dos seus pecados, e para que não incorras nas suas pragas**. 5 Porque já os seus pecados se acumularam até ao céu, e Deus se lembrou das iniquidades dela. 6 Tornai-lhe a dar como ela vos tem dado, e retribuí-lhe em dobro conforme as suas obras; no cálice em que vos deu de beber, dai-lhe a ela em dobro. 7 **Quanto ela se glorificou, e em delícias esteve, foi-lhe outro tanto de tormento e pranto**; porque diz em seu coração: Estou assentada como rainha, e não sou viúva, e não verei o pranto. 8 Portanto, num dia virão as suas pragas, a morte, e o pranto, e a fome; e será queimada no fogo; porque é forte o Senhor Deus que a julga. 9 ¶ **E os reis da terra, que se prostituíram com ela, e viveram em delícias, a chorarão, e sobre ela pranteraão, quando virem a fumaça do seu incêndio** {*}; 10 Estando de longe pelo temor do seu tormento, dizendo: **Ai! ai daquela grande Babilônia, aquela forte cidade! pois numa hora veio o seu juízo. 11 E sobre ela choram e lamentam os mercadores da terra; porque ninguém mais compra as suas mercadorias: 12 Mercadorias de ouro, e de prata, e de pedras preciosas, e de pérolas, e de linho fino, e de púrpura, e de seda, e de escarlata; e toda a madeira odorífera, e todo o vaso de marfim, e todo o vaso de madeira preciosíssima, de bronze e de ferro, e de mármore; 13 E canela, e perfume, e mirra, e incenso, e vinho, e azeite, e flor de farinha, e trigo, e gado, e ovelhas; e cavalos, e carros, e corpos e almas de homens**. 14 E o fruto do desejo da tua alma foi-se de ti; e todas as coisas gostosas e excelentes se foram de ti, e não mais as acharás. 15 **Os mercadores destas coisas, que com elas se enriqueceram, estarão de longe, pelo temor do seu tormento, chorando e lamentando**, 16 E dizendo: **Ai, ai daquela grande cidade! que estava vestida de linho fino, de púrpura, de escarlata; e adornada com ouro e pedras preciosas e pérolas! porque numa hora foram assoladas tantas riquezas**. 17 E **todo o piloto, e toda a multidão sobre as naus, e todo o marinheiro, e todos os que negociam no mar** se puseram de longe; 18 E, vendo a fumaça do seu incêndio {*}, clamaram, dizendo: **Que cidade é semelhante a esta grande cidade?** 19 E lançaram pó sobre as suas cabeças, e clamaram, chorando, e lamentando, e dizendo: **Ai, ai daquela grande cidade! na qual todos os que tinham naus no mar se enriqueceram em razão da sua opulência**; porque **em uma *só* hora foi assolada**. 20 Alegra-te sobre ela, ó céu, e vós, santos apóstolos e profetas; porque já Deus julgou a vossa causa quanto a ela. 21 E um forte anjo levantou uma pedra como uma grande mó, e lançou-a no mar, dizendo: **Com igual ímpeto será lançada Babilônia, aquela grande cidade, e não será jamais achada.** 22 E em ti não se ouvirá mais a voz de harpistas, e de músicos, e de flautistas, e de trombeteiros, e nenhum artífice de arte alguma se achará mais em ti; e ruído de mó em ti não se ouvirá mais; 23 E luz de candeia não mais luzirá em ti, e voz de esposo e de esposa não mais em ti se ouvirá; porque **os teus mercadores eram os grandes da terra; porque todas as nações foram enganadas pelas tuas feitiçarias.** 24 **E nela se achou o sangue dos profetas, e dos santos, e de todos os que foram mortos na terra.**" (Ap 18:1-24 ACF) *{* "Fumaça do seu incêndio": compare com Jl 2:30}*

"E mostrarei **prodígios no céu, e na terra, sangue e fogo, e colunas de fumaça** {*}." (Jl 2:30 ACF) *{* "Colunas de fumaça": compare com Ap 18:9,18}*

A Babilônia Político-Econômica será a esplendorosa *cidade* principal do *maior império econômico e porto comercial que jamais houve no mundo*, império que estará a serviço do diabo e de O Anticristo.

O capítulo **Ap 18 NÃO pode se referir à cidade Babilônia literal e histórica** (a antiga cidade capital do antigo país Babilônia) pois, embora este país (atualmente conhecido como Irã) continuará a existir na 70-SD, sua capital há muito tempo já foi destruída de uma vez para sempre Is 13:19; Jr 51:62.

"E **Babilônia, o ornamento dos reinos, a glória e a soberba dos caldeus, será como Sodoma e Gomorra, quando Deus as destruiu- e- virou- para- baixo.**" (Is 13:19 ACF)

"E dirás: SENHOR, tu falaste contra este lugar, que **o havias de desarraigar, até não ficar nele morador algum, nem homem nem animal, e que se tornaria em perpétua desolação**." (Jeremias 51:62 ACF)

Que cidade será a Babilônia Político-Econômica destruída em Ap 18?
- Um **novo centro** (com porto) **sem rival no mundo econômico**, a ser rapidamente formado no Irã literal (não no local da antiga cidade de Babilônia)? Ou **Nova Iorque? Londres? Singapura? Hong Kong?** Provavelmente **não**, pois nenhuma dessas cidades portuárias satisfaz Ap 18:24 "**E nela se achou o sangue dos profetas, e dos santos, e de todos os que foram mortos na terra."**
- Poderia ela vir a ser **Roma**, mesmo que atualmente ela é somente o 74° maior centro econômico do mundo? (https://en.wikipedia.org/wiki/Global_Financial_Centres_Index ?) **Provavelmente sim**, pois, na 70-SD, rapidamente ela poderia ser tornada o maior centro econômico- financeiro, industrial e comercial do mundo (ou, pelo menos, da Europa), e somente Roma (com as matanças dos cristãos pelos césares, no Coliseu, e as ordens de matanças na Inquisição) satisfaz Ap 18:24.
Mas a Bíblia não me dá certeza neste assunto ...

19.2. Mt 24 = Últimos Dias Da 70-SD. Anticristo No Lugar Santo

Mt 24:9-11 (crudelíssima perseguição de morte, aos que foram salvos na 70-SD. Muitos desviam-se. Falsos profetas);

"9 Então **vos hão de entregar para serdes atormentados, e matar-vos-ão; e sereis odiados de todas as nações** por causa do meu nome. 10 Nesse tempo **muitos serão escandalizados, e trair-se-ão uns aos outros, e uns aos outros se odiarão. 11 E surgirão muitos falsos profetas, e enganarão a muitos**. (Mt 24:9-11 ACF)

Mt 24:12-14 (o amor esfria; quem perseverar até o fim terá sua vida salva; o evangelho do *reinar* ("do *reinar"*, atenção. Não é dito "da *graça*") é pregado em cada m² da terra);
12) E, por ser multiplicado o desprezo- às- leis, esfriará o amor de muitos. 13) Aquele, porém, havendo pacientemente- suportado até [o] fim, *o mesmo* será livrado. 14) E será pregado, em todo o mundo, este evangelho do reinar, para testemunho a todas as nações. E, então, virá o fim.

Mt 24:15 (O Anticristo põe a si mesmo (e à sua imagem) no Lugar Santo do 3º Templo, querendo parecer Deus); Mr 13:14-15,19; 2Ts 2:4.
Mt 24:15 Quando, pois, virdes a abominação da desolação {*} (aquela havendo sido falada através de Daniel, o profeta) tendo se postado n[o] lugar- santo *(do Templo)* {**} (quem [está] lendo, entenda): LTT
{* "Abominação da desolação" é a imagem de O Anticristo} {** Tal imagem de O Anticristo foi erguida e começou a ser adorada a partir do dia 1260, mas só no finalzinho da 70-SD é posta no Lugar Santo do 3º Templo}
"14 ¶ Ora, quando vós virdes a abominação do assolamento {*}, que foi predita por Daniel o profeta, estar onde não deve estar (quem lê, entenda) {**}, então os que estiverem na Judéia fujam para os montes. 15 E o que estiver sobre o telhado não desça para casa, nem entre a tomar coisa alguma de sua casa; 16 E o que estiver no campo não volte atrás, para tomar as suas vestes. ... 19 Porque naqueles dias haverá uma aflição tal, qual nunca houve desde o princípio da criação, que Deus criou, até agora, nem jamais haverá." (Mc 13:14-15,19 ACF) {*,** mesmas notas de Mt 24:15}
"4 O qual se opõe, e se levanta contra tudo o que se chama Deus, ou se adora; de sorte que se assentará, como Deus, no templo de Deus, querendo parecer Deus." (2Ts 2:3-4 ACF)

- Durante todos os 7 anos da 70-SD, o átrio exterior do 3º Templo de Jerusalém terá a profanação dos muçulmanos e da mesquita Al-Aqsa.
- Durante os últimos 3 ½ anos da 70-SD haverá, em paralelo a isso, a profanação de O Anticristo pisoteando Jerusalém, e sua imagem colocada dentro do Templo (mas não ainda no Lugar Santo)
- No último dia da 70-SD, além dessas 2 coisas, haverá a suprema profanação, O Anticristo e seu ídolo postos no Lugar Santo do 3º Templo, querendo ser (e sendo adorado como se fosse) Deus!

- Mt 24:16-20 (fujam de Jerusalém! Para Bozra (atualmente conhecida como Petra, na Jordânia. Ver adiante)).
16 Então, os que estiverem na Judéia, fujam para os montes; 17 E quem estiver sobre o telhado não desça a tirar alguma coisa de sua casa; 18 E quem estiver no campo não volte atrás a buscar as suas vestes. 19 Mas ai das grávidas e das que amamentarem naqueles dias! 20 E orai para que a vossa fuga não aconteça no inverno nem no sábado; (Mt 24:16-20 ACF)

- Mt 24:21 (a Grande Tribulação, seu clímax).
21 Porque haverá então grande aflição, como nunca houve desde o princípio do mundo até agora, nem tampouco há de haver. (Mt 24:21 ACF)

- Mt 24:22 (dias abreviados)
22 E, se aqueles dias não fossem abreviados, nenhuma carne se salvaria; mas por causa dos escolhidos serão abreviados aqueles dias. (Mt 24:22 ACF)

- Mt 24: 23-27 (falsos profetas, sinais enganadores)
23 Então, se alguém vos disser: Eis que o Cristo está aqui, ou ali, não lhe deis crédito; 24 Porque surgirão falsos cristos e falsos profetas, e farão tão grandes sinais e prodígios que, se possível fora, enganariam até os escolhidos. 25 Eis que eu vo-lo tenho predito. 26 Portanto, se vos disserem: Eis que ele está no deserto, não saiais. Eis que ele está no interior da casa; não acrediteis. 27 Porque, assim como o relâmpago sai do oriente e se mostra até ao ocidente, assim será também a vinda do Filho do homem. (Mt 24:23-27 ACF)

- Mt 24:28 Aves carnívoras e feras carnívoras se ajuntam para o festim de 7 meses se alimentando dos cadáveres das muitas centenas de milhões de inimigos mortos (no dia 2520) pelo Cristo, até que tais cadáveres terminem de ser enterrados.
28 Pois onde estiver o cadáver, aí se ajuntarão as águias." (Mt 24:28 ACF)
(continua em 2520.II)

20 →» [DIA 2520.II]: Rússia ⁽²ᵃ ᵛᵉᶻ⁾ & Muçulmanos, Os Reis Provenientes-De-Junto-Do Oriente, E O Anticristo Atacam Israel. Deus Os Destrói. 6ª Trombeta E 6ª Taça. Os Anjos De Ap 14

Nota preliminar: Na Bíblia, há 3 diferentes ataques a Israel pela Rússia acompanhada de seus aliados (países comunistas da Europa e países muçulmanos [Pérsia (Irã), Etiópia (Sudão), Líbia (Líbia), Gomer & Togarma (Turquia?)], etc.):

- 1º ataque (ver nos dias [2370 a 2519]) é mais propriamente contra O Anticristo, e é este quem vence Dn 11:40-44 (mas a Rússia recua, aparentemente sem enormes perdas, pois pouco depois, já no dia 2520 (ou pouco antes), Deus a faz VOLTAR para atacar Israel);
- 2º ataque (Ez 38,39, descrito imediatamente adiante) ocorre ao final da 70-SD; e
- 3º ataque somente ocorre ao final do Milênio Ap 20:8-9.

Concentremo-nos, agora, no dia 2520 (ou pouco antes).

20.1. Rússia ⁽²ᵃ ᵛᵉᶻ⁾ E Seus Aliados (Europeus E Muçulmanos) Atacam Israel

5/6 da Rússia (Ez 39:2) e seus aliados (nações comunistas europeias e nações muçulmanos [Pérsia (Irã), Etiópia (Sudão), Líbia (Líbia), Gomer & Togarma (Turquia?)]) voltam [após a 1ª derrota da Rússia, que será contra o Anticristo] e atacam Israel a 2ª de 3 vezes Ez 38,39. São aniquilados.

...(Ez 39:2) E **farei que te voltes** -em-meia-volta (para Israel) e **deixarei** (atrás, para sobreviver) **somente a sexta parte de ti**, e farei com que te ergas desde as extremidades do Norte, e te trarei aos montes de Israel.

Há um fraco protesto, de poucas e fracas nações, contra a invasão feita pela Rússia e seus aliados
Ez 38:13 "**Sebá e Dedã**, e os mercadores de **Társis**, e todos os **seus leões jovens**, te dirão: **Vens tu para tomar o despojo? Ajuntaste a tua multidão para arrebatar a tua presa? Para levar a prata e o ouro, para tomar o gado e os bens, para saquear o grande despojo?**",
onde Sebá é o moderno *Iêmen*, Dedã é a *Arábia Saudita* (talvez secundada por algumas nações islamitas do Golfo), os mercadores de Társis são os mercadores do *Reino Unido* (ou da Espanha-Portugal), e os leões jovens são as *colônias filhas do Reino Unido* (Estados Unidos, Canadá, Austrália-Oceania, etc.), ou são as colônias filhas da Espanha-Portugal (principalmente a América Latina).
Tal fraco protesto é feito somente por interesses comerciais e não por amor a Deus e a Israel, pois todos os verdadeiros crentes desses países já terão sido arrebatados 7 anos atrás

e, espiritualmente, esses países serão zero.
O protesto é totalmente ignorado, talvez porque esses países se acovardaram e não quiseram arriscar suas vidas e vantagens? Ou porque tornaram-se zeros militarmente? (E isso porque talvez tenham sido destruídas em uma guerra anterior? Ou porque mais sofreram e morreram e foram economicamente destruídas nos cataclismas da Tribulação?)

20.2. Os Reis Do Oriente Vêm, Determinados A Destruir Israel. 6ª Taça, 6ª Trombeta

6ª TAÇA Ap 16:12-16 (o rio Eufrates é secado; fica preparado o caminho desde o Oriente; 3 espíritos imundos ajuntam em Armagedom os reis de *TODO* o mundo Ap 19:19, para a batalha contra Deus e contra a Sua nação de Israel [a batalha final será em Bozra].

"12 ¶ E o sexto anjo derramou a sua taça sobre o grande rio Eufrates; e a sua água secou-se, para que se preparasse o caminho dos Reis do Oriente. 13 E da boca do dragão, e da boca da besta, e da boca do falso profeta vi sair três espíritos imundos, semelhantes a rãs. 14 Porque são espíritos de demônios, que fazem prodígios; os quais vão ao encontro dos reis da terra e de todo o mundo, para os congregar para a batalha, naquele grande dia do Deus Todo-Poderoso. 15 Eis que venho como ladrão. Bem-aventurado aquele que vigia, e guarda as suas roupas, para que não ande nu, e não se vejam as suas vergonhas. 16 E os congregaram no lugar que em hebreu se chama Armagedom." (Ap 16:12-16 ACF)

19) E vi a *(primeira)* Besta- Feroz , e os reis da terra, e os exércitos deles, tendo sido reunidos para fazer guerra contra Aquele *(o Cristo)* estando- assentado sobre o cavalo, e contra o Seu exército. LTT

= 6ª TROMBETA Ap 9:13-19 (200 milhões de cavaleiros dos Reis provenientes- de- junto- do Oriente matam 1/3 (Ap 9:15,18) (1,750 bilhões) da humanidade (já reduzida para 5,250 bilhões, que são ¾ da população mundial que havia no início da 70-SD).

"13 ¶ E tocou o sexto anjo a sua trombeta, e ouvi uma voz que vinha das quatro pontas do altar de ouro, que estava diante de Deus, 14 A qual dizia ao sexto anjo, que tinha a trombeta: Solta os quatro anjos, que estão presos junto ao grande rio Eufrates. 15 E foram soltos os quatro anjos, que estavam preparados para a hora, e dia, e mês, e ano, a fim de matarem a terça parte dos homens. 16 E o número dos exércitos dos cavaleiros **[A]** era de duzentos milhões **[B, C]**; e ouvi o número deles. 17 E assim vi os cavalos **[B]** nesta visão; e os que sobre eles cavalgavam **[C]** tinham couraças de fogo, e de jacinto, e de enxofre **[D]**; e as cabeças dos cavalos eram como cabeças de leões; e de suas bocas saía fogo e fumaça e enxofre **[D]**. 18 Por estes três foi morta a terça parte dos homens, isto é pelo fogo, pela fumaça, e pelo enxofre **[D]**, que saíam das suas bocas **[B.B]**. 19 Porque o poder dos cavalos está na sua boca {**B.B**} e nas suas caudas **[B.B]**. Porquanto as suas caudas são semelhantes a serpentes **[B.B]**, e têm cabeças **[B.B]**, e com elas danificam." (Ap 9:13-19 ACF)

[É em Bozra/ Petra, que Deus destruirá, até ao último homem, todos os exércitos de Seus inimigos, veja seção 20.6.]

(Por "Reis do Oriente" Ap 16:12, a profecia pode se referir ao Irã (semelhantemente a Ciro, o rei da Pérsia (atual Irã), a oriente de Babilônia (atual Iraque), que desviou o Eufrates para destruí-la). O ataque dos Reis do Oriente pode visar não apenas destruir Israel, como também, antes disso, destruir a Babilônia (Iraque). Os 200 milhões de cavaleiros podem incluir cavalarias de "todos os reis da terra".
Mas a maioria dos estudiosos pensa que "Reis do Oriente" se refira à China, Coreia, Tibete, Paquistão, Afeganistão, Irã, talvez Iraque e outros mais países, o ataque sendo a

Israel. Se tomarmos esta posição, é claro que a partida, desde o Norte da China (ou Coreia), a cerca de 8000km, de um exército de cavaleiros, teria que começar cerca de 1 ano antes; e, se "cavalos" são linguagem figurativa para tanques de guerra e outros veículos motorizados, a partida teria que começar entre 10 a 30 dias antes. O que estamos datando de dia 2520 da 70-SD é a destruição, diretamente por Deus, em solo de Israel, do exército dos Reis provenientes- de- junto- do Oriente),

A) "Cavaleiros" são homens literais.

B) Quanto aos 200 milhões de cavalos,

B.A) Podem ser [200 milhões de] *cavalos literais*, pois Deus pode fazer tudo que quiser fazer (quer milagrosamente, quer por Sua providência) (mesmo usando homens que não têm consciência de que O estão servindo). Se, logo no início da 70-SD, Deus, milagrosa ou providencialmente, tornar inoperantes todos os veículos motorizados do mundo (ou se, por exemplo, tremendos picos eletromagnéticos de mega- explosões nucleares simultâneas a grandes alturas inutilizarem todos os chips de veículos e computadores em todo o mundo; ou se o petróleo acabar; etc.), então os Reis provenientes- de- junto- do Oriente, com as piores (e disfarçadas) intenções de iniciar guerra no futuro, podem se determinar a criar 200 milhões de animais monstruosos a serem "inventados e fabricados" e que têm muito de cavalo, mas têm também outras características monstruosas, talvez produzidas por engenharia genética ou por integração com componentes eletro- eletrônico- mecânicos). Sim, sabemos que a atual população mundial de cavalos é de apenas cerca de 75 milhões; sabemos que a China e seus aliados não devem ter mais de 15 milhões de equinos. Mas cientistas já começam a ter sucesso até mesmo em usar fêmeas de uma espécie para serem mães de aluguel de embriões (naturais ou clonados) de outras espécies, portanto já pode haver, em secreto, ou podem ser desenvolvidas em pouquíssimo tempo, tecnologias que permitirão a um país, que a isso se determine, começar com uns 2 a 20 milhões de excelentes cavalos e, dentro de 4 anos, ter 200 milhões de animais monstruosos com muitos aspectos de cavalos, para uso militar. Se, por exemplo, se puder mensalmente retirar alguns milhares de células raspadas do pelo e couro de cada cavalo, e cada cavalo- pai possibilitar 1000 tentativas de embriões clonados por mês, e somente 20% deles vingarem até nascerem com plena saúde (de éguas e também de outros animais como as mais de 100 milhões de vacas da China, e talvez sejam inventados e construídos milhões de úteros artificiais), então cada cavalo- pai produzirá 200 potros por mês, 2.400 potros por ano. Assim, 200 milhões divididos por 2400 = 8333 cavalos- pais seriam suficientes para formar o desejado número de clonados, tudo isto em apenas 1 ano. Depois, bastariam muito dinheiro e alimento e trabalhadores e equipamentos e técnicas para acelerar o crescimento e treinamento dos monstruosos cavalos nascidos.

B.B) Há quem ache que estes animais monstruosos (que podem ser chamados de cavalos) talvez possam ser a descrição *figurada* de armas tais como tanques, submarinos, navios, aviões, helicópteros, etc., que podem disparar canhões e mísseis e ogivas nucleares, tanto em direção para frente (como se fossem suas bocas) como em direção para trás (como se fossem suas caudas)

C) Quanto aos 200 milhões de homens cavaleiros, como pode ser formado tão gigantesco exército? Bem, sabemos que o exército (ativo + reserva) da Coréia do Sul é de 17% da população, e o da Coréia do Norte é de incríveis 41% (achamos que isto engloba todos os homens e mulheres hábeis, de 15 a 50 anos!). Assim, em 1 a 2 anos de treinamentos intensivos, qualquer e todo país apavorado e enfurecido ante o perigo de total extinção em guerra, ou disposto a arriscar tudo para conquistar o mundo, ou controlado e motivado pelo diabo, pode equipar e treinar um exército do tamanho de 17% (ou mais) da sua população.

Ora, a China tem uma população de 1300 milhões de pessoas, a Coréia do Norte de 24 milhões, a Coréia do Sul de 49 milhões, o Japão de 128 milhões, só isto já somam 1,501 bilhões de pessoas. Afora Filipinas, Borneo, Malásia, Vietnam, Laos, Camboja, Tailândia, Burma, Butão, Paquistão e Afeganistão (Índia, Irã, Iraque, Síria e Jordânia também ficam a oriente de Jerusalém, mas não nos parecem muito prováveis de se alinharem juntamente com a China). Portanto, os Reis provenientes- de- junto- do Oriente bem poderiam formar um exército de 17% (ou mais) de 1501 milhões = 255 (ou mais) milhões de pessoas, mais que os 200 milhões de cavaleiros necessários.

D) Estas cores,
que são chamadas de "**fogo**" (que pode ser qualquer gradação desde **vermelho brilhante** (vermelho brilhante) até amarelo brilhante (amarelo brilhante)), de "**jacinto**" (cor laranja-avermelhada (laranja-avermelhada)) e de "**enxofre**" (amarelo brilhante (amarelo brilhante)),
são prevalentes nas artes chinesa e, também, babilônica.

E) Quanto ao 1/3 da população mundial ser morta pelos Reis provenientes- de- junto- do Oriente: Em 2011, o mundo tem cerca de 7 bilhões de pessoas. Subtraídos a isso os 1/4 da humanidade (1,750 bilhões) mortos pelas guerras trazidas pelo cavalo vermelho muito antes do final da 70-SD, restarão 5,250 bilhões. Subtraídas ainda um grande número de mortos por catástrofes naturais mandadas por Deus, e por fome, e por pestes, e por matanças que Deus permitirá que o diabo e O Anticristo façam, mais os 180 milhões mortos por Deus dos exércitos da Rússia e seus aliados, é possível que a população mundial tenha decrescido para 4,530 bilhões, de forma que a soma das populações mortas pelos Reis provenientes- de- junto- do Oriente nos países entre a China e Israel (ver abaixo: 3 + 170 + 29 + 1210 + 70 + 31 + 6 = 1,510 bilhões) dá 1/3 da população mundial. Se esta soma não for suficiente, é possível que outras nações também sejam destruídas pelos Reis provenientes- de- junto- do Oriente. Ao final disso, a população mundial será de apenas metade (3,5 bilhões) daquela do início da 70-SD.

O trajeto da estrada-expressa da China até Jerusalém:
Já hoje (2011) esta estrada-expressa está pronta (só lhe falta um meio para cruzar o rio Eufrates rapidamente) e muito bem feita, unindo várias estradas em diferentes países. Começa no Norte da China, e atravessa os seguintes países:
- **China**;
- **Tibete**;
- **Paquistão** (mais especificamente, Caxemira, através do Passo de Karakoram). (Esta estrada-expressa listada até agora, partindo do Norte da China e indo até Karakoram, no Paquistão, já foi totalmente construída pela China, ver http://en.wikipedia.org/wiki/Karakoram_Highway. Na parte da China ela passa por algumas das montanhas mais altas do mundo, é uma das rodovias de maior custo por km em todo mundo, e ela não tem absolutamente nenhum propósito econômico! Nessa autoestrada, praticamente não passa nenhuma mercadoria de nenhum país para nenhum seu vizinho. A estrada-expressa permanece praticamente deserta durante todo o tempo. Nenhum estrangeiro pode chegar nem perto dela, e pouquíssimos veículos chineses a usam. Portanto, é evidente que tal estrada-expressa só tem um propósito: o militar, permitir uma rápida invasão a ser feita pela China em direção ao Sul dela, depois em direção ao Ocidente, aos países que ela intensamente odeia (ou intensamente cobiça) e quer aniquilar e conquistar, destruindo a Índia, e todos os países no seu longo caminho desde o Norte da China até chegar a Israel, para atacá-la);
- **Índia** (de longa data a China deseja destruir a Índia. É possível que esta, com considerável

poder militar, inclusive nuclear, resistirá até ao seu fim, causando alguns estragos nos exércitos dos Reis provenientes- de- junto- do Oriente);
- **Afeganistão**;
- **Irã**: terreno plano; portanto, cavalos/ tanques de guerra poderão ir por onde quiserem;
- **Iraque**: terreno plano, ideal para cavalos/ tanques de guerra irem para onde quiserem;
- **rio Eufrates**, a ser atravessado. Identificação do rio:
    - Talvez, pelo nome Eufrates, o Espírito Santo quis significar o *par* de rios **Eufrates**-Tigre; pode ser que AMBOS serão tornados secos através de ação direta de Deus, ou através dEle fazer com que a Turquia feche completamente as comportas de suas grandes barragens que totalmente controlam os 2 rios, ou através de seca de 3 ½ anos sobre toda a terra, causada pelas 2 testemunhas desde o dia 1256,5.
    - Ou, talvez, pelo nome Eufrates, o Espírito Santo quis significar o trecho de cerca de 193 km (que era um pantanoso delta habitado pelos xiitas, antes dele ser drenado) onde Eufrates e Tigre se unem formando um só rio [que os habitantes locais chamam de **Shatt-al-Arab** ("Costa dos Árabes"), mas Deus pode continuar a chamar de Eufrates] que despeja no Golfo Pérsico;
- **Jordânia**: terreno plano, ideal para cavalos/ tanques de guerra irem por onde quiserem seus condutores;
- **Israel** (chegada).

20.3. Os 4º, 5º, 6º E 7º Anjos De Ap 14. Foice, Ceifa, Vindima, Lagar Da Ira De Deus, Rio De Sangue

O 4º anjo de Ap 14 (que é o Anjo do Senhor, o Palavra Eterna [o Cristo]), com coroa de ouro e foice aguda Ap 14:14.
"E olhei, e eis uma nuvem branca, e assentado sobre a nuvem um semelhante ao Filho do homem, que tinha sobre a sua cabeça uma coroa de ouro, e na sua mão uma foice aguda." (Ap 14:14 ACF)

O 5º anjo de Ap 14 roga Ap 14:15, e o 4º anjo (que é o Anjo do Senhor, o Palavra Eterna [o Cristo]) lança sua foice sobre a terra e sobre a seara (campo cultivado, de cereais) Ap 14:16.
"15 E outro anjo saiu do templo, clamando com grande voz ao que estava assentado sobre a nuvem: Lança a tua foice, e sega; a hora de segar te é vinda, porque já a seara da terra está madura. 16 E aquele que estava assentado sobre a nuvem meteu a sua foice à terra, e a terra foi segada." (Ap 14:15-16 ACF)

O 6º anjo de Ap 14, também com foice aguda Ap 14:17.
"E saiu do templo, que está no céu, outro anjo, o qual também tinha uma foice aguda." (Ap 14:17 ACF)

O 7º anjo de Ap 14 roga Ap 14:18, e o 6º anjo vindima a videira da terra, lança-a no grande lagar da ira de Deus. Sangue até a altura dos freios dos cavalos, pelo espaço de 288 km Ap 14:19-20.
"18 E saiu do altar outro anjo, que tinha poder sobre o fogo, e clamou com grande voz ao que tinha a foice aguda, dizendo: Lança a tua foice aguda, e vindima os cachos da vinha da terra, porque já as suas uvas estão maduras. 19 E o anjo lançou a sua foice à terra e vindimou as uvas da vinha da terra, e atirou-as no grande lagar da ira de Deus. 20 E o lagar foi pisado fora da cidade, e saiu sangue do lagar até aos freios dos cavalos, pelo espaço de mil e seiscentos estádios {*}." (Ap 14:18-20 ACF)
{* 1 estádio = 180m; 1.600 estádios = 1600 x 180 = 288.000m = 288km. Esse rio de sangue atravessa quase todo Israel, país que, hoje, tem apenas 320 km de comprimento Norte- Sul, e 110 km de largura Leste- Oeste.

(imagem copiada de https://br.pinterest.com/pin/503136589594734143/)

20.4. O Maior Terremoto De Todos Os Tempos, 2º Ai
(cai 1/10 de Jerusalém, todas as ilhas fogem [de onde estavam], os montes não mais são achados [onde estavam]) Ap 11:13; Ap 16:18-20, este é o 2º ai Ap 11:14a (o 1º ai terminou em Ap 9:12)

"13 E naquela mesma hora houve um grande terremoto, e caiu a décima parte da cidade, e no terremoto foram mortos sete mil homens; e os demais ficaram muito atemorizados, e deram glória ao Deus do céu. 14 ¶ É passado o segundo ai; eis que o terceiro ai cedo virá." (Ap 11:13-14 ACF)

Ap 16:18-20) 18) E ocorreram vozes, e trovões, e relâmpagos; e um grande terremoto houve, como nunca houve, desde que homens houve sobre a terra, um tão poderoso terremoto, tão grande! 19) E a grande cidade foi tornada [*dividida*] em três partes, e as cidades das nações caíram; e Babilônia, a grande, foi lembrada diante de Deus, para Ele lhe dar o cálice do vinho da indignação da ira dEle *(Deus)*. 20) E toda a ilha fugiu, e montes não foram achados. LTT

20.5. O Monte Das Oliveiras É Fendido Ao Meio, Começando Dois Grandes Vales

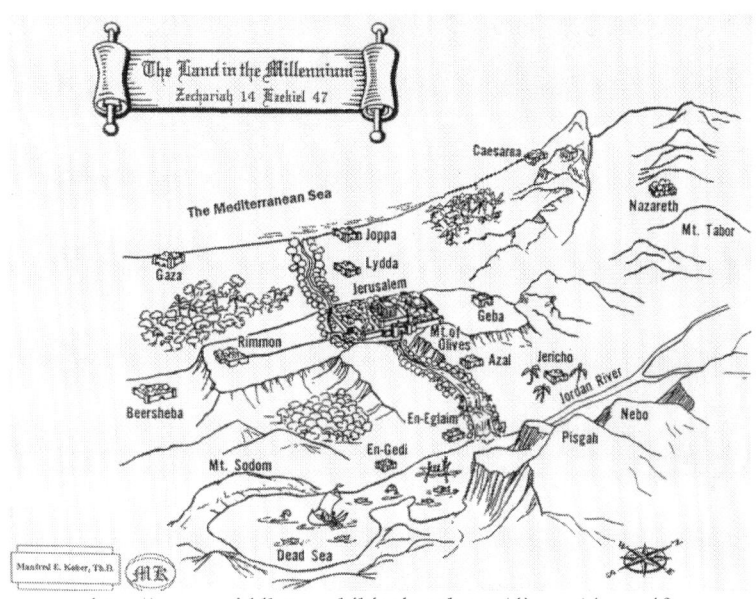

http://www.middletownbiblechurch.org/dispen/river.gif
e http://.Rio_Da_Casa_Deus_2_Vales_M_Oliveiras_Fendido.gif

Na Sua volta corporal e visível, no dia 2520 (o último da 70-SD), o primeiro local tocado pelos pés físicos do Cristo será o Monte das Oliveiras. Este está defronte de Jerusalém (a Leste dela, à distância de uma jornada de sábado = 2000 cúbitos = 900 metros, conforme At 1:12). Não sei se um certo tempo antes ou se no exato instante da volta do Cristo, o fato é que, então, o monte, desde suas bases mais profundas, estará fendido ao meio na direção Leste-Oeste. Acredito que terá sido fendido pelo maior terremoto de todos os tempos. Metade do monte se afastará para o Norte, e outra metade para o Sul. A larga fenda formará o começo de dois vales, um deles descenderá para o Leste (coreendo 24km, até o Mar Morto), o outro descendo para o Oeste (correndo 59km, até o Mar Mediterrâneo) Zc 14:4, 8-10.

Zc 14: 4, 8-10) 4) E naquele dia [estarão] os Seus pés sobre o monte das Oliveiras, que [está] defronte de Jerusalém, ao oriente; e o monte das Oliveiras tem sido fendido pelo meio, para o oriente e para o ocidente, e haverá um vale muito grande; e metade do monte será apartado para o Norte, e a [outra] metade dele para o Sul. ... 8) Naquele dia também acontecerá que sairão de Jerusalém águas vivas, metade delas para o mar oriental, e metade delas para o mar ocidental; no verão e no inverno sucederá [isto]. 9) E o SENHOR [será] rei sobre toda a terra; naquele dia um [só será] o SENHOR, e um [so será] o Seu nome. 10) Toda a terra em redor (de Jerusalém) será tornada como uma planície, desde Geba até Rimom, ao sul de Jerusalém, e ela (Jerusalém) será exaltada, e habitada no seu lugar, desde a porta de Benjamim até ao lugar da primeira porta, até à porta da esquina, e desde a torre de Hananeel até aos lagares do rei. 11) E habitarão nela, e não haverá mais [completa] destruição , porque Jerusalém habitará segura.

Uma fonte jorrará água a partir do Templo em Jerusalém. Jl 3:18 (e Ez 47:1a, abaixo).

Jl 3:18) E há de ser que, naquele dia, os montes destilarão suco da uva esmagada, e os outeiros manarão leite, e todos os rios de Judá correrão [cheios] de águas; e sairá uma fonte, da casa do SENHOR, e regará o vale de Sitim.

①. ① Vale das Acácias:, no antigo Amon e atual Jordânia, 16km a Nordeste do atual Mar Morto (o nível do Mar terá subido mais de 100m de altura (?) até alcançar o Vale das Acácias?)

Acredito que as águas começarão a jorrar do solo um pouco ao sul do altar do Templo, escorrerão, sairão por debaixo do degrau- soleira da porta de entrada do Templo (ela dá para o Leste), logo elas virarão para o Sul, correrão mais um pouco e então serão divididas, uma metade irá pelo vale que escorre para o Leste, outra metade irá pelo vale que escorre para o Oeste. De início, as águas que estarão correndo somente alcançarão a altura de tornozelos. Gradualmente, irão se tornando um volumoso rio. 2 km depois da fonte, a profundidade já será maior que a altura de um homem.

As águas do Mar Morto serão saradas (do excesso de sais dissolvidos) e transformadas em água doce, cheia de nutrientes e espantosas multidões de peixes Ez 47:1-10.

Ez 47:1) Depois disto me fez voltar à porta da casa, e **eis que saíam águas por debaixo do degrau-soleira** *da porta* **da casa para o oriente; porque a face da casa** [*dava para*] **o oriente, e as águas desciam de debaixo, desde o lado direito da casa, ao sul do altar.** 3) ...mediu mil côvados, e **me fez passar através das águas, águas** [*que*] **me davam pelos tornozelos.** 4) ... me fez passar através das águas, **águas que me davam pelos joelhos**; e outra vez mediu mil, e me fez passar através das **águas que me davam pelos lombos.** 5) E mediu [*mais*] mil, [*e era um*] **rio, que eu não podia atravessar, porque as águas tinham crescido, águas que se deviam passar a nado, rio pelo qual não se podia atravessar.** ... 8) Então disse-me: "**Estas águas saem para a região oriental, e descem ao deserto, e entram no mar;** [*e*], **sendo levadas ao mar, as águas tornar-se-ão saudáveis.** 9) E [*será que*] toda a criatura vivente, que se move, por onde quer que entrarem estes rios, viverá; e **haverá uma muito grande quantidade de peixe, porque lá chegarão** [*estas*] **águas, e serão curados**, e viverá tudo por onde quer que entrar este rio. 10) ... o **seu peixe** [*será*], **segundo a sua espécie, como o peixe do mar grande, em multidão excessiva.**

Este rio também é mencionado no Sl 46: 4
[*Há*] **um rio cujas correntes alegram a cidade de Deus, o santuário dos tabernáculos do Altíssimo.**
(note o contexto dos vs. 9-10: sobre todo o mundo: perfeita paz e reino corporal de Cristo em carne e osso, visível)

20.6. O 3º Ai = A 7ª Trombeta = As 7 Taças
Ap 11:14b
"É passado o segundo ai; eis que **o terceiro ai cedo virá** {*}." (Ap 11:14 ACF) {* "Virá": isto significa que o terceiro ai "virá imediatamente a seguir". Como veremos logo a seguir, o "ai" consistirá de: o aniquilamento, por Deus, em Bozra, dos exércitos de O Anticristo, e dos Reis provenientes- de- junto- do Oriente, e dos aliados de ambos; o lançamento de O Anticristo e do Falso Profeta para dentro do Lago de Fogo que durará para sempre; o Cristo matar todos os Seus rejeitadores com a espada que sai de Sua boca}

O 3º ai corresponde a todo o julgamento associado à 7ª trombeta, julgamento que começa em Ap 11:14 e é detalhado em todas as 7 taças começando em Ap 16:2. O 3º ai terá passado completamente somente quando a Babilônia tiver caído (e isto é recapitulado em Ap 17-18), e a revelação de Deus sobre a Terra tiver acabado Ap 19:1-16, e o Anticristo e seus exércitos tiverem sido destruídos Ap 19:17-20.

20.7. Deus Destrói Rússia, Muçulmanos, Reis Do Oriente, E O Anticristo

Deus destrói esses seus 4 inimigos [1] Rússia e aliados europeus comunistas, 2) Muçulmanos e aliados, 3) Reis provenientes- de- junto- do Oriente e aliados; 4) Anticristo e herdeiros do Império Romano) invasores de Israel, e Deus os destrói *direta* e *miraculosamente*, pelo poder d*Ele próprio* Jl 2:20; Ez 38:18-22; Ez 39:2,4,6,8.

"Mas **removerei para longe de vós o exército do Norte**, e lançá-lo-ei em uma terra seca e deserta; a sua frente para o mar oriental, e a sua retaguarda para o mar ocidental; e **subirá o seu mau cheiro, e subirá a sua podridão; porque fez grandes coisas**." (Jl 2:20 ACF)

"... Ez 38:... 19 Porque disse no meu zelo, no fogo do meu furor, que, certamente, **naquele dia haverá grande tremor sobre a terra de Israel; 20 De tal modo que tremerão diante da minha face os peixes do mar, e as aves do céu, e os animais do campo, e todos os répteis que se arrastam sobre a terra, e todos os homens que estão sobre a face da terra; e os montes serão deitados abaixo, e os precipícios se desfarão, e todos os muros desabarão por terra.** 21 Porque **chamarei contra ele a espada sobre todos os meus montes**, diz o Senhor DEUS; **a espada de cada um se voltará contra seu irmão. 22 E contenderei com ele por meio da peste e do sangue; e uma chuva inundante, e grandes pedras de saraiva, fogo, e enxofre farei chover sobre ele, e sobre as suas tropas, e sobre os muitos povos que estiverem com ele.** ...

Ez 39:2 E farei que te voltes em- meia- volta (para Israel) e deixarei (sobreviver) somente a sexta parte de ti, e farei com que te ergas desde as extremidades do Norte, e te trarei aos montes de Israel. LTT
Ez 39:4 Nos montes de Israel cairás, tu e todas as tuas tropas, e os povos que [estão] contigo; [e] às aves de rapina, de toda espécie, e aos animais do campo, te darei por comida. LTT
Ez 39:6 E enviarei um fogo sobre Magogue e entre os que habitam confiantemente nas ilhas; e saberão que Eu [sou] o SENHOR. LTT
Ez 39:8 Eis que vem, e se cumprirá, diz o Senhor DEUS; este [é] o dia [de] que tenho falado. LTT

Prováveis identificações desses nomes- próprios de nações (são povos, não são locais; alguns desses povos já tinham migrado para longe das suas primeiras localizações após a dispersão da torre de Babel), em Ez 38,39 (segundo muitos dos melhores estudiosos):

- Rússia e seus aliados (comunistas europeus, e muçulmanos):
- **Gogue** (o homem líder) e **Magogue** (a nação) podem estar relacionadas com a **Rússia**, tanto mais que Ez 38:6,15; 39:2 mostram que são as *mais longínquas* **partes ao Norte [de Jerusalém]**. Mas o Mapa abaixo relaciona Magogue com o Cazaquistão, Quirguistão, Uzbequistão, Turcomenistão, Tajiquistão (e, possivelmente, Afeganistão);
- **Meseque** pode estar relacionada com **Moscou**
- **Rosh** (aqui traduzida como "príncipe") pode estar relacionada com a **Rússia**
- **Tubal** pode estar relacionada com o **centro da Turquia**
- **Togarma** pode estar relacionada com o **Leste da Turquia** [talvez toda a Turquia, juntamente com países do Sul da antiga U.R.S.Soviéticas, tais como a Armênia]
- **Gômer** pode estar relacionada com a **Alemanha** (e, possivelmente, Áustria, talvez mesmo Dinamarca) ["Gômer e todas as suas tropas", de Ez 38:6, provavelmente se refere aos antigos satélites europeus do Leste da Rússia, particularmente Alemanha Oriental, Hungria, Checoslováquia, Romênia e Polônia (sempre muito antissemita)].
- **Pérsia** é o moderno **Irã**,
- **Etiópia** [Cuxe] pode ser o **Sudão** (ao Sul do Egito)
- **Pute** (ou Líbia) parece estar no **Norte da África**, a Oeste do Egito. Engloba a atual Líbia (e, possivelmente, a Argélia e a Tunísia)

Mapa copiado de http://christinprophecy.org/articles/timing-gog-magog/ associa "simpatizantes" de Israel (mas tão fraquinhos que apenas levantam uma débil voz de protesto e súplica, somente isto):
+ **Sebá** pode estar relacionada com a **Arábia** ou o **Iêmen** (talvez os muçulmanos, que odeiam Israel, ergam suas fracas vozes contra o ataque da Rússia somente porque temem ser também atacados, visto que possuem tantas riquezas e o tão essencial petróleo)
+ **Dedã** pode estar relacionada com a **Jordânia**, vizinha de Israel (idem)
+ "**Mercadores de Társis** e todos os seus leõezinhos" podem estar relacionados com o **Noroeste da Europa** (particularmente onde, hoje, os batistas e os reformados ainda são mais fortes que o Romanismo) e, ainda mais particularmente, com as **Ilhas Britânicas** (portanto, com os **USA**, o **Canadá**, e outras ex-colônias britânicas onde batistas e reformados ainda são mais fortes que o Romanismo).

(Claro que a partida, desde o Norte da China, a cerca de 8.000km, de um exército de cavaleiros, teria que começar cerca de 1 ano antes; e, se "cavalos" são linguagem figurativa para tanques de guerra e outros veículos motorizados, ao invés de cavalos, a partida teria que começar entre 10 a 30 dias antes. O que estamos datando de dia 2520 da 70-SD é a destruição, diretamente por Deus, do exército da Rússia e seus aliados, em solo de Israel.)

20.8. Local E Tempo De Destruição De Gogue (homem que é de Magogue) E Seus Aliados (comunistas na Europa, e muçulmanos)

Local da destruição de Gogue (homem que é de Magogue (Rússia)), e seus aliados (muitos dos países comunistas europeus, e países muçulmanos): algum lugar chamado apenas de "**todos os MEUS montes**" e "**montes de ISRAEL**" Ez 38:21; 39:4
Ez 38:21) Porque chamarei contra ele a espada sobre todos os Meus montes, diz o Senhor DEUS; a espada de cada homem será contra seu irmão.
Ez 39:4) Nos montes de Israel cairás, tu e todas as tuas tropas, e os povos que [estão] contigo; [e] às aves de rapina, de toda espécie, e aos animais do campo, te darei por comida.
{Contraste isso com o ataque e destruição dos exércitos de O Anticristo (acompanhados pelos exércitos dos Reis provenientes- de- junto- do Oriente), destruição que ocorrerá em Bozra/ Petra, no atual país da JORDÂNIA, a cerca de 162km a Sul-sudeste de Jerusalém.

Note que o 3º ataque e a destruição da Rússia e seus aliados, ao final do Milênio, ocorrerá ao redor do arraial (a Jerusalém terrestre) dos santos, os quais, durante o Milênio, ainda estarão em corpos não glorificados, santos que ainda se casarão e serão dados em casamento.
}
Tempo da destruição de Gogue (homem que é de Magogue [Rússia]), e seus aliados (muitos dos países comunistas europeus, e países muçulmanos): **dia 2520 depois da Aliança de O Anticristo, portanto o último dia da 70-SD**.
Muitos acreditam que o clímax do ataque da Rússia e seus aliados, e a destruição dos seus exércitos, ocorrem em **algum dia da 1ª metade da 70-SD**, mais especificamente *depois* da Aliança de O Anticristo e antes do dia 1256,5 da 70-SD (*que* é 3,5 dias antes da metade da 70-SD), portanto no intervalo [dia 1 (inclusive) até dia 1256 (inclusive)]. O importante, dizem eles, é que o intervalo pode ir até, inclusive, o dia 1256, excluindo o dia seguinte, 1256,5 [quando O Anticristo é (pelo menos aparentemente) assassinado e há batalha no céu, os demônios são arremessados sobre a terra e a ela restringidos]. Justificam-se dizendo que, do dia 1256,5 em diante, não se pode dizer que há paz sobre a terra, Israel não pode se sentir segura sem armas, ele voltará a se armar. Daí, o prazo limite para a destruição da Rússia iria até, exclusive, o dia 1256,5.

Alguns objetam a esta datação acima [dia 1 até dia 1256,5) e à nossa, dizendo que, se assim fosse, os 7 *anos* queimando as *armas* dos russos mortos entrariam no Milênio, o que acham inaceitável (mas não vemos grande problema nisso), e **acham que** o ataque da Rússia teria que ser *antes* da Aliança de O Anticristo para 7 anos (fazendo tal aliança ainda mais desejável aos judeus, embora não seja dito que Israel a assinará), podendo a invasão pela Rússia ser **no intervalo *entre* o Arrebatamento e o real início da 70-SD no dia da Aliança de O Anticristo, ou mesmo *antes* do Arrebatamento**. Achamos estas duas datações impossíveis, pois Ez 38,39 mostram Israel (antes de ser atacado) indefeso, e sabemos que só depois da Aliança é que Israel (com poucas exceções) receberá O Anticristo como se fosse o prometido Messias, portanto nele confiará e a ele entregará suas armas, pensará ter a paz tão sonhada, sentir-se-á seguro.

Outros acham que o último dia biblicamente admissível do ataque e destruição da Rússia e seus aliados é o **dia 2385** (4 ½ meses antes do final da 70-SD), assim obtido: dia 2595 (2520 dias da 70-SD mais 75 dias de intervalo para o Milênio, explicação muito adiante) menos 210 dias (7 *meses*) enterrando *cadáveres*. Portanto, 2520 – 2385 = 135 dias (4 ½ meses) antes do final da 70-SD. Deste modo, os 2 ataques a Israel e assombrosas destruições por Deus de
   a) os exércitos da Rússia e seus aliados; e, finalmente,
   b) a destruição de O Anticristo e seus exércitos (acompanhados pelos exércitos dos Reis provenientes- de- junto- do Oriente),
ocorreriam em sucessão em [2386 a 2520], sob a 7ª trombeta e a 7ª taça. Objetamos a isso com os argumentos a seguir:
   Quanto a nós,
   - Em primeiro lugar, reconhecemos que, mesmo ao final da 70-SD, Israel que (com poucas exceções) recebeu O Anticristo, ainda estará desarmada, quer ainda confiando que ele a defenderá e sentindo-se em paz e segurança, quer perplexa mas impotente para voltar a se armar e para se defender.

   - Em segundo lugar, analisamos as descrições dos eventos envolvidos nas destruições por Deus em punição ao ataque a Israel de cada um desses 2 grupos de exércitos [(1)] os exércitos da Rússia + comunistas europeus + Muçulmanos, e (2) os exércitos de O Anticristo, acompanhados dos exércitos dos Reis provenientes- de- junto- do Oriente), isto é, analisamos os mortíferos super terremotos em escala mundial, as mortandades por saraiva com fogo e com enxofre, as muitíssimas aves e animais se banqueteando por 7 *meses* com os *cadáveres* de centenas de milhões de inimigos do Senhor, etc. Em particular, sumariemos a descrição, em Ez 38;39, da destruição, por Deus, da Rússia e seus aliados:

"grande tremor sobre a terra de Israel";

"tremerão ... todos os répteis que se arrastam sobre a terra, e todos os homens que estão sobre a face da terra; e os montes serão deitados abaixo, e os precipícios se desfarão, e todos os muros desabarão por terra";

"contenderei com ele por meio da peste e do sangue; e uma chuva inundante, e grandes pedras de saraiva, fogo, e enxofre ...";

"às aves de rapina, de toda espécie, e aos animais do campo, te darei por comida";

"e nunca mais deixarei profanar o meu santo nome";

"dize às aves de toda espécie, e a todos os animais do campo ... Comereis a carne dos poderosos e bebereis o sangue dos príncipes da terra"

- Em terceiro lugar, vemos tantas similaridades entre aqueles 2 ataques que assumimos que **os 2 ataques** ((1) pela Rússia + comunistas europeus + Muçulmanos e (2) por O Anticristo, acompanhados pelos Reis provenientes- de- junto- do Oriente) **ocorrem em paralelo, no último dia da 70-SD** (o dia da 7ª trombeta e 7ª taça), ou ocorrem quase em paralelo. Apesar de ocorrerem em locais diferentes (a Rússia + comunistas europeus + Muçulmanos, sobre "montes" de Israel de nomes não revelados. O Anticristo (acompanhado dos Reis provenientes- de- junto- do Oriente) em "Bozra"/ Petra).

De início, não pensávamos nessa simultaneidade, pois tínhamos em mente os 7 *meses* necessários para enterrar os *cadáveres* em putrefação dos exércitos dos russos e seus aliados, e não podíamos aceitar que o Milênio poderia começar com tamanha impureza dentro da terra de Israel, por isso víamos os 2 ataques separados por alguns anos ou meses. Mas, somando e ponderando tudo, hoje achamos que é menor problema se admitir que haja, bem longe de Jerusalém, uma montanha com cadáveres de russos inimigos de Deus sendo sepultados ainda durante 7 - 2,5 = 4,5 meses durante o Milênio, do que se ver os terribilíssimos eventos da 7ª trombeta + 7ª taça + Ez 38;39 + Ap 16:12, tudo isto se repetindo exatamente da mesma maneira 2 ou 3 vezes em seguida, cada uma distanciada da outra por alguns anos ou meses! (Quanto aos exércitos de O Anticristo e dos Reis provenientes- de- junto- do Oriente, escorrerão seus sangues num longo mas muito estreito vale terminando em Bozra/ Petra, a pelo menos 162km de distância de Jerusalém, tudo podendo ser limpo nos 2 ½ meses de intervalo entre o fim da 70-SD e o começo do Milênio)

- Em quarto lugar, em Ez 30:7, Deus diz "7 E farei conhecido o meu santo nome no meio do meu povo Israel, e **nunca mais deixarei profanar o Meu santo nome**; e os gentios saberão que eu sou o SENHOR, o Santo em Israel.", e isto só poderá ser literalmente cumprido quando terminar o dia 2520, pois até mesmo durante parte desse dia, antes de serem mortos, os inimigos de Deus ainda blasfemarão do nome dEle!

20.9. Local E Tempo De Destruição Do Anticristo (e seus aliados) E Dos Reis Do Oriente (e seus aliados)

Local de destruição dos exércitos de O Anticristo e de os Reis provenientes- de- junto- do Oriente (e dos aliados de ambos):
Em Bozra/ Petra (Jordânia), **Deus destrói, até ao último homem, todos os exércitos** (vindos de onde foram ajuntados, Armagedom, o "Monte de Megido") **de todos os Seus**

inimigos (os exércitos de O Anticristo e seus aliados; dos Reis provenientes- de- junto- do Oriente e seus aliados; etc.; quanto aos exércitos da Rússia + seus aliados europeus comunistas + seus aliados Muçulmanos, já foram destruídos nos montes de Israel). Ap 19:15-19, Is 63: 1-6, Zc 14:1-4).

Ap 19:15-19 ¹⁵ E, proveniente- de- dentro- da boca dEle, sai uma aguda espada, a fim de que, com ela, Ele fira as nações; e Ele as regerá com vara de ferro; e **Ele pisa o lagar do vinho do furor e da ira de Deus, o Todo-Poderoso**; ¹⁶ E Ele tem, sobre o manto e sobre a coxa dEle, este nome tendo sido escrito: "[O] REI D[OS] REIS E [O] SENHOR D[OS] SENHORES." ¹⁷ Então, vi um [só] anjo tendo se postado dentro do sol, e ele clamou com grande voz, dizendo a todas **as aves**, aquelas voando n[o] meio- [dia]- do- céu : **"Vinde, e sede ajuntadas para a ceia do grande Deus;** ¹⁸ **A fim de que comais [as] carnes d[os] reis, e [as] carnes d[os] comandantes de milhares, e [as] carnes d[os varões] fortes, e [as] carnes d[os] cavalos e daqueles estando- assentados sobre eles; e [as] carnes de todos [os homens, ambos] livres e escravos, tanto pequenos como grandes."** ¹⁹ E vi a Besta- Feroz , e os reis da terra, e os exércitos deles, tendo sido reunidos para fazer guerra contra Aquele estando- assentado sobre o cavalo, e contra o Seu exército. *LTT*

Is 63:1-6 ¹ **"Quem [é] este, que vem de Edom, de Bozra, com vestes tintas; Este que [é] glorioso em Sua vestidura, que marcha com a Sua grande força?** Eu, que falo em justiça, poderoso para salvar. ² **Por que [está] vermelha a Tua vestidura, e as Tuas roupas como as daquele que pisa no lagar?** ³ **Eu, sozinho, pisei no lagar, e dos povos ninguém [houve] comigo; e os pisei na Minha ira, e os esmaguei no Meu furor; e o seu sangue salpicou as Minhas vestes, e manchei toda a Minha vestidura.** ⁴ Porque o dia da vingança [estava] no Meu coração; e o ano dos Meus redimidos [é] chegado. ⁵ E olhei, e não [havia] quem [Me] ajudasse; e admirei-Me de não haver quem [Me] sustivesse, por isso o Meu próprio braço Me trouxe a salvação, e o Meu furor Me susteve. ⁶ E atropelei os povos na Minha ira, e os embriaguei no Meu furor; e a sua força derrubei por terra. *LTT*

Zc 14:1-4 ¹ "Eis que vem o dia do SENHOR, em que teus despojos serão repartidos no meio de ti. ² Porque **Eu ajuntarei todas as nações para a peleja contra Jerusalém; e a cidade será tomada, e as casas serão saqueadas, e as mulheres forçadas; e metade da cidade sairá para o exílio- em- cativeiro, mas o restante do povo não será extirpado da cidade.** ³ **E o SENHOR sairá, e pelejará contra estas nações, como pelejou, sim, no dia da batalha.** ⁴ E naquele dia [estarão] os Seus pés sobre o monte das Oliveiras, que [está] defronte de Jerusalém, ao oriente; e o monte das Oliveiras tem sido fendido pelo meio, para o oriente e para o ocidente, e haverá um vale muito grande; e metade do monte será apartado para o Norte, e a [outra] metade dele para o Sul. *LTT*

Tempo: dia 2520, o último dia da 70-SD

Mais detalhes:
Os exércitos de O Anticristo e de os Reis provenientes- de- junto- do Oriente (e dos aliados de ambos) **estão prestes a atacar Bozra** de Amon [atualmente Petra, na Jordânia], **para onde os remanescentes de Jerusalém fugiram. Lá, o Senhor esmaga esses exércitos. O sangue, deles escorrido, chega à altura dos freios dos cavalos** (1,50 m?), **pelo espaço de 288 km!** Is 34:6; 63:1-6; Ap 14:19-20 (acima, no 7º anjo).

"**A espada do SENHOR está cheia de sangue**, está engordurada da gordura do sangue de cordeiros e de bodes, da gordura dos rins de carneiros; porque **o SENHOR tem sacrifício em Bozra, e grande matança na terra de Edom**." (Is 34:6 ACF)

"¹ ¶ **Quem é este, que vem de Edom, de Bozra, com vestes tintas; este que é glorioso em sua vestidura, que marcha com a sua grande força?** Eu, que falo em justiça, poderoso para salvar. 2 Por que está vermelha a tua vestidura, e as tuas roupas como as daquele que pisa no lagar? 3 Eu sozinho pisei no lagar, e dos povos ninguém houve comigo; e os pisei na minha ira, e os esmaguei no meu furor; e o seu sangue salpicou as minhas vestes, e manchei toda a minha vestidura. 4 Porque o dia da vingança estava no meu coração; e o ano dos meus remidos é chegado. 5 E olhei, e não havia quem me ajudasse; e admirei-me de não haver quem me sustivesse, por isso o meu braço me trouxe a salvação, e o meu furor me susteve. 6 E atropelei os povos na minha ira, e os embriaguei no meu furor; e a sua força derrubei por terra." (Is 63:1-6 ACF)

20.10. Cristo Mata Todos Seus Rejeitadores Com A Espada [da Palavra] Que Sai Da Sua Boca Ap 19:21

"E os demais foram mortos com a espada que saía da boca do que estava assentado sobre o cavalo, e todas as aves se fartaram das suas carnes." (Ap 19:21 ACF)

20.11. (Começam) 7 Meses De Cadáveres Sendo Enterrados Ou Comidos Por Aves E Animais, E 7 Anos De Armas Servindo De Fogo

Mateus 24:28 Pois onde quer que esteja o cadáver, aí serão ajuntadas as águias.

Começam 7 *meses* Ez 39:12 em que os *cadáveres* de todos os inimigos e invasores de Israel (Rússia e outros, Muçulmanos e outros, Reis provenientes- de- junto- do Oriente e outros, herdeiros do Império Romano, sob o Anticristo) servem de alimento para feras e aves que comam carniça, até que Israel consiga terminar de enterrá-los Ez 39:4. Por 7 *anos*, suas *armas* servem de fogo em Israel Ez 39:9

... "Ez 39:1 Tu, pois, ó filho do homem, profetiza ainda contra Gogue, e dize: Assim diz o Senhor DEUS: Eis que eu sou contra ti, ó Gogue, príncipe e chefe {literalmente, Rosh} de Meseque e de Tubal. 2 E farei que te voltes em- meia- volta (para Israel), e deixarei (sobreviver) somente a sexta parte de ti, e farei com que te ergas desde as extremidades do Norte, e te trarei aos montes de Israel. .... 4 Nos montes de Israel cairás, tu e todas as tuas tropas, e os povos que estão contigo; e às aves de rapina, de toda espécie, e aos animais do campo, te darei por comida. 5 Sobre a face do campo cairás, porque eu o falei, diz o Senhor DEUS. 6 E enviarei um fogo sobre Magogue e entre os que habitam seguros nas ilhas; e saberão que eu sou o SENHOR. 7 E farei conhecido o meu santo nome no meio do meu povo Israel, e nunca mais deixarei profanar o meu santo nome; e os gentios saberão que eu sou o SENHOR, o Santo em Israel. 8 ¶ Eis que vem, e se cumprirá, diz o Senhor DEUS; este é o dia de que tenho falado. 9 E os habitantes das cidades de Israel sairão, e acenderão o fogo, e queimarão as armas, e os escudos e as rodelas, com os arcos, e com as flechas, e com os bastões de mão, e com as lanças; e ACENDERÃO FOGO COM ELAS POR SETE ANOS. ... 12 E a casa de Israel OS ENTERRARÁ DURANTE SETE MESES, para purificar a terra. ... 17 ..., dize às aves de toda espécie, e a todos os animais do campo: Ajuntai-vos e vinde, congregai-vos de toda parte para o meu sacrifício, que eu ofereci por vós, um sacrifício grande, nos montes de Israel, e comei carne e bebei sangue. 18 Comereis a carne dos poderosos e bebereis o sangue dos príncipes da terra; dos carneiros, dos cordeiros, e dos bodes, e dos bezerros, todos cevados de Basã. 19 E comereis a gordura até vos fartardes e bebereis o sangue até vos embebedardes, do meu sacrifício que ofereci por vós. 20 E, à minha mesa, fartar-vos-ei de cavalos {*}, de carros, de poderosos, e de todos os homens de guerra, diz o Senhor DEUS. ..." (Ezequiel 38:1-39:29 ACF)

(continua em 2520.III)

21. →» DIA [2520.III]: 6º Ao 7º Selo, 7ª Trombeta, 7ª Taça

21.1. O 6º Selo: Ap 6:12-17. Máximos Cataclismos
Ap 6:12-17: Grande terremoto, sol enegrecido, lua como sangue, estrelas caindo, céu retirado, todos os montes e ilhas são removidos dos seus lugares; todos os ímpios escondem-se em cavernas e rochas, e bramam de pavor do grande dia da ira do Cordeiro; é vindo o grande dia da Sua ira
Ap 7:2: Anjo clama com alta voz
Ap 7:9: Grande multidão no céu

"12 E, havendo aberto o sexto selo, olhei, e eis que houve **um grande tremor de terra; e o sol tornou-se negro como saco de cilício, e a lua tornou-se como sangue; 13 E as estrelas do céu caíram sobre a terra**, como quando a figueira lança de si os seus figos verdes, abalada por um vento forte. 14 E **o céu retirou-se como um livro que se enrola; e todos os montes e ilhas foram removidos dos seus lugares. 15 E os reis da terra, e os grandes, e os ricos, e os tribunos, e os poderosos, e todo o servo, e todo o livre, se esconderam nas cavernas e nas rochas das montanhas; 16 E diziam aos montes e aos rochedos: Caí sobre nós, e escondei-nos do rosto daquele que está assentado sobre o trono, e da ira do Cordeiro; 17 Porque é vindo o grande dia da sua ira; e quem poderá subsistir?**" (Ap 6:12-17 ACF)

"2 E **vi outro anjo** subir do lado do sol nascente, e que tinha o selo do Deus vivo; e **clamou com grande voz aos quatro anjos**, a quem fora dado o poder de danificar a terra e o mar, 3 Dizendo: Não danifiqueis a terra, nem o mar, nem as árvores, até que hajamos assinalado nas suas testas os servos do nosso Deus. ...9 Depois destas coisas olhei, e **eis aqui uma multidão, a qual ninguém podia contar, de todas as nações, e tribos, e povos, e línguas, que estavam diante do trono, e perante o Cordeiro**, trajando vestes brancas e com palmas nas suas mãos;..." (Ap 7:2,9 ACF)

21.2. O 7º Selo: Ap 8:1,5. Silêncio No Céu Por Quase ½ Hora; Vozes, Trovões, Relâmpagos E Terremotos

"1 ¶ E, havendo aberto o sétimo selo, fez-se **silêncio no céu quase por meia hora**. ... 5 E o anjo tomou o incensário, e o encheu do fogo do altar, e o lançou sobre a terra; e **houve depois vozes, e trovões, e relâmpagos e terremotos**. ..." (Ap 8:1,5 ACF)

21.3. == 7ª Trombeta: Ap 10:7; 11:15-19. Mistério Cumprido; Cristo Reina; Vozes; Mártires Vingados E Galardoados; Ira De Deus; Cataclismos; Templo Aberto No Céu
O mistério de Deus é cumprido; reinos tornam-se do Cristo; grandes vozes no céu; os mártires do VT e da 70-SD são vingados e são julgados para premiações; destruidores são destruídos; ira de Deus; relâmpagos, vozes, trovões, terremotos, grande saraiva; Templo aberto no céu.

"Mas **nos dias da voz do sétimo anjo, quando tocar a sua trombeta, se cumprirá o segredo de Deus**, como anunciou aos profetas, seus servos." (Ap 10:7 ACF)

"15 E **o sétimo anjo tocou a sua trombeta, e houve no céu grandes vozes, que** diziam: Os reinos do mundo vieram a ser de nosso SENHOR e do seu Cristo, e ele reinará para todo o sempre. 16 E os vinte e quatro anciãos, que estão assentados em seus tronos diante de Deus, prostraram-se sobre seus rostos e adoraram a Deus, 17 Dizendo: Graças te damos, Senhor Deus Todo-Poderoso, que és, e que eras, e que hás de vir, que tomaste o teu grande poder, e reinaste. 18 E iraram-se as nações, e veio a tua ira, e o tempo dos mortos {*}, para que sejam julgados, e o tempo de dares o galardão aos profetas, teus servos, e aos santos, e aos que temem o teu nome, a pequenos e a grandes, e o tempo de destruíres os que destroem a terra. 19 E abriu-se no céu o templo de Deus, e a arca da sua aliança foi vista no seu templo; e houve relâmpagos, e vozes, e trovões, e terremotos e grande saraiva." (Ap 11:15-19 ACF) {* "o tempo dos mortos, para que sejam julgados" refere-se ao tempo dos santo (aqueles que foram perseguidos e mortos no VT e na 70ª Semana de Daniel) serem vingados. Ver Gill.}

21.4. == 7ª Taça: Ap 16:17-21. Voz No Templo No Céu, "Está Feito", Cataclismos, Jerusalém Fendida Em 3 Partes, Furor Da Sua Ira, Blasfemadores

Grande voz sai do Templo no céu, "está feito", vozes, trovões, relâmpagos, grande terremoto, a grande cidade (aqui, é Jerusalém) é fendida em três partes, as cidades das nações caem, ilhas e montes não mais são achados em seus lugares, furor da Sua ira, saraiva de pedras de 45kg, homens blasfemam.

"17 ¶ E O sétimo anjo derramou a sua taça no ar, e saiu grande voz do templo do céu, do trono, dizendo: Está feito. 18 E houve vozes, e trovões, e relâmpagos, e um grande terremoto, como nunca tinha havido desde que há homens sobre a terra; tal foi este tão grande terremoto. 19 E a grande cidade fendeu-se em três partes, e as cidades das nações caíram; e da grande Babilônia se lembrou Deus, para lhe dar o cálice do vinho da indignação da sua ira. 20 E toda a ilha fugiu; e os montes não se acharam. 21 E sobre os homens caiu do céu uma grande saraiva, pedras do peso de um talento; e os homens blasfemaram de Deus por causa da praga da saraiva; porque a sua praga era mui grande." (Ap 16:17-21 ACF)

Outro modo de ver as correspondências entre 6º a 7º Selos, 7ª Trombeta, 7ª Taça: Veja Cap. 14 "*Nosso Ponto De Partida Para Análise E Compreensão Da Descrição Do Restante Da 70-SD, Em Apocalipse*: Mt 24 e os 7 selos, 7 trombetas e 7 taças de Apocalipse são RECAPITULAÇÕES"

Relembre que 7ª Trombeta = = 3º ai = = Taças 1 até 7. Como já vimos na seção 20.5, o 3º ai (Ap 11:14b) = = 7ª Trombeta que começa em Ap 11:14b-19, e é detalhada na série das 7 taças começando em Ap 16:2 e indo até 16:21, na realidade só acabando quando a revelação de Deus sobre a Terra tiver acabado em Ap 19:1-16 e o Anticristo e seus exércitos tiverem sido destruídos Ap 19:17-20.

(continua em 2520.IV)

22. → DIA [2520.IV]: Ressurreição (3º Grupo do 1º Tipo) E (2º) Arrebatamento (2 Testemunhas + 144.000 + salvos do VT e da 70-SD); A 2ª Vinda Do Cristo; Conversão Nacional De Israel

22.1. Determinação Deste Dia (dia 2520): Dn 9:27,24

Como já vimos, cada mês bíblico tem exatamente 30 dias, e o ano bíblico ou profético tem exatamente (12 meses) X (30 dias/mês) = 360 dias.

A 70ª semana de Dn 9:24-27 tem a duração de 7 anos proféticos = 84 meses proféticos = 2520 dias a partir do início desta semana (o dia da aliança de O Anticristo).

"24 Setenta semanas estão determinadas sobre o teu povo, e sobre a tua santa cidade, para cessar a transgressão, e para dar fim aos pecados, e para expiar a iniquidade, e trazer a justiça eterna, e selar a visão e a profecia, e para ungir o Mais Santo de todos. 25 Sabe e entende: desde a saída da ordem para restaurar, e para edificar a Jerusalém, até ao Messias, o Príncipe, haverá sete semanas, e sessenta e duas semanas; as ruas e o muro se reedificarão, mas em tempos angustiosos. 26 E depois das sessenta e duas semanas será cortado o Messias, mas não para si mesmo; e o povo do príncipe, que há de vir, destruirá a cidade e o santuário, e o seu fim será com uma inundação; e até ao fim haverá guerra; estão determinadas as assolações. 27 E ele firmará aliança com muitos por uma semana {*}; e na metade da semana fará cessar o sacrifício e a oblação; e sobre a asa das abominações virá o assolador, e isso até à consumação; e o que está determinado será derramado sobre o assolador." (Dn 9:24-27 ACF)

{* "Uma semana" refere-se a 7 anos. Como 1 ano profético é 12 meses de 30 dias = 360 dias, então 7 anos de 360 dias = 2520 dias.}

Note 6 profecias de Daniel 9:24 sobre este dia (dia 2520): "Setenta semanas estão determinadas sobre o teu povo, e sobre a tua santa cidade,

(a) para cessar a transgressão {*}, e (particularmente de Israel)
(b) para dar fim aos pecados {*}, e (particularmente de Israel)
(c) para expiar a iniquidade {*}, e (particularmente de Israel)
(d) trazer a justiça eterna {*}, e (particularmente a Israel)
(e) selar a visão e a profecia {*}, e (particularmente concluir o cumprimento da profecia do livro de Daniel sobre Israel)
(f) para ungir o Mais Santo de todos {*}." ("O Mais Santo de todos" usualmente significa o LUGAR no Templo onde ficava a presença e a Arca da Aliança de Deus. Mas, aqui, não pode se referir ao Templo da 70-SD, que ainda terá a abominação da imagem do Anticristo até o dia 2550, nem ao Templo Milenar que somente será inaugurado depois do dia 2550, talvez depois do dia 2595. Unções são muito mais usualmente de pessoas, não de locais. O verso seguinte fala do Cristo. Portanto, o mais natural é se aceitar que, no v. 24, "O Mais Santo de todos", o Qual será ungido, é uma PESSOA: o Cristo.)

22.2. Todos Os Que Foram Salvos No VT Ou Na 70-SD Serão Juntamente Ressuscitados E Arrebatados No Dia 2520

As 2 (duas) testemunhas serão ressuscitadas no dia 2520 (no último dia da 70-SD), em Jerusalém, recebendo corpos glorificados Ap 11:7-13: 11) E, depois daqueles três dias e meio, [o] espírito de vida, proveniente- de- dentro- de Deus, entrou neles; e eles se puseram sobre os seus pés, e grande temor caiu sobre aqueles [que] os [estão] contemplando. 12) E eles ouviram uma grande voz proveniente- de- dentro- do céu, dizendo-lhes: 'Subi vós para aqui'. E eles, dentro dA nuvem, subiram para dentro do céu; e os contemplaram os seus inimigos. 13) E, naquela [mesma] hora, houve um grande terremoto, e a décima parte da cidade caiu. E foram mortos, no terremoto, sete mil nomes de homens. E os [homens] restantes aterrorizados se tornaram, e deram glória a o Deus do céu.

0) Pensemos um instante sobre as 2 testemunhas: sendo israelitas, estarão sob as bênçãos das 6 grandes alianças concedidas por Deus no VT especificamente à nação de Israel (2 alianças haviam sido concedidas por Deus à humanidade em geral, através de Adão, a Noé. Depois, Deus concedeu 6 alianças específicas à nação de Israel, através de Abraão, Isaque, Israel, Judá, Moisés e Davi). Pregando na 70-SD, as 2 testemunhas serão israelitas convertidos (mas ainda israelitas) ao Cristo que já veio, estarão pregando na dispensação de Israel, sim, pregando tanto a israelitas como a gentios. Os israelitas que forem convertidos através deles crerão exatamente como eles e, ao contrário de agora (quando não há israelita cristão, mas há cristãos ex- israelitas e que deixaram o judaísmo), então eles serão israelitas convertidos a Cristo. E os gentios que forem convertidos através deles não serão membros de igrejas locais, mas serão israelitas prosélitos e convertidos a Cristo.

1) Pensemos sobre os 144.000: serão israelitas convertidos (mas ainda israelitas) ao Cristo que já veio;

2.1) Pensemos sobre os demais israelitas salvos durante a 70-SD: serão israelitas convertidos (mas ainda israelitas) ao Cristo que já veio;
2.2) Pensemos sobre os gentios salvos durante a 70-SD: serão israelitas prosélitos e convertidos (ainda assim, israelitas prosélitos) ao Cristo que já veio;

3.1) Pensemos sobre os israelitas salvos durante o VT (inclusive Abraão, Isaque, ..., João, o submersor, mas não Acabe, não Judas o iscariote, ...): serão israelitas convertidos (mas ainda israelitas) ao Cristo que havia de vir;
3.2) Pensemos sobre os gentios salvos durante o VT (inclusive Adão, Abel, Naamã, ..., mas não Golias, não Hamã, ...).: serão israelitas prosélitos e convertidos (ainda assim, israelitas prosélitos) ao Cristo que havia de vir;

Portanto, por tamanha semelhança entre esses 6 grupos, não vejo nada melhor do que assumir que todos esses 6 grupos {0) as 2 testemunhas, 1) os 144.000, 2.1) os judeus salvos na 70-SD, 2.2) os gentios salvos na 70-SD, 3.1) os judeus salvos no VT, 3.2) os gentios salvos no VT} estarão juntos em, no mesmo instante, tanto ressuscitar em corpos glorificados como ser elevados ao céu, no último dia previsto na profecia de Daniel, no dia 2520 da 70-SD.

Eu acharia que não há hora melhor para tal ressurreição do que cerca das 06:00 horas (horário de Jerusalém) (mais precisamente, quando o sol estiver para nascer, a metade do dia judaico de 24 horas), isto é, cerca da mesma hora em que acredito que o Cristo foi ressuscitado. Mas Deus sabe das horas muito melhor que eu.

Repetindo:
1) Creram e foram salvos na 70-SD somente judeus e prosélitos ^(as 2 testemunhas, os 144.000, israelitas que creram, gentios que creram) que creram no verdadeiro *Cristo que já tinha vindo* e morrido (e ressuscitado) por eles, e O haviam recebido;
2) Creram e foram salvos no VT somente aqueles homens e mulheres que creram em (e receberam) o verdadeiro Cordeiro de Deus que havia sido profetizado desde Gn 3:15, que haveria de nascer sem pai humano, *o Semente que estava por vir*, esmagar e destruir o serpente, morrer e ressuscitar para salvação dos que nEle creriam.

Essas duas coisas são tão pouco pregadas e ensinadas que peço que me permitam explicar novamente, em outras palavras:

Muitos milhões foram salvos nos mais de 4000 anos do VT (desde Adão, Eva, Abel, até João, o Submersor): foram salvos todos os judeus realmente sinceros e fiéis, que realmente creram com a fé de Abrão, que pela fé entenderam que os sacrifícios imolados eram meros tipos apontando para o Salvador que viria e morreria no lugar deles, que pela fé creram e receberam esse Salvador que viria. E foram salvos todos os gentios que foram convertidos não ao judaísmo vazio e meramente formal, mas ao verdadeiro Deus (os gentios Naamã e Rute foram tornados tais como Abraão e foram salvos). Mas milhões de judeus e de prosélitos (gentios que somente aparentemente se converteram) eram de um falso Jeová e de um judaísmo meramente formal e vazio; todos esses morreram e foram lançados no inferno.

Todos os mortos que foram salvos no VT, juntamente com os que foram salvos durante a 70-SD (que ainda pertence à dispensação da Israel) e depois foram martirizados (os 144.000, mais muitos outros judeus e também muitíssimos gentios que foram convertidos, que recusaram a marca da besta, que perseveraram até o fim, que foram martirizados ou morreram de outro modo), serão ressuscitados ao final da 70-SD Is 26:19; Dn 12:2-3; Ap 20:4.

Is 26:19 **Os Teus mortos e também o meu cadáver viverão e ressuscitarão**; despertai e cantai- retumbando- de- júbilo, os que habitais no pó, porque o teu orvalho [*será como*] o orvalho das ervas, e **a terra lançará** [*de si*] **os mortos.** LTT

Dn 12:2-3 ² E **muitos** *(corpos)* **de entre os que dormem no pó da terra ressuscitarão, estes para vida eterna, e os outros para vergonha** [*e*] **desprezo eterno.** ³ Os que forem sábios, pois, resplandecerão como o fulgor do firmamento; e os que movem muitos para serem justificados, [*resplandecerão*] como as estrelas sempre e eternamente. LTT

Ap 20:4 E vi tronos, e *(os juízes)* se assentaram sobre eles, e [*poder de*] julgamento lhes foi dado. E [*vi*] **as almas daqueles tendo sido degolados- por- machado por causa do testemunho de Jesus, e por causa de a Palavra de Deus, e** *(estes são)* **os que não adoraram a** *(primeira)* **Besta- Feroz , nem a sua imagem, e não receberam a marca- sinal** [*dela*] *(a Besta- Feroz)* **sobre a testA deles, nem sobre a mãO** *(direita)* **deles. E viveram, e reinaram com** [*o*] **Cristo mil anos** LTT

Obviamente, eles (judeus (ou prosélitos) convertidos ao Cristo ^{(as 2 testemunhas, os 144.000 e os salvos já falecidos do VT, e os salvos (falecidos ou vivos) da 70-SD)} ganharão o mesmo tipo de corpo glorificado que nós ^(os crentes de entre as igrejas locais) ganharemos. Obviamente também, como no caso do 2º grupo ressuscitado com corpos glorificados ^(os verdadeiros crentes de entre as igrejas locais), eles serão arrebatados imediatamente depois de ressuscitados.

22.3. Restando 1/3 Dos Israelitas No Mundo, Todos Serão Convertidos

Na 2ª Vinda do Cristo, de todos os que, através de todo o planeta, pertencem à nação- etnia- religião de Israel, 2/3 terão morrido ou serão mortos por Deus pela rebeldia deles, restando apenas 1/3 deles.

É garantido por Deus que todos deste 1/3 serão convertidos [isto equivale a dizer que, além de eles terem rejeitado o Anticristo, terminarão reconhecendo, crendo e recebendo o Cristo como o verdadeiro Messias prometido, o Salvador, o Senhor- Controlador- Dono- Senhor- Jeová, e o Deus eterno, altíssimo, o Criador de tudo] Ez 20:33-38, 41-44; Os 14:1-4; Jl 2:32; Zc 13:8-9; 12:10-14.

Ez 20:33-38 33 "Vivo eu, diz o Senhor DEUS, que com mão forte, e com braço estendido, e com indignação derramada, hei de reinar sobre vós. 34 E vos tirarei dentre os povos, e vos congregarei das terras nas quais andais espalhados, com mão forte, e com braço estendido, e com indignação derramada. 35 E vos levarei ao deserto dos povos; e ali face a face entrarei em juízo convosco; 36 Como entrei em juízo com vossos pais, no deserto da terra do Egito, assim entrarei em juízo convosco, diz o Senhor DEUS. 37 Também vos farei passar debaixo da vara, e vos farei entrar no ligamento da aliança. 38 E separarei para fora de entre vós os rebeldes, e os que transgrediram contra Mim; da terra das suas peregrinações os tirarei, mas na terra de Israel não entrarão; e sabereis que Eu [sou] o SENHOR. LTT

Ez 20:41-44 41 Com cheiro suave me deleitarei em vós, quando eu vos tirar dentre os povos e vos congregar das terras em que andais espalhados; e [serei] santificado em vós perante os olhos dos gentios. 42 E sabereis que Eu [sou] o SENHOR, quando Eu vos introduzir na terra de Israel, terra pela qual levantei a Minha mão para dá-la a vossos pais. 43 E ali vos lembrareis de vossos caminhos, e de todos os vossos atos com que vos contaminastes, e tereis nojo de vós mesmos sob vossa própria vista, por causa de todas as vossas iniquidades que tendes cometido. 44 E sabereis que Eu [sou] o SENHOR, quando Eu proceder para convosco por amor ao Meu nome; não conforme os vossos ímpios caminhos, nem conforme os vossos atos corruptos, ó casa de Israel, disse o Senhor DEUS." LTT

Os 14:1-4 1 "Retorna, ó Israel, ao SENHOR teu Deus; porque pela tua iniquidade tens caído. 2 Tomai convosco palavras, e retornai ao SENHOR; dizei-Lhe: Tira toda a [nossa] iniquidade, e recebe-[nos] graciosamente; e ofereceremos como novilhos [os sacrifícios dos] nossos lábios. 3 Não nos salvará a Assíria, não iremos montados sobre cavalos, e à obra das nossas mãos já não diremos mais: [Tu és] o nosso deus; porque em Ti o órfão alcança misericórdia. 4 Eu sararei o seu voltar- atrás, Eu voluntariamente os amarei; porque a Minha ira se apartou dele. LTT

Jl 2:32 E há de ser [que] todo aquele que invocar o nome do SENHOR será libertado; porque no monte Sião e em Jerusalém haverá livramento, assim como disse o SENHOR, e entre os sobreviventes, aqueles que o SENHOR chamar. LTT

Zc 13:8-9 8 E acontecerá em toda a terra, diz o SENHOR, que as duas partes dela serão extirpadas, [e] expirarão; mas a terceira parte será deixada nela. 9 E farei passar esta terceira parte através do fogo, e a purificarei, como se purifica a prata, e a provarei, como se prova o ouro. Ela invocará o Meu nome, e Eu a ouvirei; direi: [Este é] Meu povo; e ela dirá: O SENHOR [é] o meu Deus. LTT

Zc 12:10-14 10 Mas sobre a casa de Davi, e sobre os habitantes de Jerusalém, derramarei o Espírito de graça e de súplicas; e olharão para Mim, a Quem elas traspassaram; e eles prantearão por Ele, como quem pranteia por [seu] filho unigênito; e chorarão amargamente por Ele, como se chora amargamente por [seu] primogênito. 11 Naquele dia [será] grande o pranto em Jerusalém, como o pranto de Hadade-Rimom no vale de Megido. 12 E a terra pranteará, cada família à parte: a família da casa de Davi à parte, e suas esposas à parte; e a família da casa de Natã à parte, e suas esposas à parte; 13 A família da casa de Levi à parte, e suas esposas à parte; a família de Simei à parte, e suas esposas à parte. 14 Todas as mais famílias remanescentes, cada família à parte, e suas esposas à parte. LTT

Apenas um terço dos judeus que viverem naquele dia será convertido Zc 13:8, os demais serão mortos 8) E acontecerá em toda a terra, diz o SENHOR, que as duas partes dela serão extirpadas, *[e]* expirarão; mas a terceira parte será deixada nela.

O remanescente de Israel clamará pedindo a vinda do Messias prometido Os 5:15; 6:1-3;
   Os 5:15 Irei e voltarei ao Meu lugar, até que se reconheçam culpados e busquem a Minha face; estando eles angustiados, de madrugada Me buscarão. *LTT*
   Os 6:1-3 1 "Vinde, e tornemos ao SENHOR, porque Ele despedaçou, e Ele nos sarará; Ele nos feriu, e Ele nos atará a ferida. 2 Depois de dois dias Ele nos revivificará; ao terceiro dia Ele nos ressuscitará, e viveremos diante dEle. 3 Então conheçamos, *[e]* avidamente- prossigamos em conhecer ao SENHOR; a Sua saída, como o alvorecer, está assegurada; e Ele a nós virá como a chuva, como as chuvas, como a última *[e a]* primeira chuva para a terra. *LTT*

O Cristo maravilha-os ao atendê-los e voltar, e os salva destruindo todos os inimigos deles, que estavam prestes a totalmente os aniquilar, e toda a nação de Israel (o 1/3) ainda sobrevivente é convertida ao vê-lO e finalmente descobrir que Ele é o Jesus que rejeitaram e mandaram matar, e toda a nação lamenta como se fosse uma só pessoa Zc 12:10-13:2,6; Rm 11:25-26.
   Zc 12:10-13:2 10 Mas sobre a casa de Davi, e sobre os habitantes de Jerusalém, derramarei o Espírito de graça e de súplicas; e olharão para Mim, a Quem elas TRASPASSARAM; e eles prantearão por Ele, como quem pranteia por *[seu]* filho unigênito; e chorarão amargamente por Ele, como se chora amargamente por *[seu]* primogênito. 11 Naquele dia *[será]* grande o pranto em Jerusalém, como o pranto de Hadade-Rimom no vale de Megido. 12 E a terra prantará, cada família à parte: a família da casa de Davi à parte, e suas esposas à parte; e a família da casa de Natã à parte, e suas esposas à parte; 13 A família da casa de Levi à parte, e suas esposas à parte; a família de Simei à parte, e suas esposas à parte. 14 Todas as mais famílias remanescentes, cada família à parte, e suas esposas à parte.
   13:1 "Naquele dia haverá uma fonte- jorrante aberta para a casa de Davi, e para os habitantes de Jerusalém, *[para purificação]* do pecado e da imundícia. 13:2 E acontecerá naquele dia, diz o SENHOR dos Exércitos, que eliminarei da terra os nomes dos ídolos, e deles não haverá mais memória; e também farei sair da terra os profetas e o espírito imundo. *LTT*
   13:6 E *[alguém]*[187] Lhe dirá: Que feridas *[são]* estas nas Tuas mãos? Então Ele lhe responderá: *[são]* *[feridas]* com que fui ferido *[em]* casa dos Meus amigos.; *LTT*
   Rm 11:25-26 25 Porque não desejo vós desconhecer *[des]*, ó irmãos, este mistério (a fim de que não sejais sábios junto às vossas próprias *[presunções]*): que *[o]* endurecimento em parte tem vindo sobre Israel, até a plenitude dos gentios entrar. 26 E, assim, todo *[o]* Israel será salvo, como tem sido escrito: "Proveniente- de- dentro- de Sião virá o Libertador e desviará *[as]* impiedades para- longe- de Jacó." *LTT*

22.4. Ao Voltar, O Cristo Pisa Primeiro Sobre O Monte Das Oliveiras

Ver Zc 14:4.a e Seção 20.5.).

Zc 14:4) E naquele dia *[estarão]* os Seus pés sobre o monte das Oliveiras, que *[está]* defronte de Jerusalém, ao oriente; e o monte das Oliveiras tem sido fendido pelo meio, para o oriente e para o ocidente, e haverá um vale muito grande; e metade do monte será apartado para o norte, e a *[outra]* metade dele para o sul.

(continua em 2520.V)

23. → DIA [2520.V]: As Parábolas De Mt 24, 25 (e seus sinais, já vistos) Referem-se Ao Finalzinho Da 70-SD, não ao Arrebatamento

(Veja a Seção 0.5. "Foi Apocalipse Escrito Antes de 70 d.C.???": talvez 1 ou outro verso de Mt 24, 24 até possam ser vistos como apontando para uma certa semelhança com a destruição de Jerusalém em 70 d.C., mas isso somente seria um TIPO preliminar, uma "amostra antecipada" da destruição plena e literal ao *finalzinho* da 70-SD, este é assunto *primário* de Mt 24,25)

23.1. Mt 24:1-3 Estabelece: Qual O Assunto Dos Capítulos 24 E 25? O Nosso Arrebatamento Aos ARES, Para Não Sofrermos? Ou A 2ª Vinda Do Cristo À Terra, Para Condenar E Reinar?

"Mt 24:1 ¶ E, quando Jesus ia saindo do templo, aproximaram-se dele os Seus discípulos para Lhe mostrarem a estrutura do templo. 2 Jesus, porém, lhes disse: Não vedes tudo isto? Em verdade vos digo que não ficará aqui pedra sobre pedra que não seja derrubada. 3 E, estando assentado sobre o Monte das Oliveiras, chegaram-se a Ele os Seus discípulos em particular, dizendo: Dize-nos: Quando ESSAS coisas sucederão? E qual será o sinal da Tua vinda e da completação do (este) tempo?" (Mt 24:1-3)

No verso 1, os discípulos mostram a o Cristo a magnificência do 2º Templo (o de Herodes).
No verso 2, Ele profetisa que, daquilo (o Templo), não ficaria nenhuma pedra sobre outra que não fosse derrubada.
No verso 3, Seus discípulos Lhe fazem 2 (duas) perguntas, sobre 2 (duas) diferentes coisas:
   a) "quando ESSAS coisas sucederão?", referindo-se à destruição do 2º Templo daquela maneira tão tremenda que Ele profetizou; e
   b) "qual será o sinal da Tua vinda e da completação do (este) tempo?", referindo-se a 1 evento a 1 só tempo, mas usando 2 expressões sinônimas: o dia da 2ª vinda do Cristo, corporalmente, até à terra, como Rei que inaugura Seu reino visível e universal; e referindo-se à completação dos tempos de Israel sendo castigada no tempo dos gentios, isto é, referindo-se ao término da 70ª Semana de Daniel, para início do prometido Reinar Milenar e suas bênçãos.

Nas perguntas (e, portanto, na resposta que se segue nos inteiros capítulos 24 e 25) não há nenhuma palavra que se aplique ao Arrebatamento dos verdadeiros crentes de entre as igrejas locais, ao encontro do Salvador e Senhor, nos ares, para serem levados ao céu (para serem julgados para galardoamento, no Tribunal do Cristo [Bema]). Este Arrebatamento dos salvos das igrejas era um mistério de Deus, onde mistério é algo decidido e planejado na mente das pessoas da Trindade desde a eternidade passada, completamente desconhecida dos anjos, demônios e homens vivos ou mortos, até ser revelado por Deus como uma maravilhosa e total surpresa para nós. Se profetas do passado trouxeram o que hoje entendemos que são velados tipos, figuras apontando para o mistério, então tanto eles como as mentes dos homens, anjos e demônios, não entenderam nada. O Arrebatamento dos salvos das igrejas era um mistério completo que só foi revelado pela 1ª vez muitos anos depois de Mt 24, revelado em 1Ts 4:16-17 e em 1Co 15:20-23. De modo nenhum os discípulos nas 2 perguntas, e o Cristo na resposta, podem estar se referindo ao Arrebatamento, do qual ninguém, afora a Trindade, tinha a menos pista que aconteceria.

À luz das perguntas no v. 3, os inteiros caps. Mt 24,25 são sobre o período da Tribulação (a 70-SD) em si mesma, particularmente sobre o seu final, NÃO são sobre o Arrebatamento dos salvos de entre as igrejas locais, o qual precede a 70ª Semana de Daniel! As perguntas referem-se ao período da Grande Tribulação (a 2ª metade da 70-SD), particularmente aos seus últimos dias e horas, e aspectos relacionados com a entrada para o Milênio.

23.2. Mt 24:30.b: A 2ª Vinda, Glória, Terra, Todos Os Santos = Ap 11:15-17 (7ª Trombeta, Reinando) = Ap 19:11-16 (Cavalo Branco, Diademas, Veste Ensanguentada, Espada Da Boca, Vara De Ferro)

Mt 24:30.b (a 2ª vinda do Cristo, agora em glória e acompanhado de todos os Seus santos (os santos anjos e os homens salvos de todos os tempos), e para pisar sobre a terra) = 7ª Trombeta Ap 11:15-17 (reinos tornam-se do Cristo) = Ap 19:11-16 (2ª vinda, em glória: cavalos brancos, muitos diademas-reais, veste salpicada de sangue, aguda espada saindo da boca, vara de ferro).

- Mt 24:30.b. "E então **aparecerá o sinal** *(*) (isto é)*, **o Filho do homem, no céu**; e, então, todas as tribos da terra baterão- nos- peitos- em- pesar e **verão o Filho do homem vindo sobre as nuvens do céu, com poder e grande glória.** *Dn 7:13* "

{* Mt 24:30 SINAL [SINAL- MILAGRE]: Traduzindo diretamente, temos "o sinal DE O Filho do homem", mas Wolf, Storr, Weiss, Bibl. Theol., P. 56, ed. 2, entendem que este é um genitivo de aposição (de aposto), significando "E então aparecerá o sinal, ISTO É, o Filho do homem, no céu". Citado por Meyer. O sinal não uma cruz ou outro símbolo: este sinal- milagre será o próprio Filho de Deus vindo em glória e poder, para reinar Dn 7:13-14, sendo visto nas nuvens Mc 13:26; Lc 21:25-27. Profetas são ditos ser sinais Lc 2:34; Mt 12:39.}

- Ap 11:15-17 "15 E o sétimo anjo tocou a sua trombeta, e houve no céu grandes vozes, que diziam: **Os reinos do mundo vieram a ser de nosso SENHOR e do seu Cristo, e ele reinará para todo o sempre.** 16 E os vinte e quatro anciãos, que estão assentados em seus tronos diante de Deus, prostraram-se sobre seus rostos e adoraram a Deus, 17 Dizendo: Graças te damos, **Senhor Deus Todo-Poderoso, que és, e que eras, e que hás de vir, que tomaste o teu grande poder, e reinaste.** 18 E iraram-se as nações, e veio a tua ira, e o tempo dos mortos, para que sejam julgados {*}, e o tempo de dares o galardão aos profetas, teus servos, e aos santos, e aos que temem o teu nome, a pequenos e a grandes, e o tempo de destruíres os que destroem a terra. 19 E abriu-se no céu o templo de Deus, e a arca da sua aliança foi vista no seu templo; e houve relâmpagos, e vozes, e trovões, e terremotos e grande saraiva." (Ap 11:15-19 ACF) *{* "o tempo dos mortos, para que sejam julgados" refere-se ao tempo dos santos, aqueles que foram perseguidos e mortos no VT e na 70ª Semana de Daniel, serem vingados. Ver Gill.}*

- Ap 19:11-16 "11 ¶ E vi o **céu aberto**, e eis **um cavalo branco; e o que estava assentado sobre ele chama-se Fiel e Verdadeiro; e julga e peleja com justiça. 12 E os seus olhos eram como chama de fogo; e sobre a sua cabeça havia muitos diademas; e tinha um nome escrito, que ninguém sabia senão ele mesmo. 13 E estava vestido de uma veste salpicada de sangue; e o nome pelo qual se chama é a Palavra de Deus. 14 E seguiam-no os exércitos no céu em cavalos brancos, e vestidos de linho fino, branco e puro. 15 E da sua boca saía uma aguda espada, para ferir com ela as nações; e ele as regerá com vara de ferro; e ele mesmo é o que pisa o lagar do vinho do furor e da ira do Deus Todo-Poderoso. 16 E no manto e na sua coxa tem escrito este nome: Rei dos reis, e Senhor dos senhores.**" (Ap 19:11-16 ACF)

23.3. Mt 24:32-36: A Parábola Da Figueira

"32 ¶ Aprendei, pois, esta **parábola da figueira: Quando já os seus ramos se tornam tenros e brotam folhas, sabeis que está próximo o verão.** 33 Igualmente, **quando virdes** todas estas coisas, sabei que ele está próximo, às portas. 34 Em verdade vos digo que **não passará esta geração sem que todas estas coisas aconteçam. 35 O céu e a terra passarão, mas as minhas palavras não hão de passar.** 36 Mas, **concernente àquele dia e hora ninguém sabe**, nem os anjos do céu, mas unicamente meu Pai." (Mt 24:32-36 ACF)

"concernente àquele dia e hora" refere-se ao final da Tribulação. Portanto, a parábola NÃO se refere aos sinais para o Arrebatamento dos verdadeiros crentes de entre as igrejas locais (Arrebatamento que era um mistério guardado na Trindade, até que o Espírito Santo o revelou em 1Co 15:20 e seguintes (a primeira menção, direta ou indireta, do Arrebatamento)), mas, refere-se, sim, aos sinais para a 2ª Vinda do Cristo (7 anos depois do Arrebatamento, i.é, ao final da 70-SD (e sua Grande Tribulação)), para julgar e corporalmente reinar sobre toda a terra.

23.4. Mt 24:37-39: A Similitude Com Os Dias De Noé

"37 E, **como foi nos dias de Noé, assim será também a vinda do Filho do homem.** 38 Porquanto, assim como, nos dias anteriores ao dilúvio, **comiam, bebiam, casavam e davam-se em casamento, até ao dia em que Noé entrou na arca,** 39 **E não o perceberam, até que veio o dilúvio, e os levou a todos, assim será também a vinda do Filho do homem.**" (Mt 24:37-39 ACF)

Durante a 1ª metade da 70-SD há uma falsa paz e aparente prosperidade, O Anticristo sendo aceito por [quase] todos como se fosse o verdadeiro Messias prometido. Apesar do total cumprimento de todos os sinais profetizados para o terrível dia do derramamento da ira do Senhor, a maioria das pessoas não receberá o Evangelho [do Reinar] pregado pelos 144.000, e pelas 2 Testemunhas, e pelos outros convertidos. Até que comece o derramamento da ira de Deus, a maioria das pessoas zombará da promessa da 2ª vinda do Cristo, se entregará a comer e a beber, os homens se concentrarão em casar com as mulheres que lhe serão dadas em casamento.

23.5. Mt 24:40: Os Dois *HOMENS* No Campo

"Então, **estando dois no campo, será levado um, e deixado o outro;**" (Mt 24:40 ACF)

À luz da 2ª das 2 perguntas de Mt 24:3, os inteiros capítulos 24,25 de Mateus são sobre o período da Tribulação, particularmente sobre sua segunda metade e seus últimos dias, não sobre o Arrebatamento dos salvos de entre as igrejas locais, que precede a 70ª Semana de Daniel!... Portanto, "levado" é para ser morto e lançado dentro do terrível, inescapável, inferno que durará para sempre; e "deixado" é para continuar na terra e usufruir do Milênio!...

23.6. Mt 24:41-42: As Duas *MULHERES* Moendo

"41 **Estando duas moendo no moinho, será levada uma, e deixada outra.** 42 **Vigiai**, pois, porque **não sabeis a que hora há de vir o vosso Senhor.**" (Mt 24:41-42 ACF)

Uma mulher moedora "será levada" (para ser morta e lançada no inferno), outra "será deixada" (para continuar na terra e usufruir do Milênio.). Quanto à "hora", refere-se à 2ª vinda do Cristo ao final da 70-SD, não ao Arrebatamento, 7 anos antes. Ao ponto de Mt 24, Deus nem sequer tinha revelado que haveria o Arrebatamento.

23.7. Mt 24:43-44: O Pai De Família

"43 Mas considerai isto: **se o pai de família soubesse a que vigília da noite havia de vir o ladrão, vigiaria e não deixaria minar a sua casa.** 44 **Por isso, estai vós apercebidos também; porque o Filho do homem há de vir à hora em que não penseis.**" (Mt 24:43-44

ACF)
À luz das perguntas de Mt 24:3, os inteiros capítulos 24,25 de Mt são sobre a Tribulação, não sobre o Arrebatamento (que Deus ainda não tinha revelado). A exata hora e o exato dia da 2ª Vinda seriam desconhecidos por "todos". As muitas e terribilíssimas destruições no dia 2520 pegariam "todos" de surpresa.

23.8. Mt 24:45-51: A Parábola Do Bom Servo E Do Mau

"45 Quem é, pois, o servo fiel e prudente, que o seu senhor constituiu sobre a sua casa, para dar o sustento a seu tempo? 46 Bem-aventurado aquele servo que o seu senhor, quando vier, achar servindo assim. 47 Em verdade vos digo que o porá sobre todos os seus bens. 48 Mas se aquele mau servo disser no seu coração: O meu senhor tarde virá; 49 E começar a espancar os seus conservos, e a comer e a beber com os ébrios, 50 Virá o senhor daquele servo num dia em que o não espera, e à hora em que ele não sabe, 51 E separá-lo-á, e destinará a sua parte com os hipócritas; ali haverá pranto e ranger de dentes." (Mt 24:45-51 ACF)

"Servo fiel e prudente": O Senhor mede a MOTIVAÇÃO do CORAÇÃO (fruto do amor e fidelidade a Deus), não a realização exterior (fruto do talento, educação, meios, oportunidades, etc.). Deus busca fidelidade, não habilidade. À luz disto e de todo o capítulo de 1Co 3:
  A) Pastores e pregadores famosíssimos, eloquentíssimos e aparentemente com enormes resultados, mas que têm vaidade no coração e motivos imperfeitos, receberão nenhum ou pequeno galardão.
  B) Crentes desprezados (limpadores de latrina, ou incapacitados de alguma forma) poderão receber os maiores galardões, se faziam tudo que podiam (até um surdo-mudo-cego- tetraplégico pode orar e adorar intimamente), com coração perfeito.

23.9. Mt 25:1-13: A Parábola Das 10 Virgens

"1 ¶ Então o reino dos céus será semelhante a dez virgens que, tomando as suas lâmpadas, saíram ao encontro do esposo. 2 E cinco delas eram prudentes, e cinco loucas. 3 As loucas, tomando as suas lâmpadas, não levaram azeite consigo. 4 Mas as prudentes levaram azeite em suas vasilhas, com as suas lâmpadas. 5 E, tardando o esposo, tosquenejaram todas, e adormeceram. 6 Mas à meia-noite ouviu-se um clamor: Aí vem o esposo, saí-lhe ao encontro. 7 Então todas aquelas virgens se levantaram, e prepararam as suas lâmpadas. 8 E as loucas disseram às prudentes: Dai-nos do vosso azeite, porque as nossas lâmpadas se apagam. 9 Mas as prudentes responderam, dizendo: Não seja caso que nos falte a nós e a vós, ide antes aos que o vendem, e comprai-o para vós. 10 E, tendo elas ido comprá-lo, chegou o esposo, e as que estavam preparadas entraram com ele para as bodas, e fechou-se a porta. 11 E depois chegaram também as outras virgens, dizendo: SENHOR, Senhor, abre-nos. 12 E ele, respondendo, disse: Em verdade vos digo que vos não conheço. 13 Vigiai, pois, porque não sabeis o dia nem a hora em que o Filho do homem há de vir." (Mt 25:1-13 ACF)

  A) Talvez eu pudesse pensar que o tempo em vista é o do Arrebatamento (a imprevisibilidade do v. 13 já teria extensão de séculos);
  B) Mas não posso pensar isso. Mt 24:3 tem 2 perguntas: a) Quando será a destruição do Templo? b) Quais serão os sinais da vinda do Cristo e da completação deste tempo (o final da dispensação de Israel, na 70ª Semana de Daniel)? Quanto a (b), os inteiros capítulos 24,25 de Mt são resposta a esta pergunta e revelam os sinais para o final da Grande Tribulação, não são sinais para o Arrebatamento (que Deus ainda guardava como mistério, nem sequer tinha revelado (a ninguém), só o fez em 1Co 15:51-57; 1Ts 4:16-18).
  C) Em qualquer dos casos, o contraste é entre verdadeira vs. falsa salvação. Ademais,

"Senhor, Senhor" (2 vezes o título "Senhor") talvez implique que as 5 virgens loucas não criam na divindade das TRÊS pessoas de a Trindade.

23.10. Mt 25:14-30: A Parábola Dos Talentos

"14 ¶ Porque isto é também como um homem que, partindo para fora da terra, chamou os seus servos, e entregou-lhes os seus bens. 15 E a um deu cinco talentos, e a outro dois, e a outro um, a cada um segundo a sua capacidade, e ausentou-se logo para longe. 16 E, tendo ele partido, o que recebera cinco talentos negociou com eles, e granjeou outros cinco talentos. 17 Da mesma sorte, o que recebera dois, granjeou também outros dois. 18 Mas o que recebera um, foi e cavou na terra e escondeu o dinheiro do seu senhor. 19 E muito tempo depois veio o senhor daqueles servos, e fez contas com eles. 20 Então aproximou-se o que recebera cinco talentos, e trouxe-lhe outros cinco talentos, dizendo: Senhor, entregaste-me cinco talentos; eis aqui outros cinco talentos que granjeei com eles. 21 E o seu senhor lhe disse: Bem está, servo bom e fiel. Sobre o pouco foste fiel, sobre muito te colocarei; entra no gozo do teu senhor. 22 E, chegando também o que tinha recebido dois talentos, disse: Senhor, entregaste-me dois talentos; eis que com eles granjeei outros dois talentos. 23 Disse-lhe o seu SENHOR: Bem está, bom e fiel servo. Sobre o pouco foste fiel, sobre muito te colocarei; entra no gozo do teu senhor. 24 Mas, chegando também o que recebera um talento, disse: Senhor, eu conhecia-te, que és um homem duro, que ceifas onde não semeaste e ajuntas onde não espalhaste; 25 E, atemorizado, escondi na terra o teu talento; aqui tens o que é teu. 26 Respondendo, porém, o seu senhor, disse-lhe: Mau e negligente servo; sabias que ceifo onde não semeei e ajunto onde não espalhei? 27 Devias então ter dado o meu dinheiro aos banqueiros e, quando eu viesse, receberia o meu com os juros. 28 Tirai-lhe pois o talento, e dai-o ao que tem os dez talentos. 29 Porque a qualquer que tiver será dado, e terá em abundância; mas ao que não tiver até o que tem ser-lhe-á tirado. 30 LANÇAI, POIS, O SERVO INÚTIL NAS TREVAS EXTERIORES; ALI HAVERÁ PRANTO E RANGER DE DENTES." (Mt 25:14-30 ACF)

À luz do contexto local (e de toda a Bíblia), nada afeta o verdadeiro salvo, da dispensação das assembleias, quanto à segurança da salvação: o contraste é entre verdadeira vs. falsa conversão de JUDEUS durante a TRIBULAÇÃO/ MILÊNIO.

Esta parábola (dos talentos) difere substancialmente da parábola das minas (ver nota em Lc 19:11-27) pois, do seu começo ao seu fim, a parábola dos talentos ocorrerá na Tribulação (onde a fé tem que ser comprovada com obras e perseverança) / Milênio (onde fé não será possível, uma vez que ela "é a prova das coisas que se NÃO VÊEM", He 11:1, mas então todos verão que o Cristo é o Deus e é o Rei, portanto não será necessário fé para isso). Quer na Tribulação ou no Milênio, obras de obediência, de todo o coração, são indispensáveis comprovações da fé salvadora. Não havendo nenhuma obra comprobatória da fé, esta será falsa. Por isso, no contexto do Reinar dos Céus sobre a terra (com o Rei fisicamente presente e visível) e no contexto da 70-SD para entrada neste reinar, o servo caracterizado pela desobediência nunca teve fé verdadeira, portanto será condenado para sempre, sem segunda-chance.

23.11. Nota Sobre A Parábola Das Minas Em Lc 19:11-27

Toda esta parábola é sobre como o reino (Milenar) virá e será manifestado (v. 11).

11) Ora, [em] ouvindo eles estas coisas, [então,] havendo adicionado, falou Ele uma parábola (em razão de perto estar Ele de Jerusalém, e supor[em] eles que imediatamente está o reinar de Deus para ser feito manifesto).

A parábola foi dita a judeus, refere-se à proximidade do Reinar Milenar, portanto, se refere direta e primordialmente aos judeus da 70ª Semana de Daniel, embora tenha lições para os judeus dos dias de Cristo, claro, e para os judeus de todos os séculos (e para nós, os crentes, os salvos pertencentes à dispensação das igrejas locais).

22) Disse Ele, pois: "*Um certo homem nobre partiu para dentro de um país remoto, para receber para si mesmo um reino e, [depois,] voltar.* 13) *E ele, havendo chamado dez dos seus escravos, lhes deu dez minas, e lhes disse: 'Ocupai-vos até que eu venha.*
O nobre (tipificando o Cristo) parte de sua própria terra (tipificando Israel) para uma terra remota (tipificando os gentios) a fim de receber (voz ativa) para si mesmo um reino (tipificando o Reinar Milenar).
Antes de partir, o nobre escolhe 10 servos (tipificando judeus convertidos a Cristo, na 70-SD) que recebem, cada um, a mesma coisa, 1 mina, para se ocuparem em realizar o máximo que puderem, com ela.

14) *Os seus cidadãos, porém, o odiavam,* e enviaram, após ele, uma mensagem, dizendo: '*Não desejamos este [homem nobre] reinar sobre nós.*
Depois da partida do nobre (tipificando Cristo), a grande maioria dos seus concidadãos, de sua mesma nação (tipificando os judeus descrentes que rejeitarão Cristo na 70-SD), se revoltará contra ele, e eles lhe mandarão dizer que não querem que ele volte para reinar sobre eles.

15) *E aconteceu, depois do seu voltar, [já] havendo [ele] recebido o [seu] reino, que ele ordenou ser[em] chamados a ele aqueles escravos (a quem [já anteriormente] deu o dinheiro) a fim de ele saber o que cada um ganhou através de ocupação.* 16) *E chegou o primeiro, dizendo: 'Ó senhor, a tua mina produziu dez minas.'* 17) *E ele lhe disse: 'Bem [está], ó bom escravo! Porque, n[a coisa] mínima, fiel foste, sê tu [aquele] autoridade tendo sobre dez cidades.'* 18) *E chegou o segundo, dizendo: 'Ó senhor, a tua mina produziu cinco minas.'* 19) *E, a este, disse do mesmo modo: 'Sê, *tu* também, sobre cinco cidades.'*
Na volta do nobre (tipificando Cristo) depois de haver tomado (voz ativa) o reino para si mesmo (tipificando os julgamentos ao final da Tribulação, para definir quem é deixado em vida sobre a terra para entrar para o Reinar Milenar, e quem é tirado para ir para o inferno), ele chama seus 10 escravos para que lhe prestem contas. O primeiro escravo tinha ganhado mais 10 minas, por isso, com alegria, ouve elogios e louvor pelo seu senhor e recebe o prêmio de governar sobre 10 cidades; o segundo escravo havia ganhado 5 minas, por isso é elogiado pelo seu senhor com as mesmíssimas doces palavras ditas ao primeiro escravo, e recebe o prêmio de governar sobre 5 cidades.

20) *E [o escravo] diferente chegou, dizendo: 'Ó senhor, eis aqui a tua mina, que eu guardava depositando em um lenço;* 21) *Porque te temia, porque homem rigoroso és; [e] tu levantas- e- carregas o que não puseste, e ceifas o que não semeaste.'* 22) *Diz-lhe, porém, ele: 'Proveniente- de- dentro- da tua própria boca eu te julgarei, ó mau escravo. Tinhas sabido que *eu* sou homem rigoroso, [ademais] levantando- e- carregando o que não pus, e ceifando o que não semeei?* 23) *Então, por que não deste o meu dinheiro ao banco, para que *eu*, havendo vindo, juntamente- com os [seus] juros o exigisse?* 24) *E, àqueles tendo se postado [ao lado], disse ele: 'Tirai para longe dele a mina, e dai-[a] àquele as dez minas tendo.'* 25) (*E eles lhe disseram: 'Ó senhor, ele já tem dez minas!'*) 26) *Pois eu vos digo que, a todo aquele [que está] tendo, [lhe] será dado; mas, proveniente- de- junto- daquele [que] não [está] tendo, até o que tem será tirado para longe dele.*

Já o terceiro escravo foi preguiçoso e inoperante, escondeu a única mina que havia recebido, não produziu nem ganhou nada com ela, não trabalhou nada, e falsamente acusa seu senhor de ser injusto, mau e severo demais. O senhor o repreende severamente e o julga na linha das suas mentiras e acusações, ordenando que sua mina seja tirada e dada ao servo mais operoso e que tinha ganhado 10 minas. O mau servo não recebe nenhuma cidade para ficar supervisionando sobre ela, não recebe nenhum prêmio, fica sem nenhum privilégio de responsabilidade, que tristeza e vergonha! Mas não é destruído, nem morto nem deixa de entrar no reino.

27) No entanto, [*quanto a*]os meus inimigos, aqueles não havendo querido [*o*] meu reinar sobre eles, trazei-[*os*] aqui, e matai-[*os*] diante de mim'."

Quanto aos concidadãos que tinham se rebelado (tipificando os judeus rebeldes que rejeitarão o Cristo), o senhor ordena que sejam mortos (judeus da 70-SD que rejeitarem o Cristo não entrarão no Reinar Milenar e serão mortos e sofrerão para sempre no inferno).

24. DIA [2521]: Quantos, Da População Mundial, Terão Morrido Na Grande Tribulação? E Dos Judeus? Quantos Judeus Entrarão No Milênio? E Gentios?

24.1. Quantos, Da População Mundial, Morrem Na Grande Tribulação? 5/7 (5 Bilhões) Da População Mundial?

A população do mundo, em 2011, é de cerca de 7 bilhões de pessoas, e a do país de Israel é de cerca de 5,7 milhões.

No dia 1260 depois da Aliança do Anticristo (metade da 70-SD), 2/3 da população do país de Israel, portanto 3,8 milhões, são mortos por perseguição movida pelo diabo que foi arremessado sobre e restrito à terra, sobrevivendo 1,9 milhões, dos quais grande fugirá (possivelmente levada pelos e para os USA). Dos atuais 13,7 milhões de judeus espalhados por todo mundo, restarão 13,7 – 3,8 = 9,9 milhões. Mas não vamos considerar o impacto dessa "pequena" mortandade (3,8 milhões) sobre toda a população mundial.

No intervalo de tempo entre os dias [1260 (metade da 70-SD) a 2369]:
   a) 1/4 da humanidade de 7 bilhões, portanto 1,750 bilhões, é morta sob a simbologia do cavalo amarelo (chamado de "Morte" e seguido pelo inferno) do 4º selo, restando vivas 5,250 bilhões de pessoas.

   b) outro grande número de pessoas morre por catástrofes naturais mandadas por Deus, e por fome, e por pestes, e por matanças que Deus permite ao diabo e a O Anticristo fazerem (1º ao 5º selo, 1ª à 4ª trombeta, 1ª à 5ª taça). Conceda que "otimisticamente" estimemos este número em "apenas" 540 milhões (para facilitar os cálculos no item b, abaixo, mas podem ser 3 bilhões), ficando de resto 5,250 – 0,540 = 4,710 bilhões de pessoas no mundo.

No dia 2520 (o último dia da 70-SD), antes do Julgamento das Nações:
   a) 5/6 da Rússia (que tem uma população de 156 milhões) e seus aliados (plausivelmente do Leste europeu) (estimemos que tenham uma população de cerca de 60 milhões) são mortos por Deus (Ez 39:3), portanto cerca de (5/6) x (156+60) = 180 milhões são mortos, restando 4,710 - 0,180 = 4,530 bilhões de pessoas na terra.

   b) 1/3 da humanidade de 4,530 bilhões, portanto 1,510 bilhões, são mortos pelos Reis provenientes- de- junto- do Oriente (Ap 9:13-19). Os países no caminho entre a China e Israel já têm esta população Tibete (3 milhões), Paquistão (170), Índia (1210), Afeganistão (70), Irã (70), Iraque 31), Jordânia (36 milhões), mas é possível que outras nações também sejam destruídas pelos Reis provenientes- de- junto- do Oriente. O certo é que os Reis provenientes- de- junto- do Oriente matam 1/3 da humanidade então existente, a este ponto ficando de resto apenas 4,530 - 1,510 = 3,020 bilhões de pessoas no mundo (43,1% da população inicial).

c) Deus mata os 200 milhões do exército dos Reis provenientes- de- junto- do Oriente, a população mundial baixa para 3,020 - 0,2 = 2,820 bilhões.

d) Deus mata os exércitos de O Anticristo e seus aliados. Como a população da Europa menos Rússia (e seus prováveis aliados) é de cerca de 600 milhões, é plausível que este exército tenha na ordem de 70 milhões de soldados, então restará uma população mundial de 2,820 - 70 = 2,750 bilhões. Isto é somente 39,3% da população inicial, 60,7% já tendo morrido na Grande Tribulação.

e) Ah, esquecemos de deduzir os *verdadeiros* crentes individuais que serão arrebatados para fora das igrejas locais imediatamente antes da 70-SD. Permitam que eu estime que são apenas cerca de 70 milhões; também esquecemos de deduzir os 3,9 milhões de habitantes de Israel mortos pela perseguição do diabo; os 144.000 judeus virgens. A conta está em 2,750 – 0,070 – 0,003.9 – 0,000.144 = cerca de 2,676 bilhões. Disso devíamos deduzir os muitos milhões de pessoas que se salvam durante a 70-SD e são martirizadas, mas ninguém pode estimar tal número.

f) Finalmente, somente podemos dizer que é possível e plausível que, dos atuais 7 bilhões de pessoas no mundo, 5/7 = **71,4 % da atual população mundial, portanto 5 bilhões de pessoas**, tenham morrido na 70-SD (talvez alguns "poucos" milhões tendo sido mortos por O Anticristo por terem sido convertidos ao Cristo, e, os restantes, mortos direta ou indiretamente por Deus), e que **somente 2/7 = 28,6% da população mundial de hoje, portanto 2 bilhões de pessoas, cheguem vivos ao final do dia 2520**.

A parte preponderante desses cálculos é a expressão de infalíveis e precisas profecias da Bíblia, portanto não há nenhuma possibilidade do menor erro nessa parte. Mas uma parte de menor impacto dos cálculos acima é baseada em nossas meras estimativas, que são possíveis e plausíveis, mas sem certeza, de modo que **você pode ter estimativas muito maiores ou menores que apresentamos**, e nós não vamos brigar pela nossa estimativa, pois, ao final, poderemos descobrir que você se aproximou mais dos números corretos do que nós.

24.2. Quantos Dos Judeus São Mortos Na Grande Tribulação, Antes Da 2ª Vinda Do Cristo? 3,888 Milhões? Todos Eles Habitantes De Israel? 68,2% Da População De Israel?

Em 2015, os demógrafos Della Pergola, Sergio; Dashefsky, Arnold; Sheskin, Ira, eds., em "World Jewish Population, 2015". *Current Jewish Population Reports. The American Jewish Year Book* (Dordrecht: Springer). 115: páginas 273–364, estimaram a população mundial de Judeus em 17,3 milhões. Adicionando-se a isso cônjuges sem sangue judeu mas simpáticos à religião, adicionando-se outros vivendo sob o mesmo teto dos judeus, e outros elegíveis para obter cidadania israelense, chega-se ao total de 23 milhões. Destes, cerca de 6,451 milhões habitam dentro de Israel e 16,549 milhões habitam fora. Ninguém desses 23 milhões é um verdadeiro convertido ao Cristo (se fosse, teria sido contabilizado como cristão [contabilizado tanto pelos outros judeus, como por ele mesmo, como pelas estatísticas internacionais]).

Durante toda a 1ª metade da 70-SD, estimemos que 1,2 milhões de judeus dentro de Israel e 1,2 milhões fora, são convertidos através da pregação dos 144.000 judeus virgens convertidos, restando 23,000 – 2,400 – 0,144 = 20,456 milhões de judeus (não salvos, claro) no mundo, e 6,451 - 0,144 - 1,200 = 5,107 milhões de judeus (não salvos) em Israel.

Na 2ª metade da 70-SD, dentro do país de Israel, são mortos 2/3 dos 6,451 milhões (incluindo os 0,144 + 1,200 milhões de judeus convertidos), restando 0 judeus convertidos e 2,150 milhões de judeus não convertidos. Estes são levados como que em asas de águia (pelos e para os USA?), mas alguns ficam em Israel. Estimemos que, dos 2,150 milhões, 0,100 milhões fiquem vivendo em Jerusalém, e 2,050 milhões sejam levados (pelos e para os USA?).

Acima, já vimos que, de uma feita, 1/4 da humanidade morre, depois morre 1/3 (otimisticamente, assumamos que é 1/3 dos 3/4 que sobraram), portanto morrem 1/4 + 1/3 x (3/4) = 1/3 + 1/4 = 7/12 = 58,333% da humanidade. Talvez devêssemos assumir que igual proporção morre dos judeus que estão fora do país de Israel. Mas, sendo otimistas, estimemos que nenhum judeu fora de Israel esteja nos países diretamente sob o domínio do antigo Império Romano, portanto não seja morto por O Anticristo (demasiado otimismo?). Em resumo, restam 0,1 milhões de judeus em Israel (mais precisamente, em Jerusalém) e 1,200 + 15,349 + 2,050 = 18,599 milhões fora de Israel (estimemos que 1,200 milhões destes são de convertidos a Cristo e 17,499 não são)

No dia 2517 (3 dias antes do fim da 70-SD), Jerusalém é atacada, muitos morrem (estimemos 0,040 milhões), metade (0,050 milhões) de Jerusalém é levada cativa, alguns (estimemos 0,010 milhões) fogem para Bozra/ Petra, na Jordânia, a 162 km de Jerusalém. Em resumo, não restará nenhum judeu no país de Israel e restarão 19,551 + 0,050 + 0,010 = 19,611 milhões fora de Israel (estimemos que 1 milhão destes são de convertidos a Cristo e 18,611 não são)

Ao tempo da destruição de O Anticristo, restam 0,010 milhões de judeus (não convertidos) em Bozra, nenhum no país de Israel, e 19,611 em outras partes do mundo (destes, 1 milhão são de convertidos a Cristo). **Ao todo, foram mortos** 23,000 – 19,611 = **3,389 milhões de judeus, todos eles de entre os** 6,451 milhões **que habitam em Israel** ao início da 70-SD. Tudo isso, na otimista suposição de que O Anticristo só consegue estender as mãos e matar entre os judeus que estão no país de Israel, e não há nenhum judeu nos países diretamente sob o domínio do antigo Império Romano. Desses 6,451 milhões, 3,389 milhões terão sido mortos, 2,102 milhões terão sido levados para longe como que em asas de águia, 0,010 milhões terão escapado para Bozra, e 0,050 milhões terão sido levados cativos por O Anticristo.

Repetimos: A parte preponderante desses cálculos é a expressão de infalíveis e precisas profecias da Bíblia, portanto não há nenhuma possibilidade do menor erro nessa parte. Mas uma parte de menor impacto dos cálculos acima é baseada em nossas meras estimativas, que são possíveis e plausíveis mas sem certeza, de modo que **você pode ter estimativas muito maiores ou menores que apresentamos**, e nós não vamos brigar pela nossa estimativa, pois, ao final, poderemos descobrir que você se aproximou mais dos números corretos do que nós.

24.3. Quantos Israelitas Sobreviverão Na 70-SD, Serão Convertidos Ao Cristo, E Entrarão No Milênio?

Sendo muito otimistas ao supor que o Anticristo não conseguirá matar nenhum judeu fora do país de Israel, estimamos, acima, que, ao final da 70-SD, poderão haver sobrevivido 19,611 judeus espalhados por todo mundo. Sendo otimistas, suponhamos que somente 1,000 milhão deles não crerá e receberá o Cristo, portanto serão resgatados das nações onde estão espalhados, mas não entrarão em Israel nem no Milênio. Assim, **otimistamente, até 18,611 milhões judeus poderão sobreviver, crer e receber o Cristo, e entrar no Milênio.**

24.4. Quantos Gentios, Durante A 70-SD, Crerão E Receberão O Cristo, Com Risco De Suas Vidas Protegerão Os Judeus, Sobreviverão, E Entrarão No Milênio?

2Ts 2:7-11 "⁷ Porque o mistério do desprezo- às- leis já efetivamente- opera: somente [há] Aquele que [o está] detendo agora, até que, para- fora- d[o] meio, seja Ele tirado. ⁸ E, então, será revelado aquele desprezador- da- lei (a quem o Senhor "consumirá" "pelo assopro da Sua boca", e anulará pelo esplendor da Sua vinda), ⁹ A vinda de quem é segundo [a] energizada- operação- de Satanás, em todo [o] poder e sinais e prodígios de mentira, 10 E em todo [o] engano da injustiça naqueles [que estão] se fazendo perecer (em- pagamento porque não receberam o amor da verdade a fim de ser[em] eles salvos). 11 E, por causa disso, lhes enviará Deus [a] energizada- operação- d[o] enganar, para crer[em] eles para dentro da mentira, LTT

Isto nos permite dizer que ninguém que hoje, antes do Arrebatamento, ouviu o evangelho pregado com toda clareza, o entendeu bem, mas ignorou/ adiou/ recusou se arrepender e crer e receber o Cristo, ninguém assim terá a menor possibilidade de entender e crer, depois do Arrebatamento, pois ficará cego escravo do engano, crerá na mentira, receberá O Anticristo como se fosse o prometido Messias.

Mas centenas de milhões de pessoas dentro dos países da chamada "cristandade", e bilhões fora dela, nunca terão realmente ouvido e entendido o verdadeiro evangelho, e terão chance de entender e crer depois do Arrebatamento.

Ocorre que Ap 7:9-14

"9 Depois destas coisas, olhei, e eis, aqui, uma grandE multidão- de- homens, a qual contá-la nenhum homem podia, provenientes- de- dentro de todas nações, e tribos, e povos, e línguas, tendo [eles] se postado diante do trono e diante do Cordeiro, tendo [eles] sido trajados com compridas vestes brancas, e [segurando] folhas- de- palmeiras ⑦ nas suas mãos; ... 14 E tenho lhe dito: "Ó senhor, *tu* [o] tens sabido." E ele me disse: "Estes são aqueles que [estão] vindo para- fora- da tribulação (a grande), e lavaram- através- de- mergulho [as] suas compridas vestes (e branquearam [as] suas compridas vestes) no sangue do Cordeiro."

diz que o número de salvos na 70-SD será tão grande que nenhum homem poderá contar. Como o Espírito Santo, ao assoprar as palavras de Ap 9:16 "16 E o número dos exércitos dos cavaleiros ⁽ᴬ⁾ era de duzentos milhões ⁽ᴮ, ᶜ⁾; e ouvi o número deles.", digna-se considerar contável (por nós) e nos dá o número de soldados como sendo de 200 milhões (algo maior que população de toda a terra, naquele tempo), eu não ficaria surpreso se o número de salvos durante a 70-SD chegar a algo muito maior, que possa ser considerado como incontável pelo homem, digamos 1000 milhões = 1 bilhão de pessoas. Ocorre, porém, que o Anticristo e suas forças militares (e, claro, a religião quase mundial chamada de a Grande Prostituta, e o Falso Profeta, e os Muçulmanos, e a Rússia e todos os seus aliados comunistas, e os Reis do Oriente) odiarão com tão furioso ódio os convertidos ao Cristo, que os assassinarão aos milhares (ou milhões) a cada dia, portanto não temos a menor ideia de quantos gentios, tendo sido salvos durante a 70-SD, sobreviverão e entrarão no Milênio. A não ser que admitamos que Zc 8:23 "Assim diz o SENHOR dos Exércitos: Naquele dia sucederá que pegarão dez homens, de todas as línguas das nações, pegarão, sim, na orla das vestes de um judeu, dizendo: Iremos convosco, porque temos ouvido [que] Deus [está] convosco." nos esteja dando uma pista de que 10 vezes mais gentios (todos eles convertidos) que judeus (todos eles convertidos) entrarão no Milênio, portanto, poderíamos estimar 10 x 18,611 milhões de judeus = **186,110 milhões** de gentios. Apenas 2 em cada 100.000 gentios de hoje.

Isto é somente uma estimativa entre outras tantas (nunca brigaremos por ela), mas, ao que percebamos, não é pior que nenhuma outra estimativa.

25. → DIAS [2521-2550]: O 1º Intervalo Entre A 70-SD E O Milênio: Anticristo e Falso Profeta: Lago de Fogo. Satanás: Abismo. Ovelhas (gentias e israelitas) vivas: Milênio. Ovelhas mortas dos VT e 70-SD: ressurreição. Bodes vivos: inferno. Abominação da Desolação: até dia 2550

(O 1º intervalo (de 30 dias) profético, começando ao fim da 70ª Semana e terminando 45 dias antes do real início do Milênio)

25.1. Por Que E Para Que Esses 30 Dias De 2521 A 2550?

Daniel 12:11-12 " 11 E desde o tempo em que o [*sacrifício*] contínuo for tirado, e posta a abominação desoladora, haverá MIL DUZENTOS E NOVENTA DIAS. 12 Bem-aventurado o que espera e chega até MIL TREZENTOS E TRINTA E CINCO DIAS."

[- "mil duzentos e noventa dias" após o dia 1260 (quando o sacrifício contínuo é tirado e posta a abominação desoladora), que é o meio da 70ª Semana, chegam ao dia (1260+1290 =) 2550 após início da 70-SD, isto é, dia 30 após seu final (no dia 2520).

- "mil trezentos e trinta e cinco dias", após o dia 1260 (quando o sacrifício contínuo é tirado e posta a abominação desoladora), que é o meio da 70ª Semana, chegam ao dia (1260+1335 =) 2595 após início da 70-SD, isto é, dia 75 após seu final (no dia 2520). Hélio.]

Citemos Pr. Kelly Sensenig
  <<A Bíblia ensina que ... ... haverá uma extensão de 75 dias que segue o período de Tribulação de 7 anos. Podemos ver isso como um intervalo de tempo de transição que existe entre o final oficial do período de Tribulação de 7 anos (Dn 9:27) e o [real] início do Reinar Milenar de que fala Ap 20:6: Bem-aventurado e santo [*é*] aquele [*que está*] tendo parte na ressurreição, a primeira! Sobre estes a segunda morte não tem autoridade, mas eles serão sacerdotes de Deus e de o Cristo, e reinarão com Ele MIL ANOS.
  <<Os 3 ½ anos [metade da semana de 7 anos], calculados de acordo com o calendário normal de 360 dias, totalizariam 1.260 dias. No entanto, a Bíblia apresenta um intervalo de tempo de transição de 75 dias entre o final do Período de Tribulação e o [real] início do Reinar Milenar (Dn 12:11-12, ler acima). ... ...

  <<Daniel tinha falado anteriormente sobre uma aliança de 7 anos que o Anticristo faria com a nação judaica [N.Tradutor: só está escrito em Dn 9:27 que a aliança será com "muitos", não está escrito que incluirá Israel!], e como o Anticristo romperia essa aliança na metade dos 7 anos.

  <<Daniel 9:27 registra:
  "E ele firmará aliança com muitos por uma semana; e [*na*] metade da semana fará

cessar o sacrifício e a oblação ; e, por causa do espalhamento das abominações, ele [a] fará assolada, e [isso] até à consumação; e o que [está] determinado [será] derramado sobre o assolador."

<<Daniel 12:11 agora adiciona esta informação sobre os tempos:
"E desde o tempo em que o [sacrifício] contínuo for tirado, e posta a abominação desoladora, haverá MIL DUZENTOS E NOVENTA DIAS."

<<A **abominação da desolação** é um evento que envolve **o Anticristo colocar de pé uma estátua de si mesmo no 3º Templo de Jerusalém**. Ocorre na metade do período da Tribulação (Dn 9:27, ler acima). No entanto, descobrimos algo a partir dos escritos posteriores do [próprio] Daniel. Em vez da estátua permanecer no 3º Templo por 1.2**60** dias (3 ½ anos [proféticos] judaicos), ela permanecerá no 3º Templo por um período de 1.2**90** dias. Isso adiciona 30 dias ao final oficial dos 7 anos. Assim, o período total de tempo em que a estátua do Anticristo estará sentada no 3º Templo será de 1.2**90** dias. Esta é uma observação interessante.

- <<Daniel 12:11 ensina que haverá 30 dias que se seguirão aos 1.260 dias (últimos 3 1/2 anos) do período de Tribulação de 7 anos. Daniel ensina que, depois de "o tempo do fim" (o período da Tribulação - Dn 12:9) ter chegado ao final do seu curso, haverá uma extensão de 30 dias, antes da Segunda Vinda de Cristo e do estabelecimento do Reinar Milenar. O número total de dias [desde o meio da 70-SD até o efetivo início do Reinar Milenar] será **1.290**. Evidentemente, os 30 dias adicionais [aos 1260 dias, totalizando 1.2**90** dias] explicam a quantidade de tempo em que a estátua estará erguida no 3º Templo.

- <<Daniel 12:12 ("Bem-aventurado o que espera e chega até mil trezentos e trinta e cinco dias.") adiciona mais 45 dias adicionais que seguirão a extensão de tempo de 30 dias (totalizando **1.335** dias). Isso faz com que a extensão total do tempo, ou intervalo de tempo de transição que existe entre o final do período de Tribulação e o [efetivo] início do Reinar Milenar, seja de [30+45 =] 75 dias.

- <<No calendário judaico normal [1 ano profético = 360 dias], os 3 ½ anos da segunda metade [ver Dn 9:27] da Tribulação são 1.260 dias (Ap 11:3; 12:6). Mas, agora, Dn 12:11 diz que há **30** dias adicionais ([a segunda metade se alonga para 1.290 dias), e depois [diz que há mais] **45** dias adicionais (Dn 12:12) se seguindo ao período de Tribulação de 7 anos, fazendo o número total de dias do intervalo de tempo de transição chegar a ser de **75** [dias]. Em essência, há um intervalo de tempo de transição de tempo de **75** dias que existe entre o fim do Período de Tribulação e o [efetivo] início do Reinar Milenar.

<<A matemática fica parecida com essa: 1.260 + 30 + 45 = **1.335** ("mil trezentos e trinta e cinco dias" - Dn 12:11-12). Esta é uma extensão de tempo de **75** dias [que veem após os 3 ½ anos = 1260 dias de acordo com o] calendário judeu normal. 1.335 - 1.260 = **75** dias.
>>

Extraído e traduzido a partir do escrito do Pr. Kelly Sensenig,
http://www.bereaninternetministry.org/Papers/Prophetic%20Gaps.doc

A seguir, vejamos os **principais fatos e eventos deste intervalo de tempo** (não necessariamente estão listados em ordem de tempo):

25.2. O Anticristo E O Falso Profeta São Lançados (vivos) No Lago De Fogo
Ap 19:20-21.
²⁰E foi presa a Besta- Feroz , e com ela o Falso Profeta (aquele havendo feito, debaixo do olhar dela, os sinais com que ele enganou- fez- extraviar aqueles havendo recebido a marca- sinal da Besta- Feroz , e aqueles [que estão] adorando a imagem dela). [Ainda] vivendo, foram arremessados estes dois para dentro do Lago de Fogo, o qual [está] queimando com enxofre; ²¹E os demais [homens] foram mortos com a espada dAquele estando- assentado sobre o cavalo, a qual [está] saindo proveniente- de- dentro- da boca dEle, e todas as aves foram fartas provenientes- de- dentro- das carnes deles.

Ver também Ez 21:25-27; Dn 8:25; 9:27; 2Ts 2:8; Ap 17:11; 19:20; 20:10

Ez 21:25-27 ²⁵ E tu, ó profano e ímpio príncipe de Israel, cujo dia virá no tempo da iniquidade [ter um fim], ²⁶Assim diz o Senhor DEUS: Tira o diadema, e remove a coroa; esta não [será] a mesma; exalta ao humilde, e humilha ao soberbo. ²⁷[Eu farei] uma ruína, uma ruína, uma ruína! E ela não mais [será], até que venha Aquele a Quem pertence de direito; [a Ele] a darei. LTT

Ez 28:7-10 ⁷Por isso eis que eu trarei sobre ti estrangeiros, os mais terríveis dentre as nações, os quais desembainharão as suas espadas contra a formosura da tua sabedoria, e contaminarão o teu resplendor. ⁸ Eles te farão descer à cova e morrerás da morte dos [que foram] traspassados, no meio dos mares. ⁹ [Porventura] dirás ainda diante daquele que te matar: Eu [sou] Deus? mas tu [és] homem, e não Deus, na mão do que te traspassa. ¹⁰ Da morte dos incircuncisos morrerás, por mão de estrangeiros, porque Eu falei [isto], diz o Senhor DEUS." LTT

Dn 7:11 Então [estive] olhando, por causa da voz das grandes palavras que o chifre proferia; [estive] olhando até que o animal foi morto, e o seu corpo desfeito, e entregue para ser queimado pelo fogo; LTT

Dn 7:27 E o reino, e o domínio, e a majestade dos reinos debaixo de todo o céu serão dados ao povo dos santos do Altíssimo; o Seu reino [será] um reino eterno, e todos os domínios O servirão, e Lhe obedecerão. LTT

Dn 8:25 E pelo seu entendimento também fará prosperar o engano na sua mão; e engrandecerá [a si mesmo] no seu coração, e, através da paz- e- prosperidade, destruirá a muitos; e ele se levantará contra o Príncipe dos príncipes, mas sem mão [será] quebrado. LTT

Dn 9:27 E ele firmará aliança com muitos por uma semana; e [na] metade da semana fará cessar o sacrifício e a oblação ; e, por causa do espalhamento das abominações, ele [a] fará assolada, e [isso] até à consumação; e o que [está] determinado [será] derramado sobre o assolador ." LTT

2Ts 2:8 E, então, será revelado aquele desprezador- da- lei (a quem o Senhor "consumirá" "pelo assopro da Sua boca", e anulará pelo esplendor da Sua vinda), LTT

Ap 17:11 E a Besta- Feroz que era e [já] não é, mesmo ela [o] oitavo [rei] é, e proveniente- de- entre os sete [reis] é, e para dentro d[a] perdição vai. LTT

Ap 19:20 E foi presa a Besta- Feroz , e com ela o Falso Profeta (aquele havendo feito, debaixo do olhar dela, os sinais com que ele enganou- fez- extraviar aqueles havendo recebido a marca- sinal da Besta- Feroz , e aqueles [que estão] adorando a imagem dela). [Ainda] vivendo, foram arremessados estes dois para dentro do Lago de Fogo, o qual [está] queimando com enxofre; LTT

Ap 20:10 E o Diabo (aquele [que] os [está] enganando- fazendo- extraviar) foi lançado para dentro do Lago de Fogo e de enxofre, onde [estão] a Besta- Feroz e o Falso Profeta. E serão atormentados dia e noite para os séculos dos séculos. LTT

25.3. (Por um anjo) Satanás É Lançado No Abismo- sem- fundo, E Acorrentado, E Selo Colocado Sobre Ele. Por 1000 anos
Ap 20:1-3.
¹ E vi um anjo descendo proveniente- de- dentro- do céu, tendo a chave do abismo (- sem- fundo), e uma grande corrente sobre a sua mão. ²E ele prendeu o dragão (O Serpente antigo, o qual é [o] Diabo e Satanás), e o acorrentou [por] mil anos. ³ E o lançou para dentro do abismo (- sem- fundo), e ali o encerrou- fechado, e pôs selo (na porta) acima dele, a fim de que não mais engane- faça- extraviar as nações, até que

sejam completados os mil anos. E, depois disto, é necessário ser ele solto por um pouco de tempo.

25.4. Anjos Separam E Ajuntam indivíduos Para O Julgamento Das Nações Gentílicas
Mt 13:40-41,49 e Mt 25:32 (próxima seção)

40) Tal como, pois, É coletado os joios e, em fogo, completamente- queimado, assim será na consumação deste mundo (*) : 41) Enviará o Filho do homem os Seus anjos, e eles coletarão para- fora- do Seu reinar todas as iscas de armadilha e aqueles [que estão] praticando o desprezo- às- leis....

49) Assim será na completação do mundo (*): sairão os anjos, e separarão os maus para fora de entre os justos.

{* "fim do mundo": o tempo do fim da dispensação de Israel ao final da 70ª semana de Daniel, e do início do milenar Reinar de Deus-Filho, que reinará absolutamente, em corpo visível, sobre toda a terra, não permitindo 1mm de desobediência.}

25.5. Os Indivíduos Das Nações Gentílicas São Reunidos E Julgados (Julgamento das Nações)
Mt 25:31-46 ["irmãos", no verso 40, indica judeus convertidos a Cristo e, por isso, sendo perseguidos].

Contraste entre o Julgamento (dos indivíduos) **das Nações Gentílicas** (Mt 25:31-46 e Jl 3:1,2,13-14) **e o** Julgamento (dos indivíduos) **no Grande Trono Branco** (Ap 20:11-15, comp. 2Pe 3)

a) O JUIZ:
-- J.Nações: o juiz será **o Filho do homem** Mt 25:31 Quando, porém, vier o Filho do homem na Sua glória, e todos os santos anjos [juntamente] com Ele, então Se assentará Ele sobre [o] trono d[a] Sua glória:
-- J.T.Branco: o juiz será **Deus** Ap 20:12 "E vi os mortos, pequenos e grandes, tendo se postado de pé perante DEUS. E [os] livros- rolo foram abertos. E outro livro- rolo foi aberto, o qual é [aquele] de a Vida. E foram julgados, os mortos, provenientes- de- dentro- das coisas tendo sido escritas nos livros- rolo , [julgados] segundo as obras deles."
Mais especificamente, será **Deus o Filho** Jo 5:22-27 "22 Porque o Pai a nenhum homem julga, mas todo [o] julgamento tem dado a o FILHO, ... 27 E autoridade deu a Ele também, para julgamento fazer: porque Ele é [também] o Filho do homem.".

b) Os JULGADOS
-- J.Nações: **os indivíduos** (pois todo julgamento sobre salvação/ condenação para sempre são sempre e somente sobre pessoas individuais Ez 18:20 "A alma que pecar, essa morrerá; o filho não levará [sobre si] a iniquidade do seu pai, nem o pai levará [sobre si] a iniquidade do seu filho. A justiça do justo ficará sobre ele e a impiedade do ímpio cairá sobre ele.") que restarem *vivos* ao final da 70-SD, **de todas as nações gentílicas** Mt 25:32 "E serão reunidas diante dEle todas as NAÇÕES, e Ele os apartará uns para longe dos outros, tal como o pastor aparta as ovelhas para longe dos bodes;"
-- J.T.Branco: No Arrebatamento, todos os mortos que creram, a começar por Adão, serão ressuscitados e, juntamente com todos os vivos que creram, receberão corpos glorificados, e para sempre viverão e gozarão junto ao Senhor (ver cap. 5 "2º Grupo do 1º Tipo de Ressurreição", cap. 19 "3º Grupo do 1º Tipo de Ressurreição") e cap. 22 "4º Grupo do 1º Tipo de Ressurreição", deste livro).
Ao final da 70-SD, podemos assumir (por legítima analogia com o dia do Arrebatamento) que todos (judeus e

prosélitos) que, durante ela, foram convertidos a Cristo e morreram, também serão ressuscitados, receberão corpos glorificados, e para sempre viverão e gozarão junto ao Senhor, e todos (judeus e prosélitos) os que durante ela creram mas restarem vivos ao seu final, serão permitidos entrar no Milênio, tendo corpos não glorificados e permitidos se reproduzir.

Ao final do Milênio, podemos assumir (também por legítima analogia com o dia do Arrebatamento) que todos (judeus e prosélitos) que, durante ele, foram convertidos a Cristo e morreram, serão ressuscitados para sempre, com corpos glorificados, e todos (judeus e prosélitos) que, durante ele, foram convertidos a Cristo, e não morreram, terão seus corpos transformados em imortais, incorruptíveis e incapazes de pecar. Ambos para sempre viverão e gozarão junto ao Senhor, no Novo Céu e na Nova Terra.

Portanto, ao final do Milênio, todos os que foram convertidos, durante todos os tempos, já estarão em corpos ressuscitados e eternamente glorificados, e todos os que, durante todos os tempos, não creram, estarão mortos e no inferno.

Portanto, **todos os que vão ser julgados no Grande Trono Branco TERÃO MORRIDO**, morrido sem nunca terem crido e sido salvos, e terão sido **RESSUSCITADOS EM PERDIÇÃO** Ap 20:12 E vi os MORTOS, pequenos e grandes, tendo se postado de pé perante Deus. E [os] livros- rolo foram abertos. E outro livro- rolo foi aberto, o qual é [aquele] de a Vida. E foram julgados, os MORTOS, provenientes- de- dentro- das coisas tendo sido escritas nos livros- rolo, [julgados] segundo as obras deles.

c) O LUGAR:
-- J.Nações: será **sobre a terra**, porque o Rei já estará sobre ela. Mais precisamente, este julgamento será **no vale de Jeosafá** Jl 3:2,13-14 " 2 Congregarei todas as nações, e as farei descer ao vale de JEOSAFÁ; e ali com elas entrarei em juízo, por causa do Meu povo, e da Minha herança, Israel, a quem elas espalharam entre as nações e repartiram a Minha terra. ... 14 Multidões, multidões no vale da decisão; porque o dia do SENHOR [está] perto, no vale da decisão. LTT" Não se tem certeza de qual vale é esse. Mas "Jeosafá" significa "Jeová julga", portanto pode ser o vale a ser criado quando o Cristo fender o Monte das Oliveiras Zc 14:4 "E naquele dia [estarão] os Seus pés sobre o monte das Oliveiras, que [está] defronte de Jerusalém, ao oriente; e o monte das Oliveiras tem sido fendido pelo meio, para o oriente e para o ocidente, e haverá um vale muito grande; e metade do monte será apartado para o Norte, e a [outra] metade dele para o Sul.".

-- J.T.Branco: não será no céu nem na terra Ap 20:11 "E vi um grande trono branco e Aquele estando- assentado sobre ele, para- longe- de Cuja face FUGIU A TERRA E O CÉU, e lugar não foi achado para eles.", portanto não será em lugar algum da presente criação [pois o 1º céu (a atmosfera), e o 2º céu (o espaço cósmico), e a terra, terão sido reduzidos a nada (explosão atômica de cada átomo, totalmente transformando toda matéria somente em energia? (comp. 2Pe 3:7-12)], mas certamente será diante do Grande Trono Branco de Deus, o qual pode-se pensar que estará **no 3º céu**.

d) O TEMPO:
-- J.Nações: será (logo) **depois que o Senhor tiver trazido a Israel TODOS os judeus convertidos, de TODO o mundo** Jl 3:1-2 ¹Porque, eis que naqueles dias, e naquele tempo, em que farei voltar atrás o cativeiro de Judá e de Jerusalém, ²Congregarei todas as nações, e as farei descer ao vale de Jeosafá; e ali com elas entrarei em juízo, por causa do Meu povo, e da Minha herança, Israel, a quem elas espalharam entre as nações e repartiram a Minha terra. E será **antes do pleno estabelecimento do reino de mil anos**, porque somente os aprovados neste julgamento [das nações] entram para o reino Mt 25:31,34 ... "34 Então dirá o Rei aos [que estiverem] à Sua direita: 'Vinde, aqueles tendo sido benditos do Meu Pai! Passai- a- possuir- por herança [o participar n]o reinar [(de Deus)] tendo-vos sido preparado

desde [a] fundação d[o] mundo:"
-- J.T.Branco: será **logo depois do término dos [primeiros] 1000 anos do reinar** do Cristo, em carne e osso, sobre todo país de Israel e toda a terra Ap 20:5,12-13 5 (Mas **os demais dos mortos não reviveram, até que fossem completados os mil anos**). Esta [é] a ressurreição, a primeira. ¹² **E vi os mortos, pequenos e grandes, tendo se postado de pé perante Deus**. E [os] livros- rolo foram abertos. E outro livro- rolo foi aberto, o qual é [aquele] de a Vida. **E foram julgados, os mortos,** provenientes- de- dentro- das coisas tendo sido escritas nos livros- rolo , [julgados] segundo as obras deles. ¹³ E deu o mar os mortos [que] dentro dele [estavam]. E a morte e o inferno deram os mortos [que] dentro deles [estavam]. E foram condenados, cada um, segundo as obras deles [mesmos].",
e será depois de Satanás ter sido solto do abismo sem fundo Ap 20:2-3 "² **E ele prendeu o dragão** (O Serpente antigO, O qual é [o] Diabo e Satanás), **e o acorrentou** [por] **mil anos**. ³ **E o lançou para dentro do abismo** (- sem- fundo), **e** [ali] **o encerrou, e pôs selo sobre ele**, a fim de que não mais engane- faça- extraviar as nações, até que sejam completados os mil anos. **E, depois disto, é necessário ser ele solto** [por] **um pouco de tempo**."
e será depois de Satanás ter levado à rebelião final todos os descrentes nascidos no Milênio, eles terem sido mortos, e Satanás ter sido lançado no Lago de Fogo por toda eternidade Ap 20:7-10 ⁷**E, quando houveR sido completadO os mil anos, será solto Satanás para- fora- da sua prisão,** ⁸ E sairá para enganar- fazer- extraviar **as nações** que [estão] nos quatro cantos da terra Gogue e Magogue para **as ajuntar para batalha** (das quais o número [é] como a areia do mar). ⁹ E subiram sobre a largura da terra, e cercaram o acampamento dos santos e a cidade tendo sido amada. **E desceu fogo proveniente- de- junto- de Deus, proveniente- de- dentro- do céu, e os devorou.** ¹⁰ **E o Diabo (aquele** [que] **os** [está] **enganando- fazendo- extraviar) foi lançado para dentro do Lago de Fogo** e de enxofre, onde [estão] a Besta- Feroz e o Falso Profeta. E serão atormentados dia e noite para os séculos dos séculos.

e) A BASE PARA O JULGAMENTO:
-- J.Nações: a base é **se cada indivíduo gentio da 70-SD realmente verdadeiramente creu, ou se descreu / falsamente creu em o Cristo** pregado no Evangelho do Reinar Mt 24:14 (pois salvação sempre é somente pela fé Mt 18:3 E disse: "Em verdade vos digo que, **se não fordes convertidos e não vos fizerdes como os menininhos, de modo nenhum entrareis para o reinar dos céus**.), **e se provou isto pelo tratamento dado aos irmãos de Jesus** (os **judeus convertidos** durante a 70-SD, particularmente **os 144.000**, quando estes forem perseguidos pelo Anticristo até serem mortos). Mt 25:40,45-46 40 E, havendo respondido, o Rei lhes dirá: 'Em verdade vos digo que, **tanto quanto** [o] **FIZESTES a um** [só] **destes MEUS IRMÃOS, o menor** [deles]**, a Mim** [o] **fizestes**.' ... 45 Então Ele lhes responderá, dizendo: 'Em verdade vos digo que, **tanto quanto não** [o] **FIZESTES a um** [só] **destes** [meus irmãos]**, o menor** [deles]**, também a Mim não** [o] **fizestes**. ⁴⁶**E partirão estes para dentro d**[o] **castigo eterno; os justos, porém,** [partirão] **para dentro d**[a] **vida eterna**."
-- J.T.Branco Ap 20:13: "E deu o mar os mortos [que] dentro dele [estavam]. E a morte e o inferno deram os mortos [que] dentro deles [estavam]. **E foram CONDENADOS, cada um, segundo as OBRAS deles** [mesmos]." Este julgamento não é para determinar quais julgados creram durante suas vidas e serão salvos (não é, pois estes já foram julgados em Cristo (Is 53:4-6; 2Co 5:21; 1Pe 2:24; Rm 3:24-26), já foram definitivamente salvos, e nunca serão passíveis de entrar em julgamento quanto céu versus inferno/ Lago de Fogo (Jo 3:18; 5:24) e, ao assistirem o julgamento do Grande Trono Branco, já entraram em seus abençoados estados (desde que receberam corpos glorificados) para sempre, nem para determinar quais julgados nunca creram (ver "Os Julgados", pouco acima), já estavam perdidos e sofrendo (mesmo sem corpos como conhecemos) no inferno, pois o inventário total de suas más obras provará que todos eles merecem a condenação para sempre. A base do julgamento será o inventário total das más obras de cada um, nunca cobertas pelo sangue de

no Cristo. Embora eles já estejam sendo terrível, merecida, consciente e justamente punidos no INFERNO, **as OBRAS dos nunca salvos** (com agravantes em função da maior ou menor LUZ que receberam) **definirão o GRAU de punição, para sempre, no LAGO DE FOGO** Lc 12:47-48 "7E o escravo, aquele havendo sabido a vontade do seu senhor e não havendo-[se] aprontado nem havendo feito conforme a vontade dele, será batido com muitos [açoites]; 48 Aquele, porém, não [a] havendo sabido e havendo feito [coisas] dignas de açoites, será batido com poucos [açoites]. A todo aquele, porém, a quem muito foi dado, muito será requerido de- ao- lado- dele; e a quem muito [lhe] confiaram, muito mais será pedido dele."

f) O RESULTADO:
-- J.Nações: haverá **2 qualidades de sentenças e 2 destinos que serão para sempre**: em seus próprios corpos, **as ovelhas** (os raros que restaram vivos dentre os gentios que vieram a crer durante a 70-SD) **entrarão** (com os judeus convertidos) **para o Reino Milenar** (depois, em corpos glorificados, irão para o bem-aventurado estado que será para sempre, salvos), **e os bodes** (os gentios que não creram) **terão que ir para o fogo do inferno** (depois, em corpos indestrutíveis, para o estado final no Lago de Fogo) Mt 25:34,41 "34) Então dirá o Rei aos [que estiverem] à Sua direita: 'Vinde, aqueles tendo sido benditos do Meu Pai! Passai- a- possuir- por herança [o participar n]o reinar [(de Deus)] tendo-vos sido preparado desde [a] fundação d[o] mundo: ... 41 Então Ele dirá também aos [que estiverem] à [Sua] esquerda: 'Apartai-vos para longe de Mim (tendo sido malditos), para dentro do fogo, o eterno, aquele tendo sido preparado para o Diabo e para os seus anjos:" Comp. Dn 7:14; Is 55:5; Mq 4:2

"**Dn 7:14** E foi-Lhe dado o domínio, e a honra, e o reino, para que todos os povos, nações e línguas O servissem; o Seu domínio [é] um domínio eterno, que não passará, e o Seu reino tal, que não [será] destruído. LTT"

"**Is 55:5** Eis que Tu chamarás a [uma] nação [que] Tu não conheces, e [uma] nação [que] nunca Te conheceu correrá para Ti, por amor ao SENHOR Teu Deus, e do Santo de Israel; porque Ele Te glorificou. LTT"

"**Mq 4:2** E irão muitas nações, e dirão: Vinde, e subamos ao monte do SENHOR, e à casa do Deus de Jacó, para que Ele nos ensine os Seus caminhos, e andemos pelas Suas veredas; porque de Sião sairá a lei, e de Jerusalém a palavra do SENHOR. LTT"

-- J.T.Branco: 1 só sentença e 1 só destino que será para sempre Ap 20:15 "E quem quer que não foi achado no grande- livro- rolo da Vida [já] tendo sido escrito, foi lançado para dentro do Lago de Fogo.". Como vimos em "A Base para o Julgamento", os descrentes de todos os séculos, todos eles tendo morrido e ressuscitado em corpo imperecível, serão eternamente lançados no Lago de Fogo que durará para sempre. A punição será terribilíssima para todos, mas terá graus de acordo com as suas más obras e a luz que receberam em vida Lc 12:47-48 "47 E o escravo, aquele havendo sabido a vontade do seu senhor e não havendo-[se] aprontado nem havendo feito conforme a vontade dele, será batido com muitos [açoites]; 48 Aquele, porém, não [a] havendo sabido e havendo feito [coisas] dignas de açoites, será batido com poucos [açoites]. A todo aquele, porém, a quem muito foi dado, muito será requerido de- ao- lado- dele; e a quem muito [lhe] confiaram, muito mais será pedido dele."

g) NOME DADO AO TRONO DO JUIZ, CRISTO:
-- J.Nações: **o Trono da Sua Glória** Mt 25:31 Quando, porém, vier o Filho do homem na Sua glória, e todos os santos anjos [juntamente] com Ele, então Se assentará Ele sobre [o] trono d[a] Sua glória:

-- J.T.Branco: **um Grande Trono Branco** Ap 20:11 E vi um grande trono branco e Aquele estando- assentado sobre ele, para- longe- de Cuja face fugiu a terra e o céu, e lugar não foi achado para eles.

h) RESSURREIÇÃO CONECTADA:
-- J.Nações: **nenhuma ressurreição** conectada;
-- J.T.Branco: **a ressurreição do 2º tipo, para a morte (para sempre)** Ap 20:13 E deu o mar os MORTOS [que] dentro dele [estavam]. E a MORTE e o INFERNO deram os MORTOS [que] dentro deles [estavam]. E foram condenados, cada um, segundo as obras deles [mesmos].

25.6. Os Salvos Já Mortos, Do VT E Da 70-SD, São Ressuscitados E Galardoados- Premiados
(Dn 12: 1-3; Is 26:19; Ap 20:4; 11:15).

Dn 12:1-3 1 E naquele tempo se levantará Miguel, o grande príncipe, que se levanta a favor dos filhos do teu povo, e haverá um tempo de angústia, qual nunca houve, desde que houve [qualquer] nação até àquele tempo; mas naquele tempo o teu povo será libertado, todo aquele que for achado escrito no livro- rolo. 2 E muitos de entre os que dormem no pó da terra ressuscitarão, estes para vida eterna, e os outros para vergonha [e] desprezo eterno. 3 Os que forem sábios, pois, resplandecerão como o fulgor do firmamento; e os que movem muitos para serem justificados, [resplandecerão] como as estrelas sempre e eternamente. LTT

Is 26:19 Os Teus mortos e também o meu cadáver viverão e ressuscitarão; despertai e cantai- retumbando- de- júbilo, os que habitais no pó, porque o teu orvalho [será como] o orvalho das ervas, e a terra lançará [de si] os mortos. LTT

Ap 20:4 E vi tronos, e se assentaram sobre eles, e [poder de] julgamento lhes foi dado. E [vi] as almas daqueles tendo sido decapitados- por- machado por causa do testemunho de Jesus, e por causa de a Palavra de Deus, e os que não adoraram a Besta- Feroz, nem a sua imagem, e não receberam a marca- sinal [dela] sobre a testA deles, nem sobre a mãO deles. E viveram, e reinaram com [o] Cristo mil anos LTT

Ap 11:15 E o sétimo anjo fez- soar- [sua-] trombeta. E houve grandes vozes no céu, dizendo: "Vieram a ser, os reinos deste mundo, [os reinos] de o nosso Senhor e de o Seu Cristo; e Ele reinará para os séculos dos séculos." LTT

25.7. A Estrada dos Judeus Redimidos, AJUNTANDO-OS Em Israel Desde Toda A Terra

Para entrarem no Reinar Milenar, os judeus convertidos e redimidos serão **pelos gentios** trazidos para Israel **com todos os cuidados, sustento e honrarias** Is 49:22-23; 60:8-10.

22) Assim diz o SENHOR: Eis que levantarei a mão para as nações e, ante os povos, arvorarei a minha bandeira; então, **trarão os teus filhos nos braços, e as tuas filhas serão levadas sobre os ombros**. 23) E **os reis serão os teus aios, e as suas princesas, as tuas amas; diante de ti, se inclinarão com o rosto em terra e lamberão o pó dos teus pés**, e saberás que eu sou o SENHOR e que os que confiam em mim não serão confundidos. 8) **Quem são estes que vêm voando como nuvens e como pombas, às suas janelas?** 9) Certamente, as ilhas me aguardarão, e, primeiro, os **navios de Társis, para trazer teus filhos de longe, a sua prata e o seu ouro com eles**, na santificação do nome do SENHOR, teu Deus, e do Santo de Israel, porquanto te glorificou. 10) E **os filhos dos estrangeiros edificarão os teus muros, e os seus reis te servirão**, porque, no meu furor, te feri, mas, na minha benignidade, tive misericórdia de ti.

Este reajuntamento dos judeus convertidos **está profetizado em muitíssimas passagens**:

Dt 30:1-5; **Is** 10:21; 11:11-16; 14:1; 27:12-13; 35:8-10; 43:5-6; 49:12, 22; 51:11; 56:8; 62:10; 66:19-21; **Jr** 30:3, 10, 18; 31:7-10; 32:37; 33:7; 46:27; 50:4-5; **Ez** 16:53; 20:41-42; 28:25; 34:13; 36:24; 37:21; 39:25; **Os** 3:4-5; **Jl** 3:1; **Am** 9:14-15; **Mq** 4:12; **Sf** 3:18-20; **Zc** 8:8; 10:6-10; **Mt** 24:31

Elas **descrevem um _segundo_ reajuntamento, futuro** Mt 24:31; Is 11:10-11 (que será desde os confins da terra Ez 20:34; Is 11:12; 43:5-6; 49:12) não o primeiro, que foi apenas desde a Assíria/Babilônia Is 10:20-27; 44:26-45:8, nem o reajuntamento do livro de Êxodo, pois este foi de todo Israel e não apenas de um remanescente, e essas passagens falam de reajuntamento _futuro_,

Mt 24:31) E **Ele enviará os Seus anjos com grande clamor de uma trombeta; e eles ajuntarão os eleitos dEle, para- fora- dos quatro ventos, desde [_umas_] extremidades d[_os_] céus até [_outras_] extremidades deles**. LTT

Is 11:10) E acontecerá, naquele dia, que **as nações perguntarão pela raiz de Jessé, posta por pendão dos povos, e o lugar do seu repouso será glorioso.** 11) Porque **há de acontecer, naquele dia, que o Senhor tornará a estender a mão para adquirir outra vez os resíduos do seu povo que restarem da Assíria, e do Egito, e de Patros, e da Etiópia, e de Elão, e de Sinar, e de Hamate, e das ilhas do mar.**

Ez 20:34) E **vos tirarei dentre os povos, e vos congregarei das terras nas quais andais espalhados,** com mão forte, e com braço estendido, e com indignação derramada. LTT

Is 11:2) E levantará um pendão entre as nações, e **ajuntará os desterrados de Israel, e os dispersos de Judá congregará desde os quatro confins da terra.**

Is 43:5) Não temas, pois, porque estou contigo; **trarei a tua semente desde o Oriente e te ajuntarei desde o Ocidente.** 6) **Direi ao Norte: Dá; e ao Sul: Não retenhas; trazei meus filhos de longe e minhas filhas das extremidades da terra,**

Is 49:12) **Eis que estes virão de longe, e eis que aqueles, do Norte e do Ocidente, e aqueles outros, da terra de Sinim.**

O remanescente judaico, convertido, será reunido **sob a bandeira de Cristo** Is 11:10, 12; 49:22; Jr 31:8

Is 11:10) E acontecerá naquele dia que **a Raiz de Jessé, a qual [_estará_] posta por estandarte dos povos,** [_será_] buscada pelos gentios; e o lugar do Seu repouso [_será_] glorioso. 12) E **levantará um estandarte entre as nações, e ajuntará os desterrados de Israel, e os dispersos de Judá congregará desde os quatro confins da terra.**

Is 49:22) Assim diz o Senhor DEUS: Eis que **levantarei a Minha mão para os gentios, e ante os povos arvorarei a Minha bandeira; então trarão os teus filhos nos braços, e as tuas filhas serão levadas sobre os ombros** [_deles_].

Jr 31:8) Eis que **os trarei da terra do Norte, e os congregarei das extremidades da terra;** entre os quais haverá cegos e aleijados, grávidas e as mulheres [_que estão_] em trabalho de parto, juntamente; em grande congregação voltarão para aqui.

O reajuntamento será acompanhado de:
Muito choro (de grande arrependimento) e súplicas (por perdão) Jr 31:9,
9) **Virão com choro, e com súplicas os guiarei;** os farei andar junto aos ribeiros de águas, por caminho direito, no qual não tropeçarão, porque [_sou_] um pai para Israel, e Efraim [_é_] o Meu primogênito.

Grande **canto retumbante + gozo** + alegria com muitos risos. **Incessantes**: enquanto viajam, trabalham, descansam, etc. Is 51:11; 35:10

11) Assim voltarão os redimidos do SENHOR, e virão a Sião com **canto- retumbante, e perpétua alegria** [_haverá_] sobre as suas cabeças; **gozo** e **alegria** alcançarão, a tristeza e o gemido fugirão.

Is 35:10) E os resgatados do SENHOR voltarão; e virão [a Sião] com cantos- retumbantes, e alegria eterna haverá sobre as suas cabeças; gozo e alegria alcançarão, e [deles] fugirá a tristeza e o gemido."

O caminho será de: **santidade** (exclusivo dos judeus santificados) Is 35:8, não será usado pelo imundo. É dedicado aos judeus convertidos que amam a Lei de Deus.
8) E ali haverá uma estrada, um caminho, que se chamará o Caminho de SANTIDADE; o imundo não passará por ele, mas [será] para aqueles; os caminhantes, até mesmo os loucos, não errarão.

De **sabedoria** [até mesmo para os que não a tinham, mas passaram a caminhar no caminho] Is 35:8 (acima).

De **segurança**; não haverá perigo, Is 35:9
9) Ali não haverá leão, nem animal feroz subirá a ele, nem se achará nele; porém só os redimidos andarão [por ele]

A redenção (resgate) é certa Is 49:14-16: uma mulher pode esquecer o filho dela, mas Deus não esquecerá Israel.
14) Porém Sião diz: [Já] me desamparou o SENHOR, e o meu Senhor se esqueceu de mim. 15) [Porventura] pode uma mulher esquecer-se tanto de seu [filho] que amamenta, que não se compadeça [dele], do filho do seu ventre? Mas ainda que esta se esquecesse dele, contudo Eu não Me esquecerei de ti.

Deus gravou Israel sobre as palmas das Suas mãos Is 49:16.
16) Eis que nas palmas das [Minhas] mãos Eu te gravei; os teus muros [estão] continuamente diante de Mim.

A população de Israel será tão grande que seu território terá que ser expandido Is 49:19-20.
19) Porque nos teus desertos, e nos teus lugares solitários, e [na] tua terra destruída, agora te verás apertada de habitantes, e os que te devoravam se afastarão para longe de ti. 20) Os filhos que tiverdes, depois de perderdes os outros, dirão [de volta] aos teus ouvidos: Muito estreito [é] para mim este lugar; dá-me lugar em que eu possa habitar.

Israel se surpreenderá com um tão grande número de judeus preservados na dispersão de séculos. Is 49:21-22.
21) E dirás no teu coração: Quem me gerou estes? Pois eu [estava] desfilhada e solitária; entrara em cativeiro, e fora removida de uma para outra parte; quem, pois, [me] criou estes? Eis que eu fui deixada sozinha; [e] estes onde [estavam]? 22) Assim diz o Senhor DEUS: Eis que levantarei a Minha mão para os gentios, e ante os povos arvorarei a Minha bandeira; então trarão os teus filhos nos braços, e as tuas filhas serão levadas sobre os ombros [deles].

25.8. Israelenses Vivos São Individualmente: Julgados, Rejeitados Ou Admitidos, Condenados Ou Premiados
Ez 20:30-39; Mt 24:32-51; 25:1-30.
EZ 20:30-39 ... 35 E vos levarei ao deserto dos povos; e ali face a face entrarei em juízo convosco; 36 Como entrei em juízo com vossos pais, no deserto da terra do Egito,

assim entrarei em juízo convosco, diz o Senhor DEUS. ³⁷ Também vos farei passar debaixo da vara, e vos farei entrar no ligamento da aliança. ³⁸ E separarei para fora de entre vós os rebeldes, e os que transgrediram contra Mim; da terra das suas peregrinações os tirarei, mas na terra de Israel não entrarão; e sabereis que Eu [sou] o SENHOR. ··· LTT

Mt 24:32-51 ··· ⁵⁰ Virá o Senhor daquele escravo em um dia em que ele não [O] espera, e numa hora em que ele não sabe, ⁵¹ E o cortará em dois, e destinará a sua porção [ser juntamente] com os hipócritas: ali haverá o pranto e o ranger dos dentes. LTT

Mt 25:1-30 ··· ¹¹ Depois, então, chegaram também as outras virgens, dizendo: 'Ó senhor, ó senhor, abre-nos!' ¹² Ele, porém, havendo respondido, disse: 'Em verdade vos digo que não vos tenho conhecido.' ¹³ Vigiai, pois, porque não tendes sabido o dia nem a hora em que o Filho do homem vem. ··· ²⁶ havendo, porém, respondido, o seu senhor lhe disse: 'Ó mau e negligente escravo! tinhas sabido que eu ceifo onde não semeei e ajunto onde não espalhei? ²⁷ Era, pois, necessário a ti haver enviado- confiado o meu dinheiro aos banqueiros e, havendo [eu] vindo, *eu* recebi o meu próprio [dinheiro] juntamente- com [os] juros. ²⁸ Tirai, pois, para longe dele, o talento, e dai-[o] àquele [que está] tendo os dez talentos. ²⁹ Porque a todo aquele [que está] tendo, será dado, e terá em abundância; mas, proveniente- de- junto- daquele [que] não [está] tendo, até mesmo o que tem será tirado para longe dele. ³⁰ 30, E, ao escravo inútil, lançai-o fora, para dentro da treva, a mais exterior; ali haverá o pranto e o ranger dos dentes. LTT

25.9. A Abominação Da Desolação Permanece Até O Dia 2550, Só Então Será Removida

A imagem-ídolo da **abominação da desolação** (posta de pé na metade da Semana, que é seu dia 1260,) **permanecerá de pé até o dia 2550** (30 dias após os 1.260 dias da segunda metade da Semana), quando, só então, será removida.

Dn 12:11 "E, desde o tempo (*) em que o [sacrifício] contínuo for tirado (e posta a abominação desoladora), haverá mil duzentos e noventa dias." {* o dia 1260 da 70-SD} LTT

25.10. Construção (pelo Cristo) Do 4º Templo, Para O Milênio

O próprio Senhor Jesus Cristo reconstruirá o Templo Milenar no seu exato lugar de sempre, em Jerusalém, e será sempre seu sumo sacerdote, além de ser o Rei sobre toda a Terra Zc 6:12-13.

12 E fala-lhe, dizendo: Assim fala o SENHOR dos Exércitos, dizendo: Eis aqui o Homem cujo nome [é] RENOVO ; Ele brotará do Seu lugar, e edificará o templo do SENHOR. 13 Ele mesmo edificará o templo do SENHOR, e Ele carregará a glória; assentar-Se-á sobre o Seu trono, e dominará, e [será] sacerdote sobre o Seu trono, e conselho de paz haverá entre ambos.

Não sabemos se
   a) o Cristo reconstruirá o 4º Templo milagrosamente em 1 só segundo; ou se
   b) o Cristo o reconstruirá milagrosamente e em 3 dias (em analogia com Jo 2:19-21); ou se
   c) o Cristo o reconstruirá através de dirigir, por meses, a reconstrução, por Seus servos, começando pouco depois do dia final da 70ª Semana e terminando em menos de 75 dias, antes do pleno início do Reinar Milenar.

Mas certamente voltará a existir o Templo de Jerusalém, sobre o Monte Sião, o único local na terra para adoração direta e oferta de sacrifícios a Deus. O 4º Templo, seus sacrifícios, etc. é descrito em pormenores, em 7 (ou 8) capítulos, Ez 40:1-46:24 (ou mesmo incluindo até o capítulo 48). Alguns dos sacrifícios (como a páscoa) e festas (como a Festa dos Tabernáculos] do VT são reinstituídos (mas não todos eles), porém modificados e de natureza RETROSPECTIVA, não expiatória.

Estude o livro http://solascriptura-tt.org/EscatologiaEDispensacoes/AdoracaoEJulgamentoDuranteMilenio-JKnox-Helio.mht , com Internet Explorer, ou, futuramente, http://solascriptura-tt.org/EscatologiaEDispensacoes/AdoracaoEJulgamentoDuranteMilenio-JKnox-Helio.htm

25.11. Começam 7 Meses Em Que Os Israelitas Estarão Enterrando (e os animais comendo) Cadáveres Dos Exércitos De Gogue

Começam os 7 meses (começados ao fim da 70-SD) (Ez 39:11-20) em que aves carniceiras, e feras do campo, estarão se alimentando de, e os Israelitas estarão enterrando, os cadáveres dos exércitos que tinham sido liderados pela Rússia (o homem Gogue, da terra de Magogue) e diretamente aniquilados por Deus.

Ez 39:11-20 11 E sucederá que, naquele dia, darei a Gogue [um] lugar ali, uma sepultura em Israel, o vale dos que passam ao oriente do mar; e isto fará parar [os narizes] dos que por ali passarem; e, ali, sepultarão Gogue e toda a sua multidão, e chamarão o vale de Hamongogue [«A Multidão de Gogue»]. 12 E a casa de Israel os estará enterrando durante sete meses, para purificar a terra. 13 Sim, todo o povo da terra os enterrará, e [será] para eles memorável dia [em que] Eu for glorificado, diz o Senhor DEUS. 14 E separarão homens que incessantemente percorrerão a terra, para que eles, juntamente com os que passam, sepultem os [cadáveres] que tiverem restado sobre a face da terra, para a purificarem; ao final dos sete meses farão esta busca. 15 E quando aqueles que passam através da terra tiverem passado através [dela], e [qualquer deles] vir um osso de homem, porão ao lado um sinal; até que os enterradores o tenham enterrado no vale de Hamongogue [«A Multidão de Gogue»]. 16 E também o nome da Cidade [será] Hamona [«A Multidão»]; assim purificarão a terra. 17 Tu, pois, ó filho do homem, assim diz o Senhor DEUS, dize às aves de toda espécie, e a todos os animais do campo: Ajuntai-vos e vinde, congregai-vos de toda parte para o Meu sacrifício, que Eu sacrifiquei por vós, um sacrifício grande, sobre os montes de Israel, e comei carne e bebei sangue. 18 Comereis a carne dos poderosos e bebereis o sangue dos príncipes da terra; dos carneiros, dos cordeiros, e dos bodes, [e] dos novilhos, todos eles cevados de Basã. 19 E comereis a gordura até vos fartardes e bebereis o sangue até vos embebedardes, do Meu sacrifício que sacrifiquei por vós. 20 E, à Minha mesa, fartar-vos-ei de cavalos, de carros, de homens poderosos, e de todos os homens de guerra, diz o Senhor DEUS. LTT

25.12. Começam 7 Anos Em Que Israelitas Farão Fogo Com As Armas Deixadas Pelos Exércitos De Gogue

Começam (ao fim da 70-SD, o dia 2520) **os 7 anos em que os Israelitas farão fogo** (para cozinhar, aquecer, iluminar, produzir eletricidade, fazer indústrias funcionar?) **das armas deixadas pelos exércitos liderados pela Rússia** (o homem Gogue, da terra de Magogue) e aniquilados diretamente por Deus. Ez 39:9-10.

Ez 39:9-10 9 E os habitantes das Cidades de Israel sairão, e farão um fogo com as armas, e as queimarão, tanto os escudos como as rodelas, os arcos e as flechas, os dardos de mão e as lanças; e queimarão [tudo] isso em fogo, durante sete anos. 10 E não trarão lenha do campo, nem [a] cortarão para fora dos bosques, mas com as armas acenderão fogo; e saquearão aos que os saquearam, e despojarão aos que os despojaram, diz o Senhor DEUS. LTT

Talvez tais armas não apenas sejam queimadas na maior fogueira já vista, mas também sirvam de fogo para cozinhar, aquecer, iluminar, produzir eletricidade, fazer siderúrgicas e outras indústrias funcionarem? Talvez todo tipo de energia seja extraída de combustíveis de veículos e de componentes nucleares das armas?

25.13. Em Todo O Mundo, *Começam* Outros Aspectos De Limpeza E Reconstrução Para O Reinar Milenar

Quanto à *limpeza e purificação* sobre toda a terra, homens estarão enterrando (e aves carniceiras e animais carniceiros estarão comendo) os restos de dezenas de milhões de cadáveres insepultos, e homens estarão queimando a madeira (e combustíveis) e tudo que possa ser queimado, das armas dos exércitos inimigos de Deus, veja as seções 25.11 e 25.12, visando que a limpeza- purificação de toda a terra seja completada antes do início do pleno reinar milenar, no dia 2596.

Quanto à *reconstrução* de toda a terra (que estará tão tremendamente destruída), o próprio Deus, diretamente, a estará maravilhosamente reconstruindo, fazendo-a, toda ela, voltar a ser quase tão maravilhosa quando o Jardim do Éden foi em Gn 2, com a única diferença de que ainda haverá morte (natural, em elevada idade), porque ainda haverá pecado (mesmo que sem ser permitido se expressar ao máximo) na natureza dos homens de corpos não glorificados.
Is 35:1-2, 6-7
Is 35:1-2 1 "O deserto e o lugar seco se alegrarão por elas; e o ermo exultará e florescerá como a rosa. 2 Abundantemente florescerá, e também jubilará de alegria e cantará; a glória do Líbano se lhe deu, a excelência do Carmelo e Sarom; elas (as criaturas) verão a glória do SENHOR, o esplendor do nosso Deus. LTT
Is 35:6-7 6 Então os coxos saltarão como cervos, e a língua dos mudos cantarão-retumbando- de- júbilo; porque águas arrebentarão no deserto e ribeiros no ermo. 7 E a terra seca se tornará em lagoas, e a terra sedenta em fontes de águas; [e] nas habitações em que jaziam os dragões [haverá] capim com canas e juncos. LTT

Mas, ainda quanto à reconstrução da terra, não posso ser dogmático, mas acredito e espero que alguma reconstrução será pelo menos uma parte de nosso abençoado trabalho no Milênio Is 61:4; Am 9:11,14-15.
Is 61:4 E edificarão os lugares antigamente assolados, [e] erguerão os anteriormente destruídos, e renovarão as cidades assoladas, destruídas de geração em geração. LTT
Am 9:11 Naquele dia levantarei o tabernáculo caído de Davi, e repararei as suas brechas, e levantarei as suas ruínas, e o edificarei como nos dias da antiguidade; LTT
Am 9:14-15 14 E farei retroceder o cativeiro do Meu povo Israel, e eles reedificarão as cidades assoladas, e nelas habitarão, e plantarão vinhas, e beberão o vinho delas, e farão pomares, e lhes comerão o fruto. 15 E plantá-los-ei na sua terra, e não [serão] mais arrancados da sua terra que lhes dei, diz o SENHOR teu Deus." LTT

26. →» DIAS [2551-2595]: O 2º Intervalo Entre A 70ª Semana De Daniel E O Milênio: Construção do Templo para o Milênio; ceia das aves; queima de armas; descontaminação da Terra

(O 2º intervalo (de 45 dias) profético, começando 30 dias após o fim da 70ª semana e terminando no dia de efetivo início do Milênio)

26.1. Por Que E Para Que Esses 45 Dias De 2551 A 2595?

Daniel 12:11-12 "11 E desde o tempo em que o [*sacrifício*] contínuo for tirado, e posta a abominação desoladora, haverá mil duzentos e noventa dias. 12 Bem-aventurado o que espera e chega até MIL TREZENTOS E TRINTA E CINCO DIAS.

[- "mil trezentos e trinta e cinco dias", após o dia 1260 (quando o sacrifício contínuo é tirado e posta a abominação desoladora), que é o meio da 70ª Semana, chegam ao dia (1260+1335 =) 2595 após início da 70-SD, isto é, dia 75 após seu final (no dia 2520). Hélio.]

Repetiremos em parte uma citação do Pr. Kelly Sensenig que fizemos na Seção 25.1 (salte isso, se quiser):
<<Daniel 12:12 ("Bem-aventurado o que espera e chega até mil trezentos e trinta e cinco dias.") adiciona mais 45 dias adicionais que seguirão a extensão de tempo de 30 dias (totalizando **1.335** dias). Isso faz com que a extensão total do tempo, ou intervalo de tempo de transição que existe entre o final do período de Tribulação e o [efetivo] início do Reinar Milenar, seja de [30+45 =] 75 dias.
<<No calendário judaico normal [1 ano profético = 360 dias], os 3 ½ anos da segunda metade [ver Dn 9:27] da Tribulação são 1.260 dias (Ap 11:3; 12:6). Mas, agora, Dn 12:11 diz que há **30** dias adicionais ([a segunda metade se alonga para 1.290 dias], e depois [diz que há mais] **45** dias adicionais (Dn 12:12) se seguindo ao período de Tribulação de 7 anos, fazendo o número total de dias do intervalo de tempo de transição chegar a ser de **75** [dias]. Em essência, há um intervalo de tempo de transição de tempo de **75** dias que existe entre o fim do Período de Tribulação e o [efetivo] início do Reinar Milenar.
<<A matemática fica parecida com essa: 1.260 + 30 + 45 = **1.335** ("mil trezentos e trinta e cinco dias" - Dn 12:11-12). Esta é uma extensão de tempo de **75** dias [que veem após os 3 ½ anos = 1260 dias de acordo com o] calendário judeu normal. 1.335 - 1.260 = **75** dias. [que veem após os 3 ½ anos = 1260 dias de acordo com o] calendário judeu normal. 1.335 - 1.260 = **75** dias.
>>
Extraído e traduzido do Pr. Kelly Sensenig,
http://www.bereaninternetministry.org/Papers/Prophetic%20Gaps.doc

26.2. Continuarão Purificações, Construções, Treinamentos E Demais Preparações Para O Pleno Reinar Milenar

Continua tudo o que foi iniciado mas não concluído no intervalo anterior (dias [2521 a 2550]), até que comece o pleno Reinar Milenar (que consideramos que seja quando o 4º Templo, de magnífica construção já concluída) for solenemente inaugurado, seu eterno Sumo Sacerdote (o Cristo) realizar seu primeiro sacrifício diário (agora de natureza memorial, não profética), seu eterno Rei sentar no eterno trono que lhe foi prometido (o trono de Davi 2Sm 7:12-16, que ficava em Jerusalém 2Sm 5:5)

2Sm 7:12-16 12 Quando teus dias forem completos, e vieres a dormir com teus pais, então farei levantar depois de ti [*um dentre*] a tua semente, o qual procederá das tuas entranhas, e estabelecerei o seu reino. 13 Este edificará uma casa ao Meu nome, e Eu confirmarei o trono do seu reino para sempre. 14 Eu lhe [*serei*] por pai, e ele Me [*será*] por filho; e, se ele vier a transgredir, castigá-lo-ei com vara de homens, e com açoites de filhos de homens. 15 Mas a Minha benignidade não se apartará dele; como [*a*] tirei de Saul, a quem tirei de diante de ti. 16 Porém a tua casa e o teu reino [*serão*] firmados para sempre diante de ti; teu trono [*será*] estabelecido para sempre." LTT

2Sm 5:5 Em Hebrom (*Davi*) reinou sobre Judá sete anos e seis meses, e em Jerusalém (*Davi*) reinou trinta e três anos sobre todo o Israel e Judá. LTT

1) Continua a **construção do Templo Para o Milênio, preparação de seus aparatos e utensílios, treinamento dos seus servidores;** veja seção 25.10.

2) Continuam os **7 *meses* em que os israelitas estarão enterrando (e os animais comendo) todos os cadáveres dos exércitos que tinham sido liderados pela Rússia** (o homem Gogue, da terra de Magogue) e diretamente aniquilados por Deus; veja seção 25.11.

3) Continuam os **7 *anos* em que israelitas farão fogo com as armas deixadas pelos exércitos que tinham sido liderados pela Rússia;** veja seção 25.12.

4) **Continuam**, em todo o mundo, os **outros aspectos da reconstrução do velho planeta terra, visando o pleno Reinar Milenar**. Isso talvez continue a ter cumprimento somente durante o pleno Reinar Milenar.

Repito, da seção 25.13:

> Quanto à *reconstrução* de toda a terra que estará tão tremendamente destruída, o próprio Deus, diretamente, a estará maravilhosamente reconstruindo Is 35:1-2; 35:6-7,
> **Is 35:1-2** 1 "O deserto e o lugar seco se alegrarão por elas; e o ermo exultará e florescerá como a rosa. 2 Abundantemente florescerá, e também jubilará de alegria e cantará; a glória do Líbano se lhe deu, a excelência do Carmelo e Sarom; elas *(as criaturas)* verão a glória do SENHOR, o esplendor do nosso Deus. LTT
>
> **Is 35:6-7** 6 Então os coxos saltarão como cervos, e a língua dos mudos cantarão-retumbando- de- júbilo; porque águas arrebentarão no deserto e ribeiros no ermo. 7 E a terra seca se tornará em lagoas, e a terra sedenta em fontes de águas; [*e*] nas habitações em que jaziam os dragões [*haverá*] capim com canas e juncos. LTT

> Deus fará toda a terra voltar a ser quase tão maravilhosa quanto o Jardim do Éden de Gn 2, veja Ez 36:35:
> Ez 36:35) E dirão: Esta terra assolada ficou como jardim do Éden: e as cidades solitárias, e assoladas, e destruídas, [*estão*] fortificadas [*e*] habitadas,

A única diferença será que, no Milênio, ainda haverá morte (natural, em elevada idade Is 65:20) **Não haverá mais nela** criança de [*poucos*] dias, nem **velho que não cumpra os seus dias;** porque **o menino morrerá da idade de cem anos;** porém **o pecador de cem anos de idade** [*será*] **amaldiçoado.** ,

porque ainda haverá pecado na natureza dos homens de corpos não glorificados (mesmo sem ser permitido o pecado se expressar ao máximo Is 11:9) **Não se fará mal nem dano algum em todo o Meu santo monte,** ... .

Mas, ainda quanto à *reconstrução* da terra, não posso ser dogmático, mas acredito e espero que alguma reconstrução será pelo menos uma parte de nosso abençoado trabalho no Milênio Is 61:4; Am 9:11,14-15.

Is 61:4 **E edificarão os lugares antigamente assolados,** [*e*] **erguerão os anteriormente destruídos, e renovarão as cidades assoladas,** destruídas de geração em geração. *LTT*

Am 9:11 Naquele dia **levantarei o tabernáculo caído de Davi, e repararei as suas brechas, e levantarei as suas ruínas, e o edificarei como nos dias da antiguidade;** *LTT*

Am 9:14-15 14 E farei retroceder o cativeiro do Meu povo Israel, e **eles reedificarão as cidades assoladas, e nelas habitarão, e plantarão vinhas, e beberão o vinho delas, e farão pomares, e lhes comerão o fruto. 15 E plantá-los-ei na sua terra, e não** [*serão*] **mais arrancados da sua terra que lhes dei,** diz o SENHOR teu Deus." *LTT*

Hélio de Menezes Silva, 2011, 2018

Sinopse para Contracapa (cabe em 15 x 21cm):

Devemos "cavar" nas profecias da Bíblia com seriedade, afinco e ferramentas corretas (ser salvo, crer em cada palavra da Bíblia, interpretar de modo literal- normal, saber dividir as Escrituras, etc.). Assim, embora não queiramos inventar nada, descobriremos muito mais do que pensávamos sem "cavar".

Esboçarei o que, estudando na Bíblia por alguns anos, pude descobrir sobre a natureza, o aproximado intervalo de tempo, ou a aproximada sequência dos eventos que hão de se passar na 70ª Semana de Daniel (70-SD), aproximadamente na seguinte ordem:

Arrebatamento, Ressurreição, início do Tribunal para Premiação
144.000 judeus começam a pregar
Aliança de 7 Anos, do Anticristo
[Dia 1] 1º selo, 1º cavalo, o Anticristo conquista, falsa paz, é aceito
[250] Sacrifício e oblações recomeçam
[251 a 1256] Prosperidade, aparente paz, 1 só governo, 1 só religião
[1256,5 e 1257]: As 2 Testemunhas, Diabo precipitado, o Anticristo recebe todo o poder de Satanás, é assassinado
[1257 a 1260]: Perplexidade e caos
[1260]: O Anticristo ressuscitado, aliança quebrada, imagem adorada, marca sobre pessoas
[1260 a 2369]: 2º ao 4º cavalo, 2º ao 5º selo, 1ª à 4ª trombeta, 1ª à 5ª taça
[2370 a 2516]: Vizinhos atacam, Israel os destrói, Rei do Sul e Rússia (sua 1ª vez) atacam, o Anticristo vence, 5 meses de tormentos sem morte, 5ª trombeta, Babilônia Religiosa destruída
[2516,5]: Assassinados os 144.000 e as 2 testemunhas, ajuntamento em Armagedom, ataque a Jerusalém, fuga para Bozra/ Petra
[2516,5 a 2520]: Mundo Regozija com cadáveres das 2 testemunhas
[2520.I]: Babilônia Política destruída, Mt 24 = últimos dias da 70-SD. O Anticristo no Lugar Santo
[DIA 2520.II]: Rússia (2ª vez) & Muçulmanos, Reis do Oriente, e o Anticristo atacam Israel. Deus os destrói. 6ª trombeta e 6ª taça. Anjos de Ap 14
[2520.III]: 6º ao 7º selo, 7ª trombeta, 7ª taça
[2520.IV]: Ressurreição e Arrebatamento (2 Testemunhas + 144.000 + salvos do VT e da 70-SD), 2ª Vinda do Cristo, conversão de Israel
[2520.V]: Parábolas e sinais de Mt 24, 25 referem-se ao finalzinho da 70-SD, não ao Arrebatamento
[2521-2550]: Os Anticristo e Falso Profeta lançados p/ Lago de Fogo, Satanás p/ Abismo, gentios- bodes p/ inferno, salvos já mortos (do VT e 70-SD) p/ ressurreição e premiação. Abominação da Desolação permanece até dia 2550
[2551-2595]: Construção do Templo do Milênio, ceia das aves, queima de armas, descontaminação da Terra.

Hélio de Menezes S., mar.2018.

Made in United States
Orlando, FL
30 April 2025